"十四五"职业教育国家规划教材

U0868084

汽车电工电子技术

（第 2 版）

中国交通教育研究会职业教育分会　**组织编写**

上海景格科技股份有限公司　**技术支持**

刘映霞　王　强　**主　　编**

赵福利　黄瑾媛　杨娇娇　**副 主 编**

人民交通出版社

北　京

内 容 提 要

本书是“十四五”职业教育国家规划教材。全书共10个项目、35个学习任务，主要内容包括：直流电路控制与检测，单相与三相交流电路控制与检测，磁路、变压器的控制与检测，直流电动机与三相交流电动机性能检测，安全用电知识，晶体二极管及晶体三极管电路控制，直流稳压电源电路控制与分析，数字电路基础学习，汽车传感器电路控制与检测和汽车执行器电路控制与检测。

本书可作为高等职业学校汽车检测与维修技术等专业核心课程教材，也可作为汽车服务人员培训用书及汽车爱好者的自学指导书。

图书在版编目(CIP)数据

汽车电工电子技术/刘映霞，王强主编. —2版.
北京：人民交通出版社股份有限公司，2025. 3.
ISBN 978-7-114-19756-7

Ⅰ. U463.6

中国国家版本馆CIP数据核字第2024F21K16号

Qiche Diangong Dianzi Jishu

书　　名：汽车电工电子技术(第2版)
著 作 者：刘映霞　王　强
责任编辑：张一梅
责任校对：卢　弦
责任印制：张　凯
出版发行：人民交通出版社
地　　址：(100011)北京市朝阳区安定门外外馆斜街3号
网　　址：http://www.ccpcl.com.cn
销售电话：(010)85285911
总 经 销：人民交通出版社发行部
经　　销：各地新华书店
印　　刷：北京市密东印刷有限公司
开　　本：787×1092　1/16
印　　张：15.25
字　　数：340千
版　　次：2019年7月　第1版
2025年3月　第2版
印　　次：2025年3月　第2版　第1次印刷　累计第8次印刷
书　　号：ISBN 978-7-114-19756-7
定　　价：45.00元

qianyan

第2版前言

为贯彻落实全国职业教育大会精神，推动现代职业教育高质量发展，中共中央办公厅、国务院办公厅印发《关于推动现代职业教育高质量发展的意见》。深化教育教学改革是其中重要一环，改进教学内容与教材，需要及时更新教学标准，将新技术、新工艺、新规范、典型生产案例及时纳入教学内容。在此背景下，修订《汽车电工电子技术》教材非常必要。

本套教材以中国交通教育研究会职业教育分会汽车运用工程专业委员会制订的汽车检测与维修技术专业人才培养方案和课程标准为依据，以行业典型工作任务为课程内容参照点，以完整的学习任务为单元组织内容，以任务实施为主要学习方式，满足高职汽车检测与维修技术专业培养技能人才的教学需求，具有以下特点：

1. 思政元素融入化。为落实"立德树人"的根本任务，在教材编写中融入思政元素，着重于学生的实践能力培养，突出敬业精神、工匠精神及责任意识的培养。

2. 学习任务工作化。以任务驱动为导向，按照典型工作任务、完整过程和工作情境设计教学内容。从岗位需求出发，实现教学内容融合工作任务，通过任务实施巩固学习过程，为学生提供全面的学习和培养。

3. 教学内容专业化。在中国交通教育研究会职业教育分会汽车运用工程专业委员会的指导下，组织教育专家设计、行业专家指导、技术专家和职业院校教学专家团队合作编写，保证了教材内容的专业性以及教学理念的先进性。

4. 教材形式立体化。以"高职汽车检测与维修技术专业资源库"为支撑，资源库中含有丰富的动画、视频、优秀图书、论文、知识拓展等素材资源，教材中的相关知识点附近配有二维码，扫码可观看动画或视频资源，并配套了全面的考核项目和海量题库，使课程更加形象化、情景化、动态化、生活化。

5. 课程内容全面化。课程全面覆盖各层次学生学习需求，不仅涵盖重要知识内容和关键操作步骤，而且配套资源库中推荐众多优秀图书、论文、知识拓展链接，为各层次学生精选、设计匹配学习方法，丰富学习渠道，满足学生多种场景学习要求。

6. 教学形式信息化。课程采用教材与网络资源库同步呈现模式，实现网络云端数据访问，教学素材实时更新，满足各院校信息化教学需求。

本套教材是由中国交通教育研究会职业教育分会汽车运用工程专业委员会组织，四川交通职业技术学院、广西交通职业技术学院、天津交通职业学院、广东交通职业技术学院、湖北交通职业技术学院、江西交通职业技术学院、陕西交通职业技术学院、北京交通运输职业学院、河南交通职业技术学院、贵州交通职业技术学院、湖南交通职业技术学院、上海交通职业技术学院（院校排名不分先后）及上海景格科技股份有限公司深度合作，在行业专家、教学专家的指导下共同开发的“汽车类专业教学资源库”配套教材。希望通过本套教材的使用，使学生能够学到扎实的基础知识、练就娴熟的专业技能、积累实践操作经验，让学生决胜于职场，创造出一个美好的未来。

《汽车电工电子技术》是本套教材中的一本。教材第1版于2019年出版，入选“十四五”职业教育国家规划教材。教材第2版以项目＋学习任务引领，教材内容由浅入深，体现实践性。每个学习任务既有基础知识学习，又有技能训练，删减了复杂的公式推导和计算过程，易于职业院校学生学习。在技能训练中，将电路实例与汽车专业相关联；在基础知识中，增加有关新能源汽车的内容，为学生后续学习汽车电气类专业课程打下基础；在学习目标和拓展阅读中，融入课程思政元素，体现党的二十大精神内容，落实立德树人根本任务；随着新能源汽车技术及智能网联汽车技术的发展，教材增加了IGBT（绝缘栅双极晶体管）及智能网联汽车光电传感器基础，增强了教材的适应性和实用性。本教材的编写工作均由贵州交通职业大学的教师完成。其中，刘映霞负责编写项目三、项目六、项目八；赵福利负责编写项目四、项目五；王强负责编写项目七、项目九；杨娇娇负责编写项目十。全书由刘映霞、王强担任主编，赵福利、黄瑾媛、杨娇娇担任副主编。

在本书的编写过程中，作者参阅了大量国内外文献，引述文献尽量予以标注，但难免存在遗漏，在此向这些文献的作者以及教材配套资源提供方上海景格科技股份有限公司一并致谢！

由于作者水平有限，书中疏漏与不妥之处在所难免，敬请有关专家和读者批评指正。

作　者
2024年10月

本教材配套数字资源列表

序号	资源名称	所在页码	序号	资源名称	所在页码
1	《汽车电工电子技术》课程导读	目录最后	30	开磁路式点火线圈的结构	69
2	电路的组成	2	31	开磁路式点火线圈的磁路	70
3	常见电气符号	2	32	开磁路式点火线圈工作原理	70
4	电流类型(直流电流和交流电流)	8	33	闭磁路式点火线圈结构	70
5	电压的形成	9	34	闭磁路式点火线圈的磁路	70
6	电阻的种类和特性	11	35	闭磁路式点火线圈工作原理	71
7	电压、电阻、电流的测量	11	36	触点式点火过程	72
8	基尔霍夫定律	21	37	电动机的结构	77
9	交流电类型	27	38	直流串励式电动机工作原理	78
10	电感的检测	33	39	直流电动机的工作特性	83
11	电容器结构	35	40	永磁同步电动机的分类	86
12	电容器功用	36	41	永磁同步电动机的工作原理	87
13	电容的检测	36	42	永磁同步电动机的控制原理	88
14	交流发电机的组成	39	43	永磁同步电机的应用	89
15	交流发电机工作原理	40	44	三相异步电动机的结构	92
16	交流发电机整流原理	41	45	三相异步电动机工作原理	93
17	示波器的使用方法	48	46	三相异步电动机的起动	95
18	磁特性	51	47	三相异步电动机调速控制	98
19	磁通	51	48	电能的生产	104
20	磁感应强度	51	49	电流对人体的伤害类型	113
21	电磁感应原理	52	50	触电急救的原则和方法	120
22	继电器工作原理	54	51	车辆防触电技术	130
23	起动机控制装置电路工作原理	59	52	人员防触电措施	132
24	喇叭电路工作原理	59	53	高压防护服的作用	135
25	电容式闪光器的工作原理	60	54	PN 结	140
26	电子式闪光器结构	61	55	二极管的极性判断	141
27	电子式闪光器工作原理	61	56	二极管的好坏检测	141
28	变压器的基本结构	64	57	发光二极管的结构	143
29	变压器的工作原理	64	58	继电器、三极管	147

续上表

mulu

目　录

《汽车电工电子技术》
课程导读

项目一　直流电路控制与检测

任务概述

电流按其性质的不同,可分为直流电和交流电。汽车电路中,蓄电池提供的是直流电,发电机产生的交流电经整流后得到的也是直流电。本任务从认识电路的特性参数开始,进一步对电路各参数的测量及计算等做深入浅出的讲解,引导同学们进行相关电路实训。

知识目标

(1)认知电路的基本组成和作用;
(2)测量电路的特性参数;
(3)用欧姆定律及基尔霍夫定律等分析求解直流电路参数。

技能目标

(1)分析电流、电压、电阻的参数;
(2)学会用万用表测量电路中用电器的各个基本参数;
(3)能连接串并联电路;
(4)能用实际电路校验欧姆定律。

素养目标

(1)规范课堂6S管理,展示中国工匠良好形象;
(2)培养团队协作精神,能够协同配合、系统学习;
(3)养成独立思考问题的习惯;
(4)培养敬业奉献、服务人民的意识;
(5)培养严谨、自立自强的工作作风。

学习任务1　电路基础知识学习

任务描述

电路的组成和作用是汽车电工基础课程的入门,掌握好汽车电路元件的符号、特点、基本物理量是日后学习相关电工知识的基础。本学习任务主要通过实例讲解,以理论与实操相结合,学习电路的结构组成、工作状态、符号等。

建议学时:2 学时。

电路的组成

知识准备

一、电路的概述与电路的组成要素

直流电路就是用导线把电源、用电器(负载)、控制器件等连接起来组成的电流流通的路径。图 1-1 所示的直流电路由以下 4 部分组成。

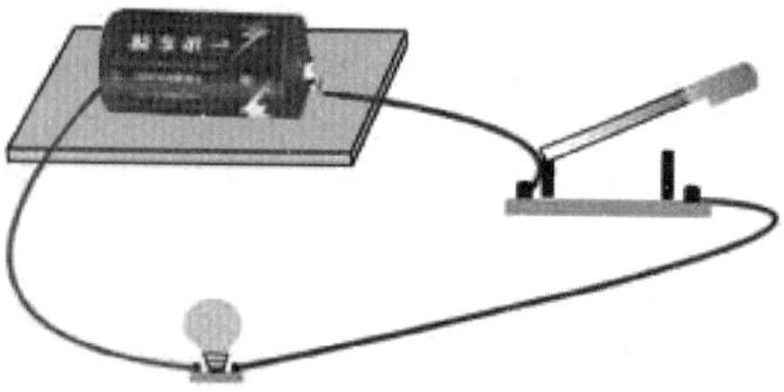

图 1-1　直流电路

1. 电源

电源指供电的器件(提供电能的器件),如干电池、蓄电池等。

2. 用电器(负载)

用电器指利用电能工作的器件(消耗电能的器件),如灯泡、电阻、电动机等。

3. 控制器件

控制器件指控制电路通断和保护电路的器件,如开关、熔断器(熔断丝)等。

4. 导线

导线用来连接电路,有传导电荷的作用,如铜线、铝线等。

常见电气符号

二、常见的电路符号

电路的实物连接图(图 1-1)画起来比较麻烦。一般在画电路时,电路中的元器件均以电路符号来代替,且电路符号都是有标准规定的。电路图中常见的电工标准电路符号见表 1-1。

几种常见的电工标准电路符号　　表 1-1

名称	符号	名称	符号
电阻	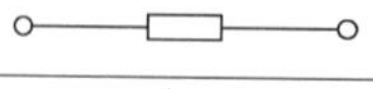	电压表	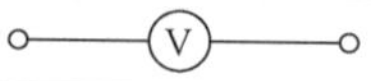
电池		接地	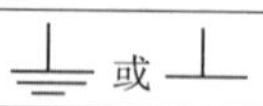
电灯	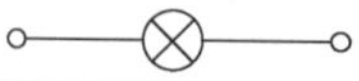	熔断器	

续上表

名称	符号	名称	符号
开关		电容	
电流表	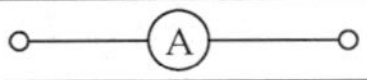	电感	

三、电路的状态

电路的工作状态有 4 种：通路、断路(开路)、短路、虚接(接触不良)，见表 1-2。

电路工作状态 表 1-2

电路状态	图示
1. 通路 电路接好后，闭合开关，处处相通的电路	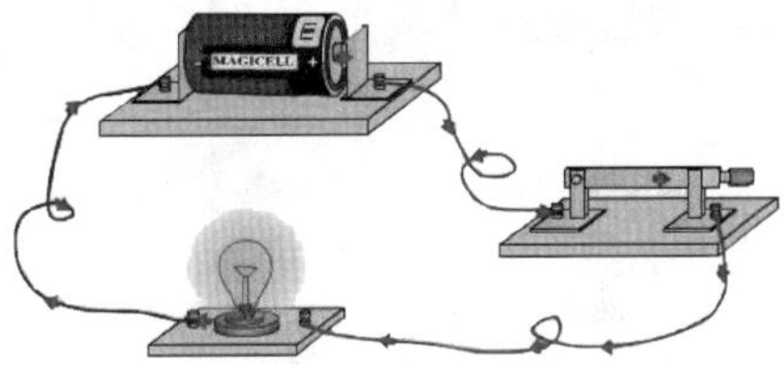
2. 断路(开路) 开关未闭合或导线断裂、接头松脱使线路在某处断开的电路	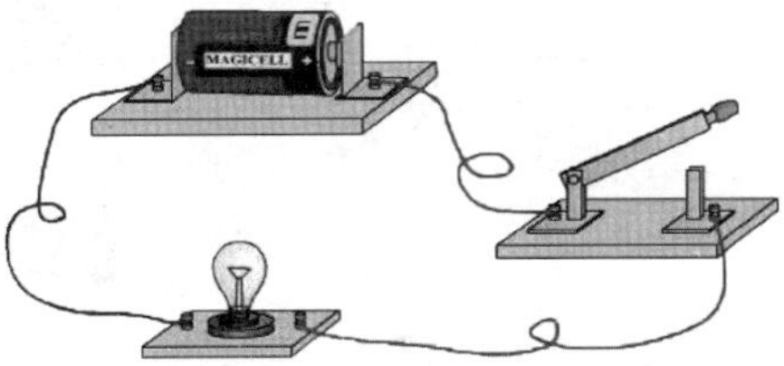
3. 短路 导线不经过用电器直接跟电源两极连接的电路。短路时，电流很大，电源和导线会因发热严重而被烧坏。因此，短路是要禁止的	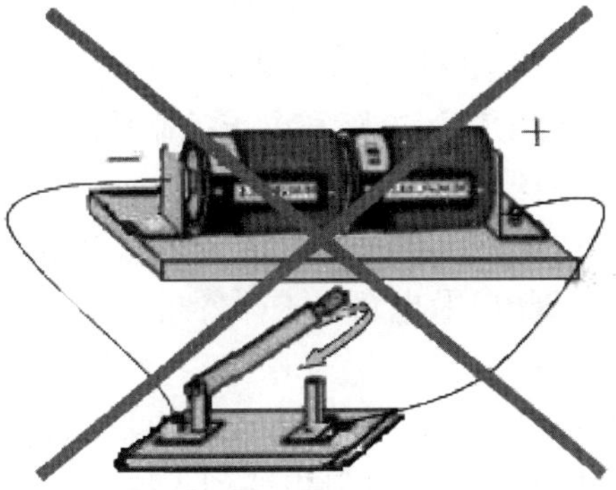
4. 虚接(接触不良) 电路导线连接处没有接好或焊点没有焊好，两接触点等于接入一个阻值很大的电阻	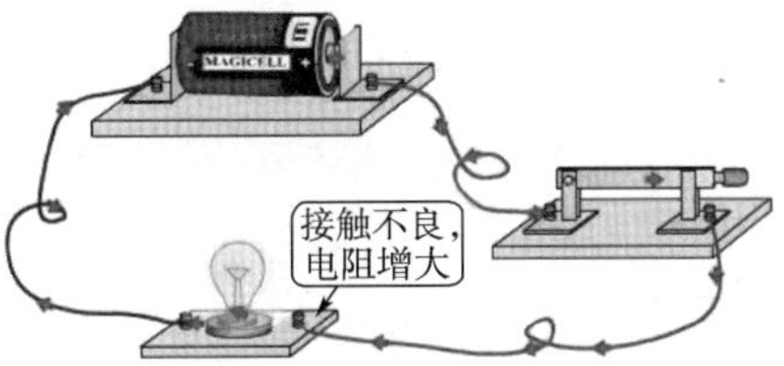

四、汽车电路组成与特点

一辆汽车包含有上千个单独的电路,其中某些电路非常复杂,但其工作原理都是相同的。若要构成一个完整的电路,就必须有电源、负载、控制保护和导线。

无论电路构成组件的数量有多少,或其位置如何,电流总是在一个完整回路中流动。在汽车电路中,电流总是从电源正极经由负载,最后回到电源负极。标准汽车电路组件实物见表1-3。

标准汽车电路组件实物　　　　表1-3

电源(蓄电池或发电机)	导体(导线或电缆)	保护装置(熔断丝或断路器)
	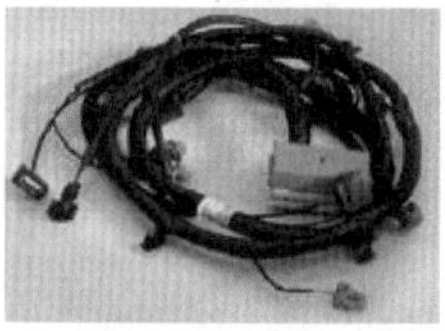	
搭铁通路(车体底盘)	负载(灯泡或电动机)	控制装置(开关或继电器)

1. 汽车整车电路的组成

汽车整车电路通常由电源电路、起动电路、点火电路、照明与信号装置电路、仪表信息系统电路、辅助装置电路和电子控制系统电路组成。

1)电源电路

电源电路也称充电电路,是由蓄电池、发电机、调节器及充电指示装置等组成的电路,电能分配(配电)及电路保护器件也可归入这一电路。

2)起动电路

起动电路由起动机、起动继电器、起动开关及起动保护电路组成。也可将低温条件下起动预热的装置及其控制电路列入这一电路。

3)点火电路

点火电路是汽油发动机汽车特有的电路。它由点火线圈、分电器、电子点火控制器、火花塞及点火开关组成。微机控制的电子点火控制系统一般列入发电机电子控制系统。

4)照明与信号装置电路

照明与信号装置电路是由前照灯、雾灯、示廓灯、转向灯、制动灯、倒车灯、车内照明灯及有关控制继电器组成。

5)仪表信息系统电路

仪表信息系统电路由仪表及其传感器、各种报警指示灯及控制器组成。

6)辅助装置电路

辅助装置电路由为提高车辆安全性、舒适性等而设置的各种电器装置组成。辅助电器装置的种类随车型不同而有所差异,汽车档次越高,其辅助电器装置越完善。一般包括车窗玻璃刮水及清洗装置、车窗玻璃除霜(防雾)装置、空调装置、音响装置等。较高级车型上还装有车窗电动举升装置、电控门锁、电动座椅调节装置和电动遥控后视镜等。

7)电子控制系统电路

电子控制系统电路主要由发电机控制系统(包括燃油喷射、点火、排放等控制)、自动变速器及恒速行驶控制系统、防抱死制动系统、安全气囊控制系统等组成。

2. 汽车电路的特点

汽车电路的特点是采用直流供电,单线制(负极搭铁),双电源(蓄电池、发电机);低压(12V、24V),并联电路,开关可以控制电源正极也可以控制电源负极。其中,负极搭铁就是蓄电池的负极用金属导线与汽车发电机或汽车金属底盘直接连接。

任务实施

一、任务准备

1. 组织方式

(1)场地设施:每小组对应一套电器实验设施、一张实训工作台。

(2)实训工具:万用表、线束、可调锂离子蓄电池模块、负载积木板、开关熔断丝积木板。

(3)学生组织:教师指导,按各实例知识讲解及实训进行自评、互评。

(4)检查实训任务:真实、完整、有效。

2. 注意事项

(1)遵守场地安全规定,注意用电安全。

(2)插拔电气元件时,一定要断电操作。

(3)在接线、拆线时,严禁用力拉扯线束。

二、操作步骤

根据学习工作页,结合实训指导书,按下列步骤完成实施。

(1)按照图1-2所示,接好实训电路。

(2)观察负载灯泡发光的状态。

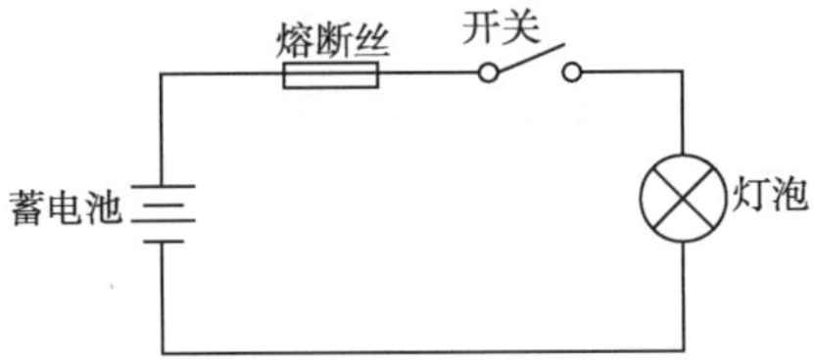

图1-2 电路的状态

任务小结

(1)电路是由电源、负载、控制器件等用导线连接起来组成的电流流通的路径。

(2)电路图中电器元件都是以电路符号来代替的，而且电路符号都是有标准规定的。

(3)电路有通路、开路(断路)、短路、虚接(接触不良)几种状态。

(4)汽车整车电路通常由电源电路、起动电路、点火电路、照明与信号装置电路、仪表信息系统电路、辅助装置电路和电子控制系统电路组成。

习题

一、判断题

1. 电源的工作状态有三种:空载、负载和短路。 (　　)
2. 规定负电荷定向运动的方向为电流的实际方向。 (　　)
3. 目前，汽油车和小型柴油多采用24V供电。 (　　)
4. 选择不同的参考点，电路任意两点的电压值不同。 (　　)
5. 电源与金属机件连接点称为电源搭铁点。 (　　)

二、单选题

1. 某电阻元件的额定数据为“1kΩ、2.5W”，正常使用时允许流过的最大电流为(　　)。

A. 50mA　　B. 2.5mA　　C. 250mA　　D. 100mA

2. 有“220V、100W”“220V、25W”白炽灯两盏，串联后接入220V交流电源，其亮度情况是(　　)。

A. 两只灯泡一样亮　　B. 100W灯泡最亮　　C. 25W灯泡最亮　　D. 无法判断

3. 电路如下图所示，电流I、电压U、电动势E三者之间的关系为(　　)。

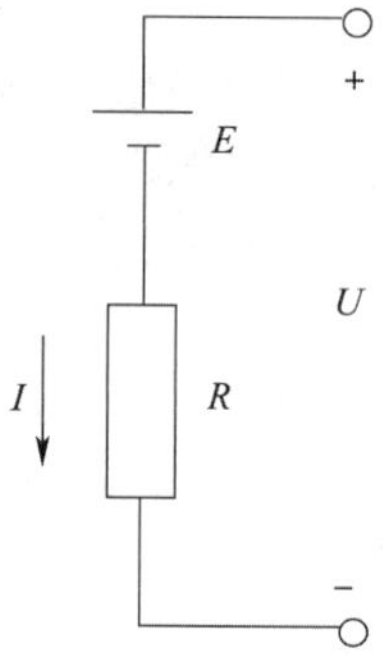

A. $E=U+IR$　　B. $E=U-IR$　　C. $E=IR-U$　　D. $E=-IR-U$

4. 下图为某复杂电路中的一部分。已知$U_1=12V$，$U_2=3V$，$R_1=4\Omega$，$R_2=3\Omega$，$R_3=5\Omega$，$R_4=6\Omega$，则整个回路中的电流$I=$(　　)。

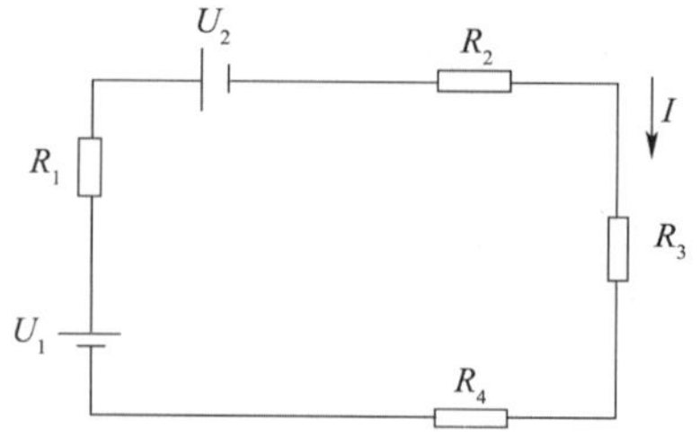

A. −0.5A　　B. 0.83A　　C. 0.5A　　D. −0.83A

5. 在下图所示电路中,a、b 两点间的电阻约等于(　　)。

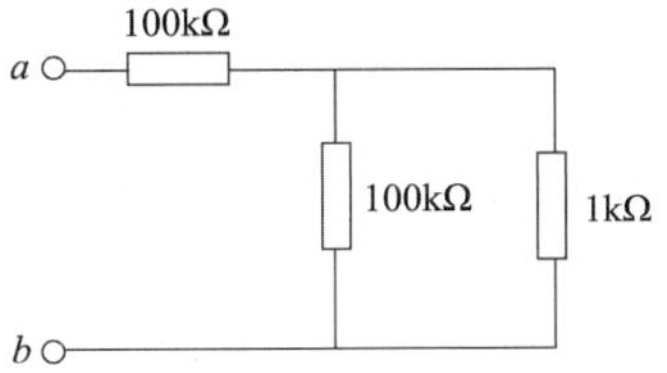

A. 1kΩ　　B. 101kΩ　　C. 200kΩ　　D. 201kΩ

三、多选题

1. 汽车电路由哪几部分组成?(　　)

A. 电源　　B. 导线　　C. 控制和保护器件　　D. 用电设备

2. 以下关于汽车熔断器的说法正确的是(　　)。

A. 熔断器俗称保险丝,串联在电源与用电设备之间,当用电设备或线路发生电路或过载时,切断电源电路,以免电源、用电设备和线路损坏

B. 熔断器熔断后,必须查明原因,彻底排除故障

C. 更换熔断器时,可用更大容量的电路保护元件替换

D. 安装时,要保护熔断器与熔断器支架接触良好

学习任务 2　电路的特性参数检测

任务描述

认识电路的组成后,还需要熟悉电路中的基本物理量,掌握电路的规律,才能对电路进行分析和计算。本学习任务主要通过实例讲解,理论与实操相结合,学习电路中的基本物理量包括电流、电压、电阻、电动势、电能和电功率等。

建议学时:2 学时。

知识准备

一、电路的电流

水能在管中流动,我们称它为水流;同样,电子也能在导线中流动,这种电子的流动就称为电流。如图 1-3 所示,当电源开关合上的时候,电灯就会发光,这是因为在电路中有电流通过。电流虽然用肉眼看不见,但是可以通过它的各种表现而被人们所觉察。那么,什么是电流呢? 电流是电荷(带电粒子)有规则地定向运动而形成的。

二、电流的大小和单位

表征电流强弱的物理量称为电流强度,简称电流,用字母“I”表示。在国际上,电流强度的定义是指单位时间内通过导线某一截面的电荷量,数学表达式为 $I = Q/t$。

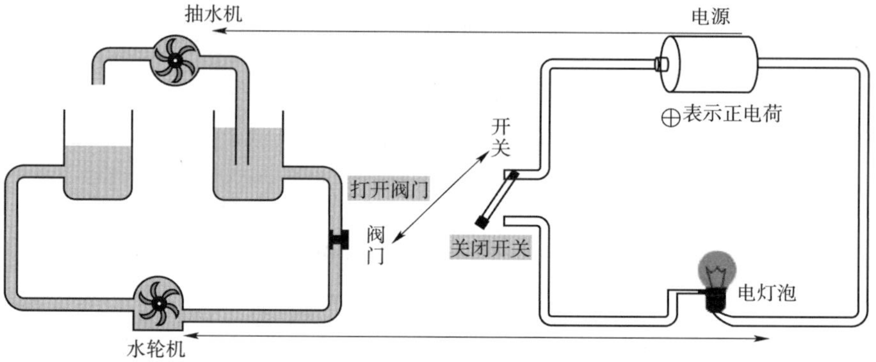

图 1-3 水流与电流的产生

在国际单位制中,电流的单位名称是安培,简称安,用符号 A 表示。规定每秒钟通过导线截面的电量为 1 库仑的电流为 1 安。电流的单位也可用千安(kA)、毫安(mA)、微安(μA)表示,它们之间的换算关系是:

$$1\text{kA} = 1000\text{A} \quad 1\text{A} = 1000\text{mA} \quad 1\text{mA} = 1000\mu\text{A}$$

三、电流的方向规定

实际上,导体中的电流是由负电荷在导体中流动形成的,而我们习惯上规定正电荷运动的方向或负电荷运动的相反方向作为电流的方向。所以,导体中的电流不仅有大小量之分,而且具有方向性。

大小和方向都不随时间而变化的电流为恒定直流,简称直流,如图 1-4 所示。

方向始终不变,大小随时间而变化的电流称为脉动直流电流,如图 1-5 所示。

大小和方向均随时间变化的电流称为交流电流,通常其大小和方向随时间作周期性变化,简称交流。我国电力系统使用的正弦交流电如图 1-6 所示。

电流类型
(直流电流和交流电流)

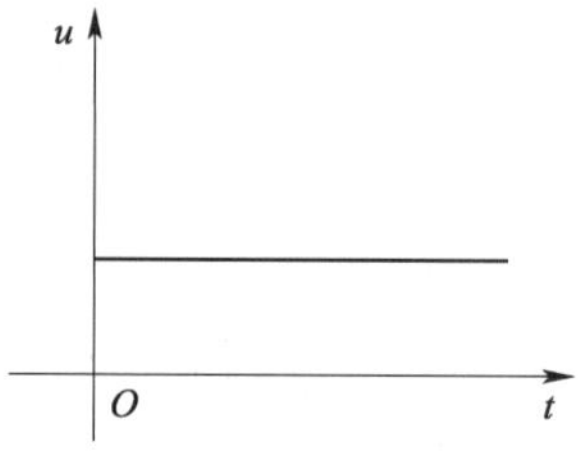

图 1-4 恒定直流

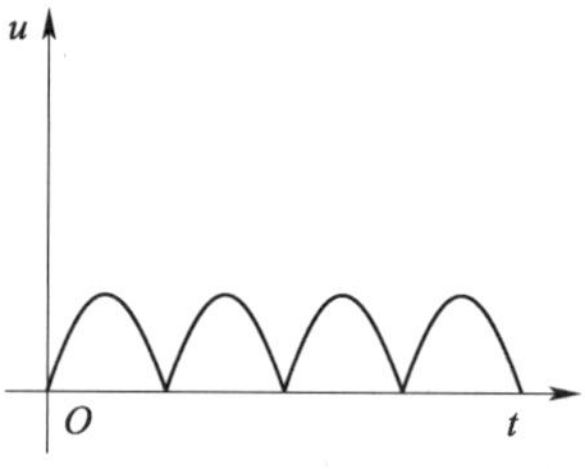

图 1-5 脉动直流电流

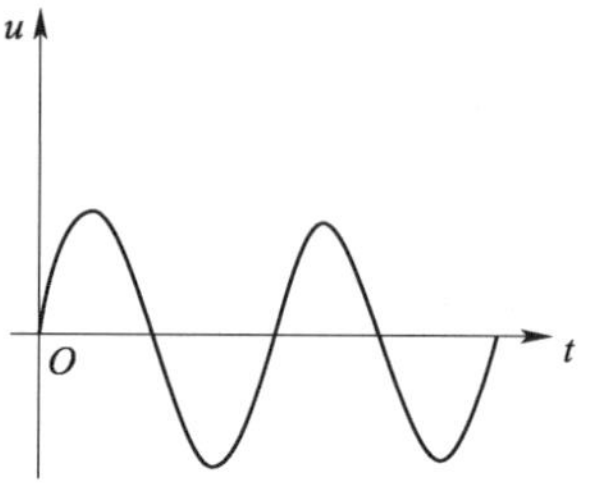

图 1-6 交流电流

在实际测量中,使用电流表或万用表电流挡串联入被测电路中,且要注意极性,严禁将电流表并联在被测电路两端。

四、电流产生的条件

(1)必须具有能够自由移动的电荷(金属中只有负电荷移动,电解液中为正负离子同时移动)。

(2)导体两端存在电压差(要使闭合回路中得到持续电流,必须要有电源)。

(3)电路必须为通路。

五、电流的效应

1. 热效应

导体通电时会发热,把这种现象称为电流热效应。例如,电阻通电后会发热。

2. 磁效应

奥斯特发现,任何通有电流的导线,都可以在其周围产生磁场,该现象称为电流的磁效应。例如,继电器线圈通电后会产生磁吸力。

3. 化学效应

电的化学效应主要是电流中的带电粒子(电子或离子)参与而使得物质发生了化学变化,例如蓄电池的充电过程。

六、电路的电压与电动势

如图1-7a)所示,因为水位高度不同产生的压力不同,便产生了势能,导致水的流动。电压也是一样,因为两点间存在电势差,导致了正的带电离子从高电势向低电势流动,从而形成电流。电流形成的根本原因是因为导体两端存在电势差。常见的干电池、锂电池和铅酸电池,两个接线端子都存在电压。

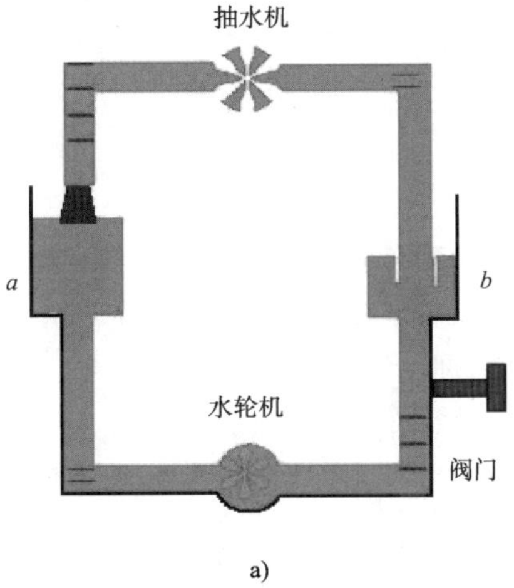

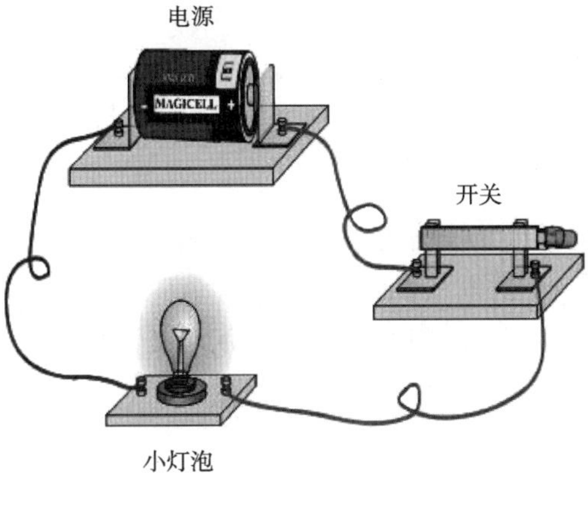

电压的形成

图1-7 水压与电压的产生

电压是用来表示电场力移动电荷做功本领的物理量。在物理上定义为 a、b 两点之间的电压 U_{ab},在数值上就等于电场力将单位正电荷从 a 点移到 b 点所做的功。数学表达式为 $U_{ab}=W_{ab}/q$。

电动势是用来表示电源移动电荷做功本领的物理量,用字母“E”表示。电源的电动势,在数值上等于电源把单位正电荷从负极 b(低电位)经由电源内部移到电源的正极 a(高电位)所做的功。

七、电压的单位和大小

在国际单位制中,电压和电动势的单位都是伏特(焦耳/库仑),简称“伏”,用大写字母“V”表示。1 伏特等于对每 1 库仑的电荷做了 1 焦耳的功,即 1V = 1J/C。另外还有千伏(kV)、毫伏(mV)和微伏(μV),它们的换算关系是:

$$1kV = 1000V \quad 1V = 1000mV \quad 1mV = 1000\mu V$$

八、电压的方向规定

电压的实际方向规定为由高电位(“+”极性)端指向低电位(“-”极性)端,即为电位降低的方向。电源电动势的实际方向规定为在电池内部由低电位(“-”极性)端指向高电位(“+”极性)端,即为电位升高的方向。

在电压测量中,可以使用电压表或万用表电压挡直接并联在被测电路的两端,且要注意极性。

九、电位

在电路中选定一个参考点(零电位点),则电路中某一点与参考点之间的电压即是该点的电位,单位也是伏特。

参考点(零电位)的选择,在电力电路中常以大地作为参考点;电子电路中常以多条支路汇集的公共点或金属底板、机壳等作为参考点;在汽车电路中常以车身金属作为参考点,连接的是蓄电池的负极,通常称作“搭铁”。

十、电阻的大小和单位

如图 1-8 所示,管路大小对水流有阻碍作用,同样,物质也能对电流产生阻碍作用,我们称其是该作用下的电阻物质。电阻将会导致电子流通量的变化,电阻越小,电子流通量越大,反之亦然。没有电阻或电阻很小的物质称其为电导体,简称导体,如金、银、铜、铁等。不能形成电流传输的物质称为电绝缘体,简称绝缘体,如玻璃、橡胶等。

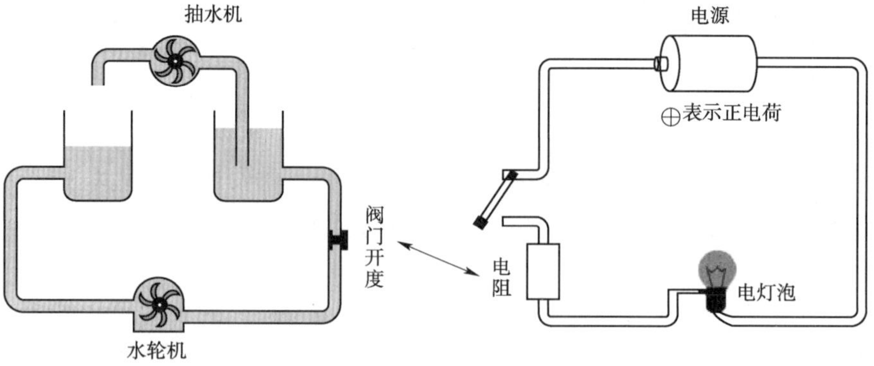

图 1-8　水流与电流的阻碍

电阻具有阻碍电流流动的本性，表征导体对电流呈现阻碍作用的电路参数称为电阻，用符号 R 表示。电源内部的电阻称为内阻，电源以外导线及负载的电阻称为外电阻，电阻是导体本身的一种特性。电阻元件是对电流呈现阻碍作用的耗能元件。在国际单位制中，电阻的单位名称是欧姆，简称欧，用希腊字母 Ω 表示，也可以用千欧（kΩ）或兆欧（mΩ）表示。它们的换算关系是：

$$1\text{T}\Omega = 1000\text{G}\Omega \quad 1\text{G}\Omega = 1000\text{m}\Omega \quad 1\text{m}\Omega = 1000\text{k}\Omega \quad 1\text{k}\Omega = 1000\Omega$$

在实际测量中，在断开电源的情况下可以使用万用表欧姆挡直接并联在被测电路的两端。

十一、电阻的种类

电阻分为线性电阻和非线性电阻两种。电阻值（R）是一个常量，只与导体本身的材料和几何尺寸有关，而不随电压（U）或电流（I）的变化而变化，具有这种特性的电阻元件称为线性电阻。电阻值随电压或电流的变化而变化的电阻元件称非线性电阻。图 1-9 所示为几种常见的电阻。

电阻的种类和特性

a)金属膜电阻　　b)贴片电阻　　c)水泥电阻

图 1-9　几种常见电阻

十二、色环电阻表示法

一般碳膜和金属膜电阻的阻值标识都是用色环法表示的，即用不同颜色的色标来表示电阻参数。色环电阻有四个色环的和五个色环的。

十三、电阻的检测

1. 量程的选择

为提高测量精度，应根据被测电阻标称值的大小来选择量程。一般数字式万用表有 6 个电阻挡位：200Ω、2kΩ、20kΩ、200kΩ、2mΩ 和 20mΩ。R_x 为被测电阻，选取挡位的原则为：$R_x < 200\Omega$，选择 200Ω 挡位；$200\Omega < R_x < 2\text{k}\Omega$，选择 2kΩ 挡位，依次类推。若所选量程小于被测量电阻的阻值，则仪表最左边 1 位显示“1”，其余位不显示，此时应改用更大的量程进行测量。

2. 测量方法

测量前先将表笔短路，万用表调零，才能保证测量的精确。在进行检

电压、电阻、电流的测量

修时,如怀疑某电阻损坏失效,则不能直接在电路板上测量电阻值,因被测电阻两端存在其他电路的等效电阻。正确的方法是先将电阻拆下(或焊开一个头),再选择合适的量程测量。如果所测电阻阻值为无穷大,则表明电阻内部已断路。

提示:一般情况下,电阻的失效率比较低,电阻失效的主要原因为阻值变大或内部开路、温度特性变差、脱焊等。

图1-10 电能表

十四、电路的电功、电功率

电功就是电流通过导体时所做的功,电流做功的过程是电能转化为其他形式能的过程,它是一段导体中电压、电流和时间的乘积,数学表达式为 $W = UIt$,单位是焦耳(J)。电功的测量一般用电能表,图 1-10 所示为家用的电能表,也称电度表。

电功率是表示电流做功快慢的物理量,即电流在单位时间内完成的功,数学表达式为$P = W/t = UI$,单位是瓦特(W),简称“瓦”。例如,一灯泡标示“12V10W”,表示该灯泡工作在12V 电压下消耗的功率为 10W。功率常用的单位还有 kW、mW,它们的换算关系是:

$$1\text{kW} = 1000\text{W} \quad 1\text{W} = 1000\text{mW}$$

任务实施

一、任务准备

1. 组织方式

(1)场地设施:每小组对应一套实验设施、一张实训工作台。

(2)实训工具:万用表、线束、锂离子蓄电池一块,电流电压电路板、开关熔断丝板、负载积木板。

(3)学生组织:教师指导,按各实例知识讲解及实训进行自评、互评。

(4)检查实训任务:真实、完整、有效。

2. 注意事项

(1)遵守场地安全规定,注意用电安全。

(2)插拔电气元件时一定要断电操作。

(3)正确使用万用表。

(4)在接线、拆线时,严禁用力拉扯线束。

二、操作步骤

根据学习工作页,结合实训指导书,按下列步骤完成实施。

(1)按照图 1-11 所示,接好实训电路。

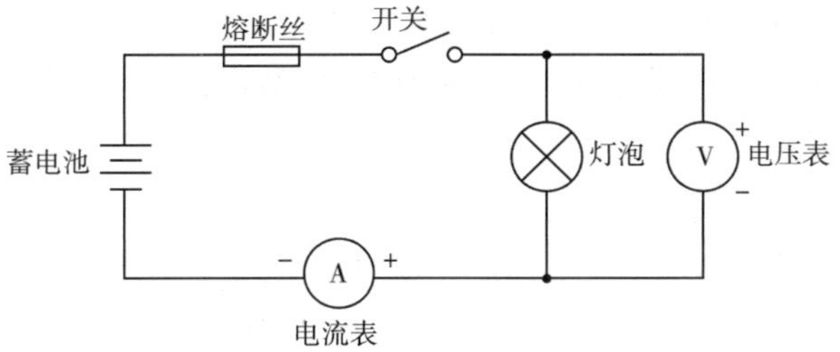

图 1-11　电流、电压检测电路

(2)测量电流、电压、电阻和功率。

任务小结

(1)电流是电荷(带电粒子)有规则的定向运动而形成的,表征电流强弱的物理量称为电流强度,简称电流,用字母“I”表示。规定正电荷运动的方向或负电荷运动的相反方向作为电流的方向。

(2)电压是用来表示电场力移动电荷做功本领的物理量。在物理上定义为 a、b 两点之间的电压 U_{ab},在数值上就等于电场力将单位正电荷从 a 点移到 b 点所做的功。电压的实际方向规定为由高电位(“ + ”极性)端指向低电位(“ - ”极性)端,即为电位降低的方向。

(3)在电路中选定一个参考点(零电位点),则电路中某一点与参考点之间的电压即是该点的电位。

(4)电阻是物质对电流的阻碍作用。

(5)电功就是电流通过导体时所做的功,单位时间所做的功称为功率。

拓展阅读

远距离输电最好模式——直流输电

输电的方式主要有两种:一种是直流输电,另一种是交流输电。直流输电是指用直流电进行输送,交流输电是指用交流电进行输送。我国在这一领域发展较好,20 世纪 80 年代中后期,建设葛洲坝至上海 ±500kV 直流输电工程时,换流站设备 100% 依靠进口;现在,直流输电的绝大多数设备都实现了国产化,运行指标、可靠性都达到了国际领先水平。

习题

一、判断题

1. 要计算电路中某点的电位,只要从这一点通过一定的路径绕到零电位点,该点的电位即等于此路径上全部电压降的代数和。　(　　)

2. 汽车断路器不可重复使用。　(　　)

3. 用电设备长期安全工作时允许的最大工作电流、电压和电功率分别称为该用电设备的额定电流、额定电压、额定功率,统称为额定值。　(　　)

4. 防止过载的常见方法是在电路中安装熔断器。 (　　)

5. 对于串联电路来说,流过每个电阻的电流都相等;总电压等于各电阻两端的电压之和。 (　　)

二、单选题

1. 某电阻两端电压为40V,通过电阻的电流为0.5A,则导体的电阻为(　　)。

A. 400Ω　　B. 600Ω　　C. 200Ω　　D. 80Ω

2. 下图所示直流电源电路中,已知 $I=2A$, $R=3\Omega$, $U_S=4V$,则 $U_{ab}=$(　　)。

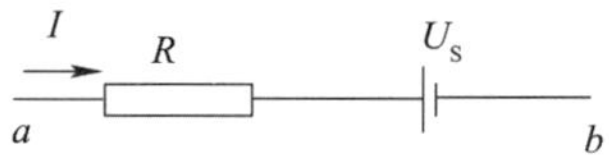

A. 10V　　B. 2V　　C. −2V　　D. −10V

3. 一电阻两端加15V电压时,通过3A的电流,若在两端加18V电压时,通过它的电流为(　　)。

A. 1A　　B. 3A　　C. 3.6A　　D. 5A

4. 1度电=(　　)J(焦耳)。

A. 3.6×10^5　　B. 3.6×10^6　　C. 3.6×10^3　　D. 3.6×10^9

5. 下图所示电路中5Ω电阻的电压 $U_2=$(　　),电压 $U_1=$(　　)。

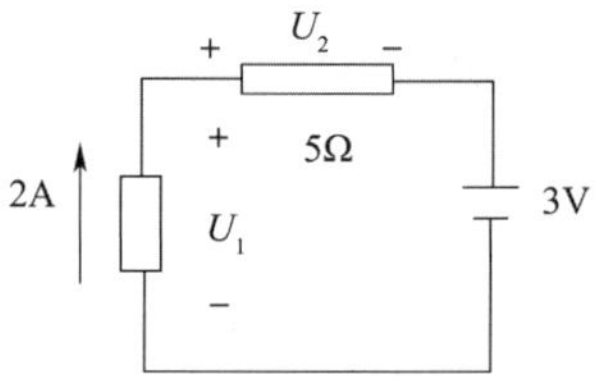

A. −10V, −7V　　B. 10V, 13V　　C. 10V, −13V　　D. −10V, 7V

三、多选题

1. 下图所示电路中, $U_{S1}=U_{S2}=U_{S3}=2V$, $R_1=R_2=R_3=3\Omega$,则以下参数正确的是(　　)。

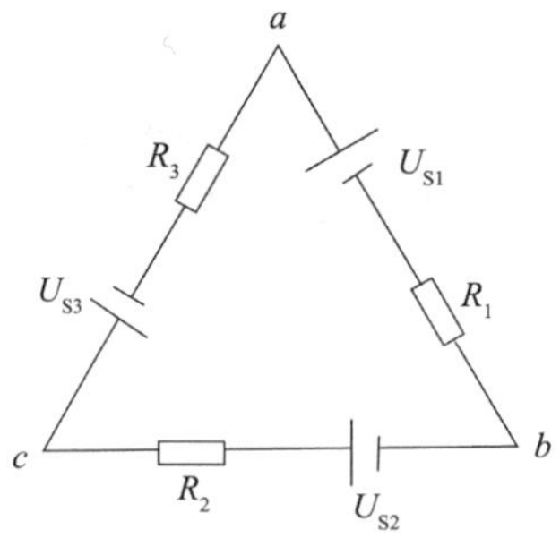

A. 电流为0.22A,方向为顺时针　　B. $U_{ab}=1.34V$

C. $U_{bc}=2.66V$　　D. $U_{ca}=1.34V$

2. 下图所示电路中,若以 C 点为参考点,则以下参数正确的是(　　)。

A. $V_A=-4V$　　B. $V_B=-1V$　　C. $V_C=-6V$　　D. $U_{AB}=3V$

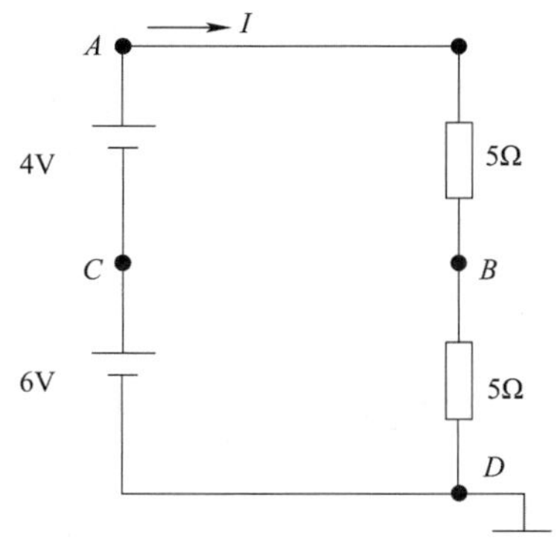

学习任务3　串并联电路控制与分析

任务描述

在汽车电路中,很多电路都是采用串联、并联等连接方式。不同连接方式的电路特点都不一样。本学习任务主要通过实例讲解,理论与实训相结合,学习电路的连接方式及计算方法等。

建议学时:2 学时。

知识准备

一、串联电路

串联电路是用电器首尾依次连接在电路中的形式。电路只有一条路径,任何一处断路都会出现电路故障,如图 1-12 所示。

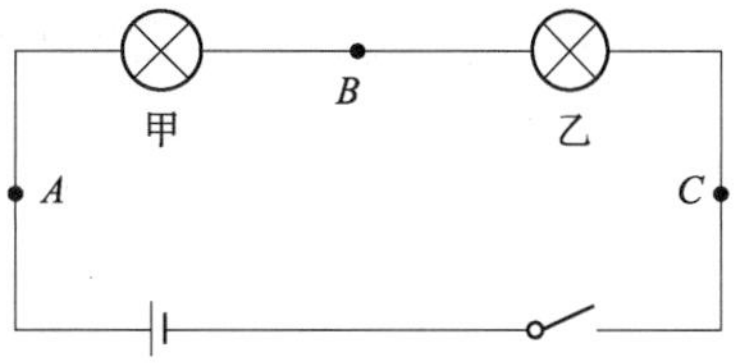

图 1-12　串联电路

二、串联电路的规律

1. 串联电路电压规律

串联电路两端的总电压等于各用电器两端电压之和,即:

$$U = U_1 + U_2 + \cdots + U_n \tag{1-1}$$

$$U_1 : U_2 : U_3 = IR_1 : IR_2 : IR_3 = R_1 : R_2 : R_3 (\text{分压}) \tag{1-2}$$

$$P_1 : P_2 : P_3 = I^2 R_1 : I^2 R_2 : I^2 R_3 = R_1 : R_2 : R_3 \tag{1-3}$$

2. 串联电路电流规律

串联电路中的电流处处相等,即:

$$I = I_1 = I_2 = \cdots = I_n \tag{1-4}$$

3. 串联电路的特点

(1)电流只有一条通路。

(2)开关控制整个电路的通断。

(3)各用电器之间相互影响。

三、电阻的串联

在电路中,有两个或更多个电阻顺序相连,并且在这些电阻中流过同一电流,这种连接方法称为电阻的串联,如图1-13a)所示。

串联的几个电阻可用一个等效电阻来替代,如图1-13b)所示。

假设 $R_1=100\Omega$,$R_2=200\Omega$,$I=0.1\text{A}$,等效电阻的阻值等于各个串联电阻之和,即:

$$R=R_1+R_2=300(\Omega) \tag{1-5}$$

根据欧姆定律 $U=IR$,即:

$$U=IR=0.1\times300=30(\text{V}) \tag{1-6}$$

由于这些串联电阻流过同一电流,所以每个电阻上的电压只取决于电阻本身的阻值,根据串联电路电流规律,串联电路中的电流处处相等,即:

$$I=I_1=I_2$$

所以:

$$U_1=I_1\cdot R_1=0.1\times100=10(\text{V}) \tag{1-7}$$

$$U_2=I_2\cdot R_2=0.1\times200=20(\text{V}) \tag{1-8}$$

通过计算可以发现:$U=U_1+U_2$,符合串联电路规律。

提示:串联电阻具有分压作用,如需调节电路中的电流时,一般可在电路中串联一个变阻器来调节。改变电阻的大小,可得到不同的电压。

四、并联电路

并联电路是使在构成并联的电路元件间电流有一条以上的相互独立通路,如图1-14所示。

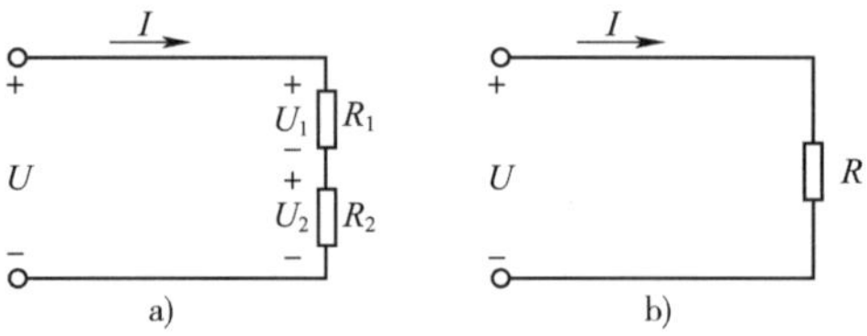

图1-13　电阻的串联及等效电阻

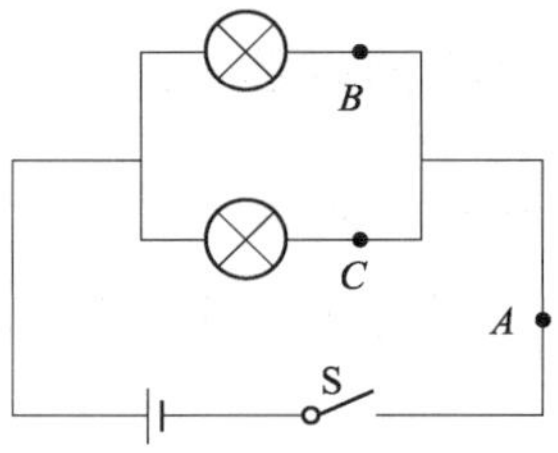

图1-14　并联电路

五、并联电路的规律

1. 并联电路的规律

(1)并联电路中各支路的电压都相等,并且等于电源电压,即:$U=U_1=U_2=\cdots=U_n$。

(2)并联电路中的干路电流(或说总电流)等于各支路电流之和,即:$I=I_1+I_2+\cdots+I_n$。

(3)并联电路中的总电阻的倒数等于各支路电阻的倒数和。若有 n 个相同电阻并联，则总电阻为：

$$\frac{1}{R_{总}}=\frac{1}{R_1}+\frac{1}{R_2}+\cdots+\frac{1}{R_n} \tag{1-9}$$

(4)并联电路中，各支路中的电流与它们的电阻的阻值成反比，即：$I_1 : I_2 = R_2 : R_1$。

(5)并联电路中，各支路中的功率与其电阻的阻值成反比，即：$P_1 : P_2 = R_2 : R_1$。

2. 并联电路的特点

(1)电路有若干条通路。

(2)干路开关控制所有的用电器，支路开关控制所在支路的用电器。

(3)各用电器相互无影响。

六、电阻的并联

在电路中有两个或多个电阻连接在两个公共的节点之间，承受同一个端电压，这些电阻的连接关系称为并联，如图 1-15a)所示。

两个并联电阻可用一个等效电阻来代替，如图 1-15b)所示。

设 $R_1=200\Omega$，$R_2=200\Omega$，$U=40V$，等效电阻的倒数等于各个并联电阻的倒数和，即：

$$\frac{1}{R}=\frac{1}{R_1}+\frac{1}{R_2}=\frac{1}{200}+\frac{1}{200}=\frac{1}{100}(\Omega) \tag{1-10}$$

所以：

$$R=100\Omega$$

根据欧姆定律：$I=\frac{U}{R}$，即：

$$I=\frac{U}{R}=\frac{40}{100}=0.4(A) \tag{1-11}$$

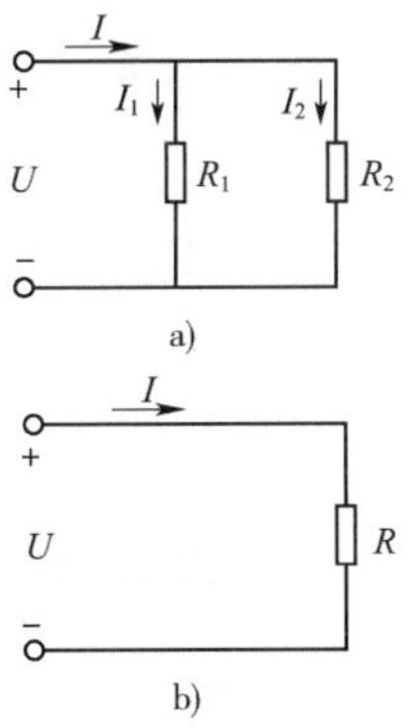

图 1-15 电阻的并联及等效电阻

根据并联电路电压规律，并联电路中各支路的电压都相等，并且等于电源电压，即：

$$U=U_1=U_2 \tag{1-12}$$

所以：

$$I_1=\frac{U_1}{R_1}=\frac{40}{200}=0.2(A) \tag{1-13}$$

$$I_2=\frac{U_2}{R_2}=\frac{40}{200}=0.2(A) \tag{1-14}$$

通过计算可以发现：$I=I_1+I_2$，符合并联电路规律。

提示：

(1)因为并联电阻承受同一端电压，所以流过某个电阻的电流与电阻成反比。由此可知并联电路中并联电阻越多，总电阻越小。

(2)并联电路的总电阻小于最小的电阻；如果电阻值不同，流过每条支路的电流也就不同;每条支路的电流之和等于电路的总电流。

(3)电路中并联变阻器可以起到分流或调节电流的作用;汽车蓄电池并联时,是把正极与正极相连,负极与负极相连。不论并联的个数是多少,电压均保持不变,但容量增加,是各蓄电池容量之和。

任务实施

一、任务准备

1. 组织方式

(1)场地设施:每小组对应一套电器实验设施、一张实训工作台。

(2)检测工具:串、并联电路特性板、线束、锂离子蓄电池一块,电流电压积木板。

(3)学生组织:教师指导,按各实例知识讲解及实训进行自评、互评。

(4)检查实训任务:真实、完整、有效。

2. 注意事项

(1)遵守场地安全规定,注意用电安全。

(2)插拔电气元件时一定要断电操作。

(3)正确使用万用表。

(4)在接线、拆线时,严禁用力拉扯线束。

二、操作步骤

根据学习工作页,结合实训指导书,按下列步骤完成实施。

(1)按照图1-16所示串联电路,接好实训电路。

(2)测量串联电流、电压值。

(3)按照图1-17所示并联电路,接好实训电路。

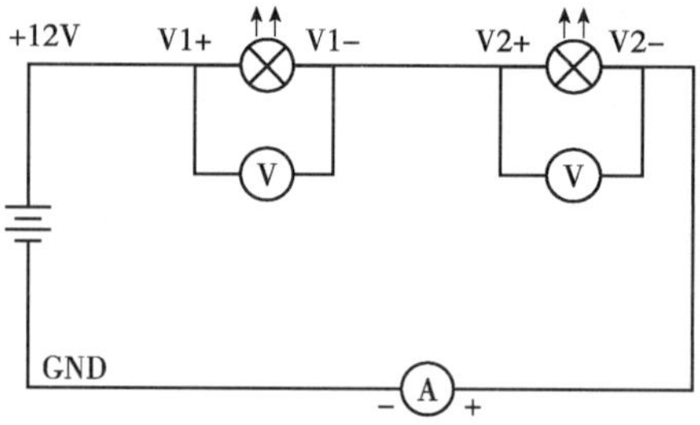

图1-16 电阻的串电路

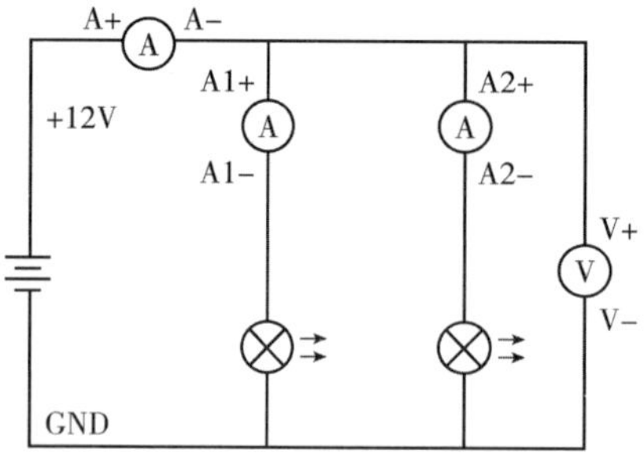

图1-17 电阻的并联电路

(4)测量并联电流、电压值。

任务小结

(1)串联电路是用电器首尾依次连接在电路中的形式。

(2)并联电路是使在构成并联的电路元件间电流有一条以上的相互独立通路。

(3)串联电路中串联电阻越多,总电阻越大。

(4)并联电路中并联电阻越多,总电阻越小。

拓展阅读

一带一路——共同发展

在特高压输电的带动下,我国直流输电技术已走出国门,走向世界。近年来,国家电网公司在境外国家级输电网和大型电网项目特许经营权、股权竞争中,多次竞标成功。例如,承担了巴基斯坦首个对境外开放的直流输电项目——巴基斯坦默蒂亚里—拉合尔 ±660kV 直流输电工程的总承包。

习题

一、判断题

1. 家用电器一般采用并联的连接方法。 (　　)

2. 通过一只灯泡的电流也全部通过一只电铃,电铃和灯泡一定串联。 (　　)

3. 一个开关可以同时控制一只电灯发光和一只电铃发声,则电灯和电铃一定串联。 (　　)

4. 一个开关同时控制两个用电器,这两个用电器一定是并联的。 (　　)

5. 马路上的路灯看上去是排成一串串的,所以它们的连接方法是串联。 (　　)

二、单选题

1. 教室内有两只日光灯,开关闭合时,两灯同时亮,开关断开时,两灯同时熄灭,则它们的连接关系是(　　)。

A. 一定串联　　B. 一定并联

C. 可能并联,也可能串联　　D. 无法确定

2. 三个相同的灯泡连接在电路中,亮度一样,则它们的连接关系是(　　)。

A. 一定串联　　B. 一定并联

C. 可能并联,也可能串联　　D. 无法确定

3. 小明要用一个开关同时控制电灯的发光或熄灭 ,则这两盏电灯 (　　)。

A. 一定是串联　　B. 一定是并联

C. 可能串联,也可能并联　　D. 以上说法都错

4. 如图所示的四个电路图中,各开关都闭合后,仅有一只灯泡发光的是(　　)。

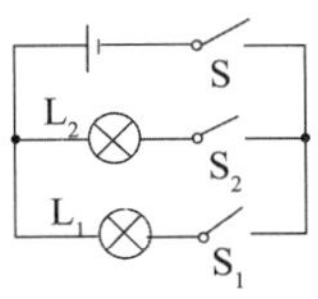

A.

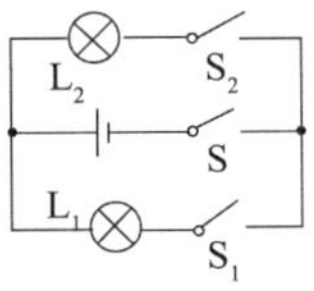

B.

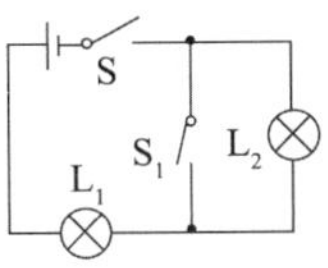

C.

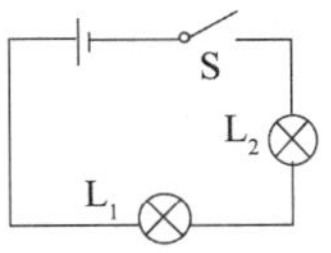

D.

5. 电阻 $R_1 < R_2$,把它们并联后,总电阻 (　　)。

A. 大于 R_2　　B. 小于 R_1

C. 大于 R_1 而小于 R_2　　D. 等于 R_1 与 R_2 倒数之和

三、多选题

1. 串联电路的组成部分有(　　)。

A. 电源　　B. 开关　　C. 线路　　D. 用电器

2. 并联电路的特点是(　　)。

A. 电压相等

B. 电流相等

C. 电阻相同

D. 两个电阻并联后的总电阻比串联时的总电阻小

学习任务4　欧姆定律及基尔霍夫定律控制与分析

任务描述

在汽车电路中很多都是采用电路的串联、并联等连接方式来控制的。本学习任务主要通过实例讲解,理论与实训相结合,学习电路的连接方式及欧姆定律、基尔霍夫定律计算方法,从而更深入地理解汽车电路。

建议学时:4 学时。

知识准备

一、欧姆定律

欧姆定律:在同一电路中,通过某段导体的电流跟这段导体两端的电压成正比,跟这段导体的电阻成反比,即:

$$I=\frac{U}{R} \tag{1-15}$$

变形公式:

$$U=IR \tag{1-16}$$

$$R=\frac{U}{I} \tag{1-17}$$

注意:公式中物理量的单位 I(电流)的单位是安培(A),U(电压)的单位是伏特(V),R(电阻)的单位是欧姆(Ω)。

欧姆定律成立时,以导体两端电压为横坐标,导体中的电流 I 为纵坐标,所做出的曲线,称为伏安特性曲线。这是一条通过坐标原点的直线,它的斜率为电阻的倒数。具有这种性质的电器元件称为线性元件,其电阻称为线性电阻或欧姆电阻。

欧姆定律不成立时,伏安特性曲线不是过原点的直线,而是不同形状的曲线。把具有这种性质的电器元件称为非线性元件。

欧姆定律只适用于纯电阻电路,金属导电和电解液导电,在气体导电和半导体元件等中欧姆定律将不适用。

二、基尔霍夫定律

1. 基尔霍夫定律

由上述有载工作的情况引入：元件一是受自身伏安关系的约束，二是受连接方式的约束，我们把这种约束关系称为基尔霍夫定律。

2. 基本概念

基尔霍夫定律

(1) 支路：电路中的每一分支。

(2) 节点：由三条或三条以上的支路相连接的点。

(3) 回路：由一条或多条支路所组成的闭合路径。

(4) 网孔：不含交叉支路的回路。

3. 电流定律(以多分支水流来说明)

(1) 表述：它描述了连接在同一节点上，各支路电流之间的约束关系，反映了电流的连续性，可缩写为 KVL，即在任一瞬间，流入某一节点的电流之和等于流出该节点的电流之和。其数学关系式为：

$$\sum I_{入}=\sum I_{出} \quad 或 \quad \sum I=0$$

(2) 例：电路如图 1-18 所示，列出电流方程。

对节点 a：$I_1+I_2=I_3$ 或 $I_1+I_2-I_3=0$

(3) 结论：电流定律可由一个节点引申到闭合面或闭合体。

4. 电压定律

(1) 表述：它是用来确定一个回路内各部分电压之间关系的定律，即在任一瞬间，沿任一闭合回路绕行一周，回路中各支路(或各元件)电压的代数和等于零，缩写为 KVL。其数学表达式为：

$$\sum U=0$$

(2) 例：电路如图 1-19 所示，列出电压方程。

对回路 1：$I_1R_1+I_3R_3-E_1=0$

对回路 2：$I_2R_2+I_3R_3-E_2=0$

(3) 结论：反映了电路中任一回路中各段电压间相互制约的关系。

5. 支路电流法

(1) 定义：支路电流法即应用基尔霍夫定律对节点和回路列方程组，解出各支路电流的方法。下面以图 1-20 所示电路为例来说明支路电流法的具体应用。

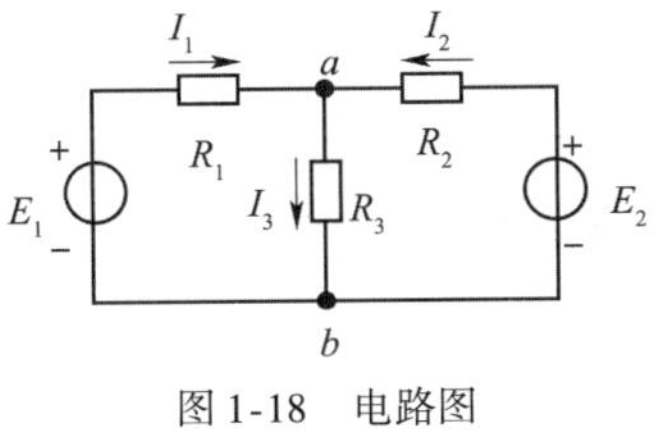

图 1-18　电路图

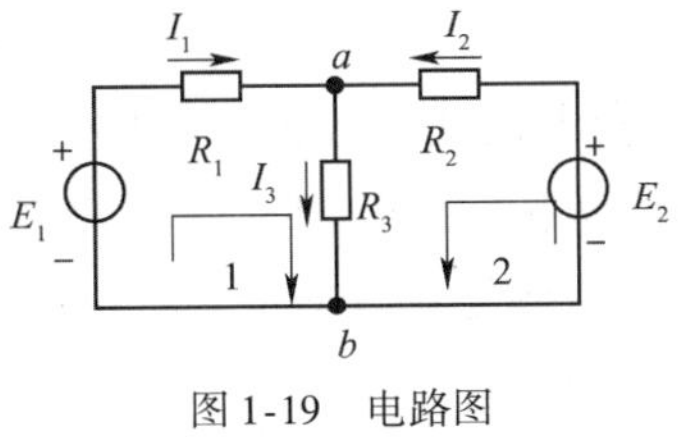

图 1-19　电路图

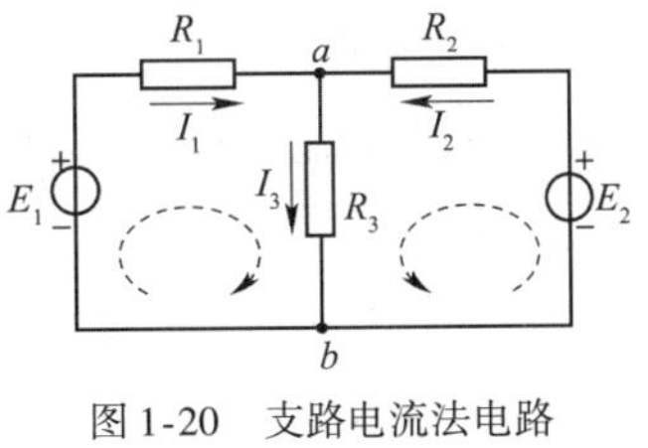

图 1-20　支路电流法电路

(2)支路电流法的解题步骤：

①标出各支路电流的参考方向。

②对 N 个节点，可列出 $(N-1)$ 个独立的 KCL 方程。

③选取 $(b-N+1)$ 个(对于平面电路可选网孔数)回路，列写出 $(b-N+1)$ 个独立的 KVL 方程。

④联立求解 $(N-1)$ 个 KCL 方程和 $(b-N+1)$ 个独立的 KVL 方程，就可以求出 b 个支路电流。

⑤校验计算结果的正确性。

【例 1-1】 在图 1-20 中，已知 $E_1=90\text{V}$，$E_2=60\text{V}$，$R_1=6\Omega$，$R_2=12\Omega$，$R_3=36\Omega$，试用支路电流法求各支路电流。

解：在电路图上标出各支路电流的参考方向(图 1-20)，选取绕行方向。应用 KCL 和 KVL 列方程如下(提问方式)：

$$I_1+I_2-I_3=0 \tag{1-18}$$

$$I_1R_1+I_3R_3=E_1 \tag{1-19}$$

$$I_2R_2+I_3R_3=E_2 \tag{1-20}$$

代入已知数据得：

$$I_1+I_2-I_3=0 \tag{1-21}$$

$$6I_1+36I_3=90(\text{A}) \tag{1-22}$$

$$12I_2+36I_3=60(\text{A}) \tag{1-23}$$

解方程可得：

$$I_1=3(\text{A}),I_2=-1(\text{A}),I_3=2(\text{A})$$

I_2是负值，说明电阻 R_2上的电流的实际方向与所选方向相反。

6. 特点

支路电流法理论上可以求解任何复杂电路，但当支路数较多时，需求解的方程数也较多，计算过程烦琐。

任务实施

一、任务准备

1. 组织方式

(1)场地设施：每小组对应一套电器实验设施、一张实训工作台。

(2)检测工具：串、并联电路特性板、线束、锂离子蓄电池一块，电流电压积木板。

(3)学生组织：教师指导，按各实例知识讲解及实训进行自评、互评。

(4)检查实训任务：真实、完整、有效。

2. 注意事项

(1)遵守场地安全规定,注意用电安全。

(2)插拔电气元件时一定要断电操作。

(3)正确使用万用表。

(4)在接线、拆线时,严禁用力拉扯线束。

二、操作步骤

根据学习工作页,结合实训指导书,按下列步骤完成实施。

(1)按照图1-21所示基尔霍夫定律校验电路,接好实训电路。

(2)测量支路电流值,测量电压值,校验基尔霍夫第一定律及第二定律。

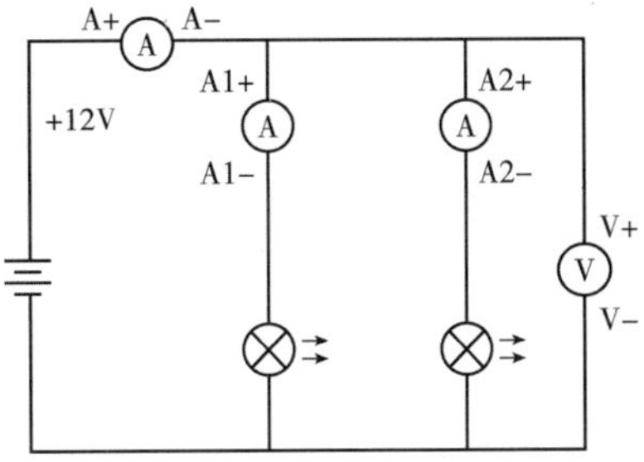

图1-21 基尔霍夫定律电路

任务小结

(1)欧姆定律指在同一电路中,通过某段导体的电流跟这段导体两端的电压成正比,跟这段导体的电阻成反比。

(2)基尔霍夫第一定律描述了连接在同一节点上,各支路电流之间的约束关系,反映了电流的连续性,即在任一瞬间,流入节点的电流之和等于流出节点的电流之和。

(3)基尔霍夫第二定律是用来确定一个回路内各部分电压之间关系的定律。可叙述为:在任一瞬间,沿任一回路绕行一周,回路中各元件电压的代数和等于零。

(4)支路电流法即应用基尔霍夫定律对节点和回路列方程组,解出各支路电流的方法。

习题

一、判断题

1. 两条或两条以上支路的交汇点称之为节点。 ( )

2. 连接器是汽车电路中线束的中继站,线束与线束、线束与电器部件之间的连接一般都用连接器连接。 ( )

3. 要计算电路中某点的电位,只要从这一点通过一定的路径绕到零电位点,该点的电位即等于此路径上全部电压降的代数和。 ( )

4. 汽车断路器不可重复使用。 ( )

5. 根据基尔霍夫电流定律,在任一时刻,对电路中任意一个节点,流入该节点的电流之和必定等于流出该节点的电流之和。 ( )

二、单选题

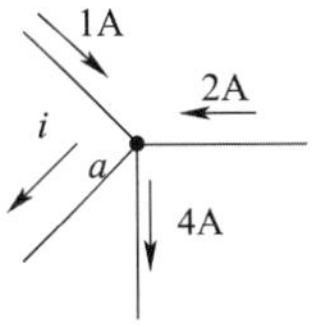

1. 流入、流出某结点的电流方向如右图所示,则 $i=$( )。

A. -1A B. 7A C. 3A D. 5A

2. 在下图所示电路中,已知 $E_1=12$V, $E_2=24$V, $R_1=R_2=20$kΩ, $R_3=$

50kΩ,则流过 R_3 的电流 I_3 =(　　)。

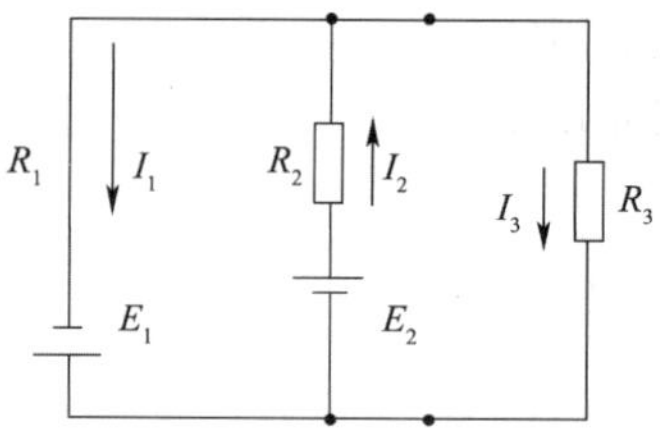

A. 0. 1mA　　B. 0. 3mA　　C. 0. 5mA　　D. 1. 5mA

3. 根据下图所示电路,正确的是(　　)。

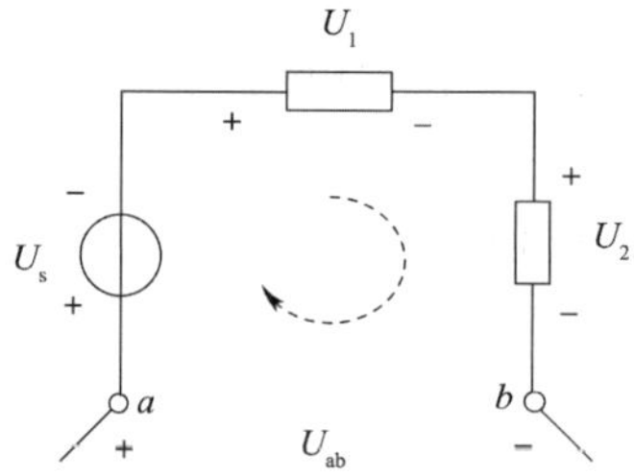

A. $U_s = U_1 + U_2 - U_{ab}$　　B. $U_s = -U_1 - U_2 + U_{ab}$

C. $U_s = -U_1 + U_2 + U_{ab}$　　D. $U_s = U_1 + U_2 + U_{ab}$

4. 已知一电烙铁铭牌上标出“22W、220V”,则该电烙铁的额定工作电流为(　　)。

A. 0. 1A　　B. 0. 15A　　C. 10A　　D. 0. 5A

5. 下图所示电路中,若 $U_1 = 3V$, $U_2 = -5V$, $U_3 = 2V$,则 U_4 =(　　)。

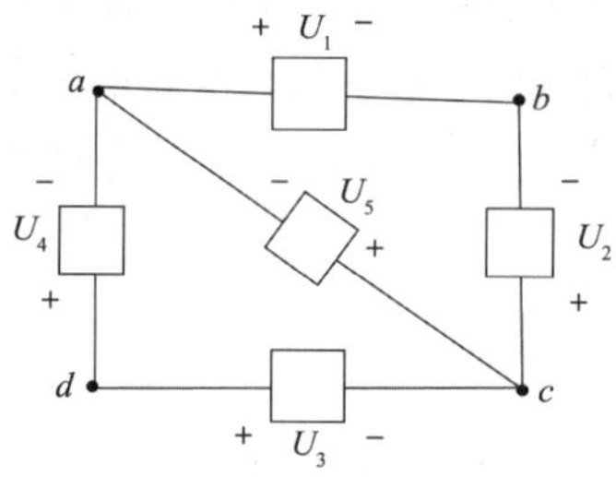

A. 8V　　B. −8V　　C. −6V　　D. 6V

三、多选题

1. 下图所示电路中各电流间的关系正确的是(　　)。

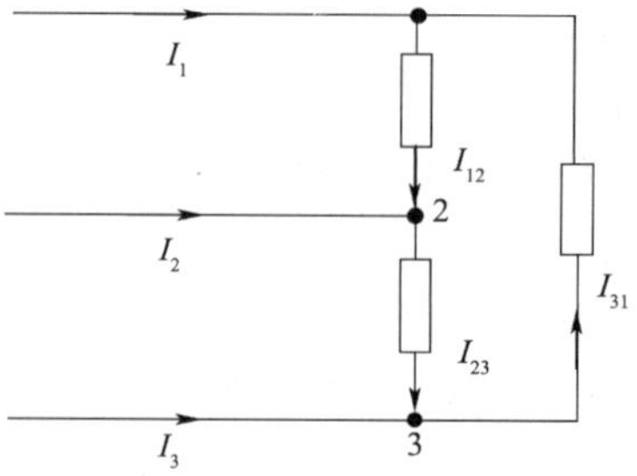

A. $I_1 = I_{12} - I_{31}$　　B. $I_2 = -I_{23} + I_{12}$　　C. $I_3 = I_{31} + I_{23}$　　D. $I_1 + I_2 + I_3 = 0$

2. 根据支路、节点、网孔的概念,对下图所示的复杂电路描述正确的是(　　)。

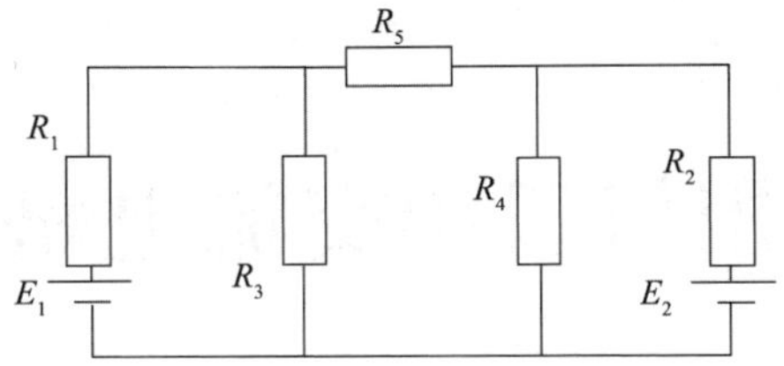

A. 5 条支路　　B. 3 个网孔　　C. 4 个节点　　D. 3 个节点

项目二　单相与三相交流电路控制与检测

任务概述

交流电随时间变化的形式是多种多样的,不同变化形式的交流电,其应用范围和产生的效果也不同,其中正弦波交流电应用最为广泛。在汽车电控、点火系统中等都需要检测交流信号。本任务主要通过实例讲解,理论与实操相结合,学习波形特性、测量及应用。

知识目标

(1)掌握正弦交流电的三要素,理解交流电的直角坐标及解析、相量表达形式;

(2)掌握单相交流电纯电阻、电感、电容电路的特点;

(3)分析三相交流电动机的构成及原理;

(4)掌握用示波器检测与分析三相交流电动机的信号波形。

技能目标

(1)会分析正弦交流电的三要素;

(2)能利用单相交流电纯电阻、电感、电容电路的特点解决问题;

(3)会分析三相交流电表达形式及三相交流发电机的原理;

(4)能使用示波器观察三相交流发电机的信号波形。

素养目标

(1)规范课堂6S管理,展示中国工匠良好形象;

(2)培养团队协作精神,能够协同配合、系统学习;

(3)养成独立思考问题的习惯;

(4)培养敬业奉献、服务人民的意识;

(5)树立正确的劳动观念,弘扬劳动精神、奋斗精神、奉献精神。

学习任务1 单相正弦交流电路控制与分析

任务描述

在汽车电路维修中，经常使用示波器进行检测。通过示波器，可以直观地观察被测电路的波形，包括形状、幅度、频率（周期）、相位，还可以对两个波形进行比较，从而迅速、准确地找到故障原因。本学习任务主要通过实例讲解，以理论与实操相结合，分析、计算示波器检测出的波形——以正弦交流电为例。

建议学时：2学时。

知识准备

交流电类型

一、正弦交流电

通常我们使用的交流电，主要是按正弦规律变化的交流电，称为正弦交流电，如图2-1所示。

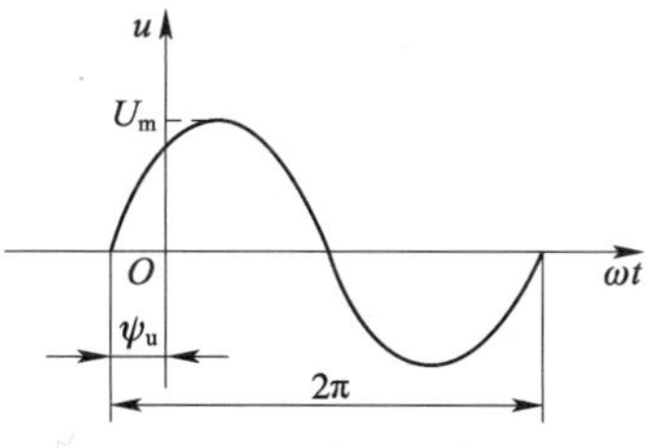

图2-1 正弦交流电波形图

二、正弦交流电的三要素

一个正弦量可以由频率（或周期）、幅值（或有效值）和初相位三个特征或要素来确定。

1. 频率与周期

正弦量变化一次所需的时间称为周期（T）。每秒内变化的次数称为频率（f），其单位是赫兹（Hz）。

频率是周期的倒数，即：$f=\frac{1}{T}$，我国和大多数国家都采用50Hz作为电压标频率，有些国家（如美国、日本等）采用60Hz。这种频率在工业上应用广泛，习惯上也称为工频。通常的交流电动机和照明设备都采用这种频率。

正弦量变化的快慢除用周期和频率表示外，还可用角频率来表示。因为一周期内经历2πrad，所在角频率为：$\omega=\frac{2\pi}{T}=2\pi f$，它的单位是弧度/秒（rad/s）。

2. 幅值与有效值

正弦量在任一瞬间的值称为瞬时值，用小写字母来表示，如 i、u 及 e 分别表示电流、电压及电动势的瞬时值。瞬时值中最大的值，称为幅值或最大值，用带下标m来表示，如 I_m、U_m 及 E_m 分别表示电流、电压及电动势的幅值。它的数学表达式为：

$$i=I_m\sin(\omega t) \tag{2-1}$$

正弦电流、电压和电动势的大小往往不是用它们的幅值，而是用有效值来计量的。

有效值是通过电流的热效应来规定的,无论交流还是直流,只要它们在相等的时间 内通过同一电阻并且两者产生的热效应相等,那么这个周期性变化的电流 i 的有效值在数值上等于这个直流电流。

电流为正弦量时,有效值为:
$$I = \frac{I_m}{\sqrt{2}} \tag{2-2}$$

正弦电压的有效值为:
$$U = \frac{U_m}{\sqrt{2}} \tag{2-3}$$

提示:有效值都用大写字母表示,和表示直流的字母一样。一般所讲的正弦电压或电流的大小,如交流电压380V或220V,都是指它的有效值。一般交流电流表和电压表的刻度也是根据有效值来确定的。

三、初相位

正弦量是随时间而周期性变化的,正弦量所取的计时起点不同,正弦量的初始值就不同,到达幅值或某一特定值所需的时间也就不同。正弦量可表示为:
$$I = I_m \sin(\omega t + \psi) \tag{2-4}$$

正弦量波形如图2-2所示,上式中的角度 ψ 称为正弦量的相位角或相位,它反映出正弦量变化的进程。当相位角随时间连续变化时,正弦量的瞬时值随之连续变化,当 $t=0$ 时的相位角称为初相位角或初相位。

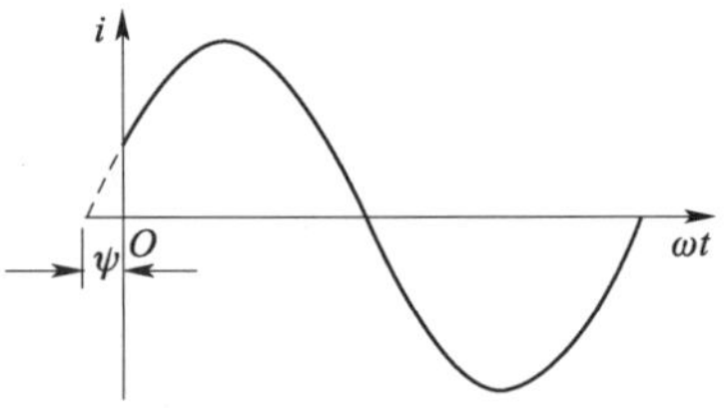

图2-2 初相位不等于零的正弦波形

提示:在一个正弦交流电路中,电压 u 和电流 i 的频率是相同的,但初相位不一定相同。

进一步:两个同频率正弦量的相位角之差或初相位角之差,称为相位角差或相位差。当两个同频率正弦量的计时起点改变时,它们的相位和初相位不同,所以,它们的变化步调是不一致的,即不是同时到达正的幅值或零值,一般称为相位超前或者滞后。

任务实施

一、任务准备

1. 组织方式

(1)场地设施:每小组对应一套三相交流发电机实验设施、一张实训工作台。

(2)实训工具:示波表、线束、锂离子蓄电池一块,三相交流发电机电路板。

(3)学生组织:教师指导,按各实例知识讲解及实训进行自评、互评。

(4)检查实训任务:真实、完整、有效。

2. 注意事项

(1)遵守场地安全规定,注意用电安全。

(2)插拔电气元件时一定要断电操作。

(3)正确使用万用表。

(4)在接线、拆线时,严禁用力拉扯线束。

二、操作步骤

(1)接好三相交流发电机电路板电路。

(2)用示波器检测正弦交流电的波形。

任务小结

(1)正弦交流电是指随时间按正弦规律变化的电流。

(2)正弦交流电的三要素指频率(或周期)、幅值(或有效值)和初相位。

(3)每秒内变化的次数称为频率(f),它的单位是赫兹(Hz)。

(4)正弦交流电的有效值是通过电流的热效应来规定的,无论交流还是直流,只要它们在相等的时间内通过同一电阻并且两者产生的热效应相等,那么这个周期性变化的电流 i 的有效值在数值上等于做功相等的直流电流值。

(5)正弦交流电的相位角或相位反映出正弦量变化的进程。

拓展阅读

中国水电站的骄傲——三峡水电站

三峡水电站是世界上规模最大的水电站,也是中国有史以来建设的最大型的工程项目。三峡水电站的功能有十多种,包括航运、发电、种植等。1992 年,三峡水电站获得全国人民代表大会批准建设,1994 年正式动工兴建,2003 年 6 月 1 日下午开始蓄水发电,于 2009 年全部完工。

习题

一、判断题

1. 正弦量的三要素是指最大值、角频率和相位。 ( )
2. 因为正弦量可以用相量来表示,所以说相量就是正弦量。 ( )
3. 正弦交流电路的频率越高,阻抗越大;频率越低,阻抗越小。 ( )
4. 我们通常说照明电路的电压是 220V,便是指它的电压最大值为 220V。 ( )
5. 正弦交流电的周期单位是 s。 ( )

二、单选题

1. 正弦交流电的三要素是指( )。

A. 电阻、电感、电容　　B. 有效值、频率和初相

C. 电流、电压和相位差　　D. 瞬时值、最大值和有效值

2. 两个正弦交流电电流的瞬时值是:$i_1 = 10\sin(314t + 30°)$ A;$i_2 = 10\sin(314t + 45°)$ A;这两个式子中两个交流量相同的是( )。

A. 最大值　　B. 有效值　　C. 角频率　　D. 初相位

3. 交流电流的有效值 $I=10\text{A}$，频率 $f=50\text{Hz}$，初相位 $\phi_i=-60°$，其瞬时表达式是（　　）。

A. $i=10\sin(100\pi t-60°)\text{A}$　　B. $i=10\sin(50t+60)\text{A}$

C. $i=10\sin(100\pi t-60°)\text{A}$

4. "220V40W"灯泡中 220V 是交流电压的（　　）。

A. 最大值　　B. 瞬时值　　C. 有效值　　D. 平均值

5. 有两电流 $i_1=10\sin(314t-60°)\text{A}\,i_2=10\sin(314t+60°)\text{A}$，它们的相位关系正确的是（　　）。

A. i_1 超前，i_2 120°　　B. i_1 滞后，i_2 120°　　C. i_1 滞后，i_2 60°

三、多选题

1. 已知某正弦交流电动势为 $e=311\sin(314t)\text{V}$，则以下参数正确的是（　　）。

A. $E=311\text{V}$　　B. $\omega=314\text{rad/s}$　　C. $f=50\text{Hz}$　　D. $T=0.02\text{s}$

2. 已知某正弦交流电动势为 $e=14.1\sin\left(800\pi t+\frac{2}{3}\pi\right)\text{V}$，该正弦交流电的三要素正确的是（　　）。

A. $E=1\text{V}$　　B. $\omega=800\ \text{rad/s}$　　C. $f=400\text{Hz}$　　D. $T=2.5\text{s}$

学习任务2　纯电阻、电感、电容电路控制与分析

任务描述

汽车电控系统中需要稳定的 12V 或 5V 直流电压供电。由于汽车发电机输出是 13.8V 左右的三相正弦交流电，虽然整流，输出的仍是具有脉动的直流电，因此需稳压变成稳定直流电，才能供给汽车电控系统。本学习任务主要通过实例讲解，以理论与实操相结合，学习电阻、电容、电感的特性和稳压、滤波电路原理。

建议学时：4 学时。

知识准备

一、电阻元件及其交流电路

我们把负载中只有电阻的交流电路称为纯电阻电路。在交流电路中接入纯电阻元件，就构成纯电阻电路，如图 2-3a）所示。

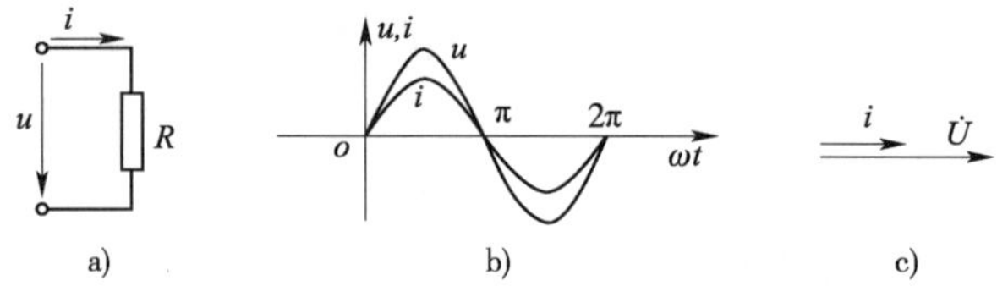

图 2-3　电阻交流电路电压电流关系图

1. 电压电流关系

(1)瞬时关系：

$$u = iR \tag{2-5}$$

(2)相量关系：令 $i = I_m \sin(\omega t + \psi_i)$ 即$\dot{I}_m = I_m \angle \psi_i$

$$u = RI_m \sin(\omega t + \psi_i) \tag{2-6}$$

$$\dot{U}_m = R\dot{I}_m = RI_m \angle \psi_i = U_m \angle \psi_u \tag{2-7}$$

$U_m = RI_m$，即

$$\frac{U_m}{I_m} = \frac{U}{I} = R \tag{2-8}$$

$$\psi_u = \psi_i \tag{2-9}$$

u、i 波形与相量如图 2-3 b)、c)所示。

2. 功率

(1)瞬时功率：

$$p = ui = U_m I_m \sin^2 \omega t = UI(1 - \cos^2 \omega t) \tag{2-10}$$

(2)平均功率：

$$P = \frac{1}{T}\int_0^T UI(1 - \cos^2 \omega t)\,\mathrm{d}t = UI = RI^2 = \frac{U^2}{R} \tag{2-11}$$

3. 结论

在电阻元件的交流电路中，电流和电压是同相的；电压的幅值(或有效值)与电流的幅值(或有效值)的比值，就是电阻 R。

二、电感元件及其交流电路

电阻为零的线圈称为纯电感线圈，如果把它接到交流电源上，则构成纯电感电路，如图 2-4a)所示。

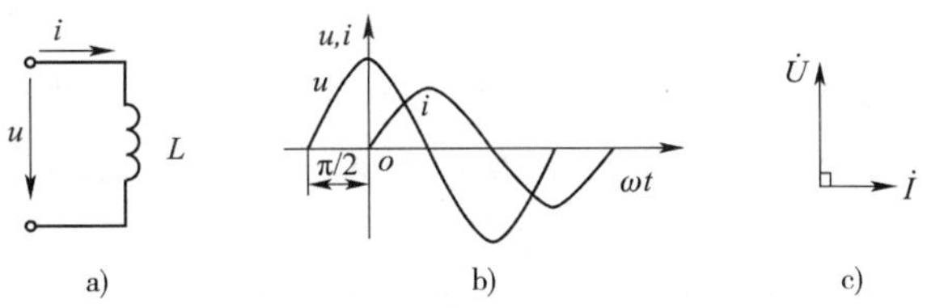

图 2-4　电感交流电路电压电流关系图

1. 电感元件的交流电路

1)电压电流关系

(1)瞬时关系：

$$u = L\frac{\mathrm{d}i}{\mathrm{d}t} \tag{2-12}$$

(2)相量关系：令 $i = I_m \sin(\omega t + \psi_i)$，即$\dot{I}_m = I_m \angle \psi_i$，如图 2-4c)所示。

$$u=L\frac{\mathrm{d}I_{\mathrm{m}}\sin(\omega t+\psi_{\mathrm{i}})}{\mathrm{d}t}=\omega LI_{\mathrm{m}}\cos(\omega t+\psi_{\mathrm{i}})=\omega LI_{\mathrm{m}}\sin\left(\frac{\pi}{2}+\omega t+\psi_{\mathrm{i}}\right) \quad (2\text{-}13)$$

$$\dot{U}_{\mathrm{m}}=U_{\mathrm{m}}\angle\psi_{\mathrm{u}}=\omega LI_{\mathrm{m}}\angle\frac{\pi}{2}+\psi_{\mathrm{i}} \quad (2\text{-}14)$$

$$U_{\mathrm{m}}=\omega LI_{\mathrm{m}} \quad (2\text{-}15)$$

$$\psi_{\mathrm{u}}=\frac{\pi}{2}+\psi_{\mathrm{i}} \quad (2\text{-}16)$$

$$\frac{U_{\mathrm{m}}}{I_{\mathrm{m}}}=\frac{U}{I}=\omega L=X_{\mathrm{L}}=2\pi fL(\text{称 } X_{\mathrm{L}} \text{ 为感抗}) \quad (2\text{-}17)$$

u、I 的波形图与相量图,如图 2-4b)、图 2-4c)所示。

2)功率

(1)瞬时功率:

$$p=ui=U_{\mathrm{m}}I_{\mathrm{m}}\sin\omega t\cdot\sin(\omega t+90°)=U_{\mathrm{m}}I_{\mathrm{m}}\sin\omega t\cdot\cos\omega t=\frac{U_{\mathrm{m}}I_{\mathrm{m}}}{2}\cdot\sin2\omega t=UI\sin2\omega t$$

$$=U_{\mathrm{m}}I_{\mathrm{m}}\sin\omega t\cdot\cos\omega t \quad (2\text{-}18)$$

(2)平均功率为:

$$P=\frac{1}{T}\int_0^T p\mathrm{d}t=\frac{1}{T}\int_0^T UI\sin2\omega t\mathrm{d}t=0 \quad (2\text{-}19)$$

3)结论

电感元件交流电路中, u 比 i 超前$\frac{\pi}{2}$;电压有效值等于电流有效值与感抗的乘积;平均功率为零,但存在着电源与电感元件之间的能量交换,所以瞬时功率不为零。为了衡量这种能量交换的规模,取瞬时功率的最大值,即电压和电流有效值的乘积,称为无功功率,用大写字母 Q 表示,即:

$$Q=UI=I^2X_{\mathrm{L}}=\frac{U^2}{X_{\mathrm{L}}}(\mathrm{var}) \quad (2\text{-}20)$$

2. 电感的产生及图形符号

当线圈通过电流后,在线圈中形成磁场感应,感应磁场又会产生感应电流来抵制通过线圈中的电流。我们把这种电流与线圈的相互作用关系称为电的感抗,也就是电感,单位是“亨利”(H),利用此性质制成的元件我们称为电感元件。

电感器是用漆包线、纱包线或塑皮线等在绝缘骨架或磁芯、铁芯上绕制成的一组串联的同轴线匝,它在电路中用字母“L”表示,图 2-5 所示是常见电感电路符号。

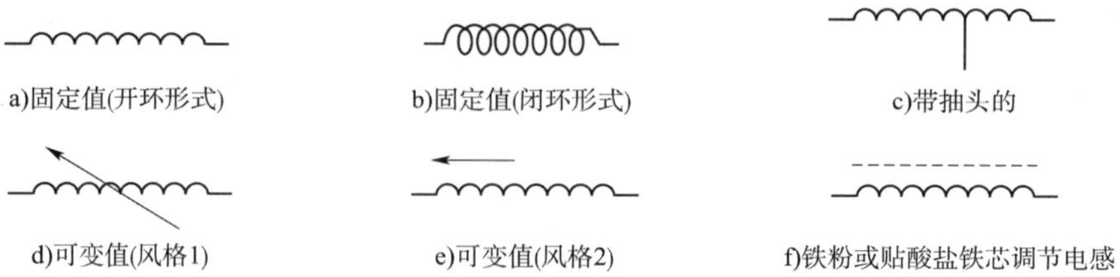

图 2-5　常见电感电路符号

3. 电感的检测

电感的检测

用万用表无法直接测量电感器的电感量和品质因数，只能定性判断电感线圈的好坏。因为大多数电感线圈的直流电阻不会超过1Ω，所以可用指针式万用表测试，如图2-6所示，R×1Ω挡测量电感线圈两端的电阻应近似为零，如指针不动或指向较大的电阻读数，则表明电感线圈已断路或损坏。大多数电感发生故障均是断路，而电感线圈内部发生短路的情况极少见，所以在实际检修中主要测量它们是否断路就行了，也可用一个新电感进行替换来判断。如果指示不稳定，说明内部接触不良。

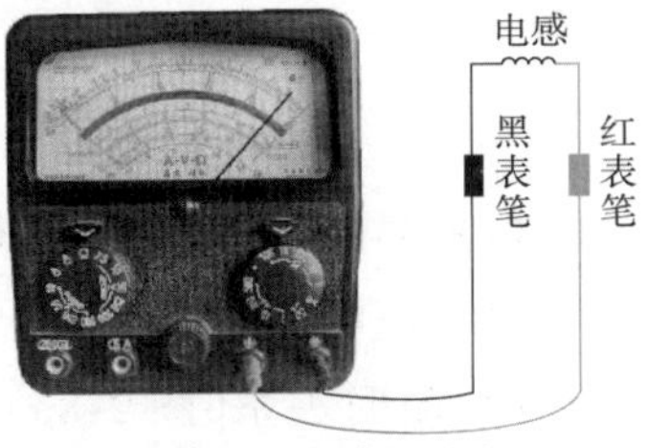

图2-6　电感的测试

4. 电感线圈在汽车电路中的应用

在车内，尾灯、牌照灯及停车灯的灯丝是否断开是无法确认的，而电流传感器就可用于检测这类灯具的灯丝是否断开。笛簧开关式电流传感器的结构原理如图2-7所示，在电流线圈的周围绕有电压线圈，在线圈的中央设置笛簧开关，电压线圈的功能是防止电压变化时引起传感器的误动作。

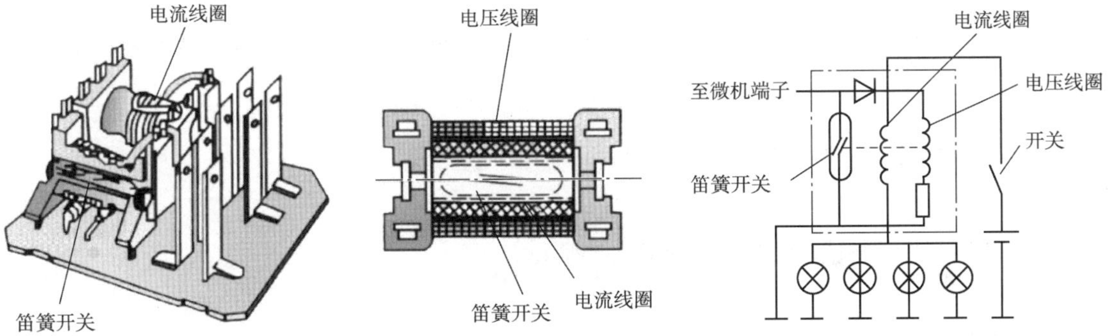

a)外形图　b)结构图　c)电路原理图

图2-7　笛簧开关电流传感器

电流传感器的电路如图2-7c)所示，当图中所示开关闭合时，若白炽灯都正常，因为电流线圈中有规定的电流通过，所以在电流线圈所形成的电磁力的作用下，笛簧开关闭合；当有一个灯丝断开时电流线圈中的电流减少，电磁力减弱，笛簧开关打开，报警异常状态。这样，利用笛簧开关的通、断，就可以发出灯丝是否正常的信号。

操作：按照图2-7c)所示电路连接好电流传感器和白炽灯，用万用表测量至微机端子的电压值。对比当白炽灯都正常和出现白炽灯断路两种情况下的电压值。

三、电容元件及其交流电路

由于介质损耗很小、绝缘电阻很大的电容器组成的交流电路，都可以看成是纯电容电路，如图2-8a)所示。

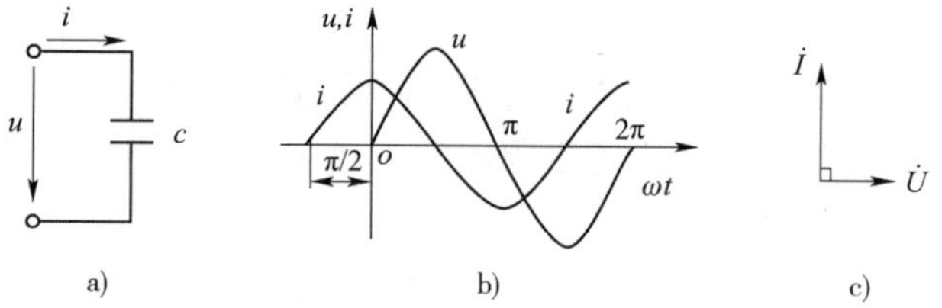

图 2-8　电容交流电路电压电流关系图

1. 电容元件的交流电路

1)电压电流关系

(1)瞬时关系[图 2-8a)]:

$$i=C\frac{\mathrm{d}u}{\mathrm{d}t} \tag{2-21}$$

(2)相量关系:在正弦交流电路中,令 $u=U_{\mathrm{m}}\sin(\omega t+\psi_{\mathrm{u}})$,即 $\dot{U}_{\mathrm{m}}=U_{\mathrm{m}}\angle\psi_{\mathrm{u}}$,则

$$\begin{aligned} i&=C\frac{\mathrm{d}u}{\mathrm{d}t}=C\frac{\mathrm{d}U_{\mathrm{m}}\sin(\omega t+\psi_{\mathrm{u}})}{\mathrm{d}t}\\ &=\omega CU_{\mathrm{m}}\cos(\omega t+\psi_{\mathrm{u}})=\omega CU_{\mathrm{m}}\sin(\omega t+\psi_{\mathrm{u}}+90^\circ)=I_{\mathrm{m}}\sin(\omega t+\psi_{\mathrm{u}}+90^\circ) \end{aligned} \tag{2-22}$$

$$\dot{I}_{\mathrm{m}}=I_{\mathrm{m}}\angle\psi_i=\omega CU_{\mathrm{m}}\angle 90^\circ+\psi_{\mathrm{u}}$$

可见,$I_{\mathrm{m}}=\omega CU_{\mathrm{m}}=\mathrm{U}_{\mathrm{m}}/X_{\mathrm{C}}$($X_{\mathrm{C}}=1/\omega C$ 称为电容的容抗)

$$\varphi=\psi_{\mathrm{u}}-\psi_i=-90^\circ \tag{2-23}$$

u、i 的波形图和相量图,如图 2-8b)、c)所示 。

2)功率

(1)瞬时功率:

$$p=ui=U_{\mathrm{m}}I_{\mathrm{m}}\sin\omega t\cdot\sin(\omega t+90^\circ)=U_{\mathrm{m}}I_{\mathrm{m}}\sin\omega t\cdot\cos\omega t=\frac{U_{\mathrm{m}}I_{\mathrm{m}}}{2}\sin2\omega t=UI\sin2\omega t \tag{2-24}$$

(2)平均功率:

$$P=\frac{1}{T}\int_0^T p\mathrm{d}t=\frac{1}{T}\int_0^T UI\sin2\omega t\mathrm{d}t=0 \tag{2-25}$$

3)结论

在电容元件电路中,在相位上电流比电压超前 90°;电压的幅值(或有效值)与电流的幅值(或有效值)的比值为容抗 X_{C};电容元件是储能元件,瞬时功率的最大值(即电压和电流有效值的乘积),称为无功功率,为了与电感元件的区别,电容的无功功率取负值,用大写字母 Q 表示,即:

$$Q=-UI=-I^2X_{\mathrm{C}}=\frac{-U^2}{X_{\mathrm{C}}} \tag{2-26}$$

说明:(1)X_{C}、X_{L} 与 R 一样,有阻碍电流的作用。

(2)适用欧姆定律,等于电压、电流有效值之比。

(3)X_L与f成正比,X_C与f成反比,R与f无关。

对直流电$f=0$,L可视为短路,$X_C=\infty$,可视为开路。

对交流电f越高,X_L越大,X_C越小。

电容器结构

2. 电容的结构、分类与符号

电容是两个金属电极中间夹一层绝缘材料(介质)构成的元件,它是一种储存电能的元件。电容(或称电容量)是表征电容器容纳电荷本领的物理量。我们把电容器的两极板间的电势差增加1V所需的电量,称为电容器的电容。定义式:$C=Q/U$。电容器从物理学上讲,它是一种静态电荷存储介质(就像一只水桶一样,你可以把水装进去,也可以把水放出来)。

电容器电路符号如图2-9所示,用字母C表示。在国际单位制里,电容的单位是法拉,简称法,符号是F,常用的电容单位有毫法(mF)、微法(μF)、纳法(nF)和皮法(pF)等,换算关系是:

$$1\text{F}=1000\text{mF}=1000000\mu\text{F}\quad 1\mu\text{F}=1000\text{nF}=1000000\text{pF}$$

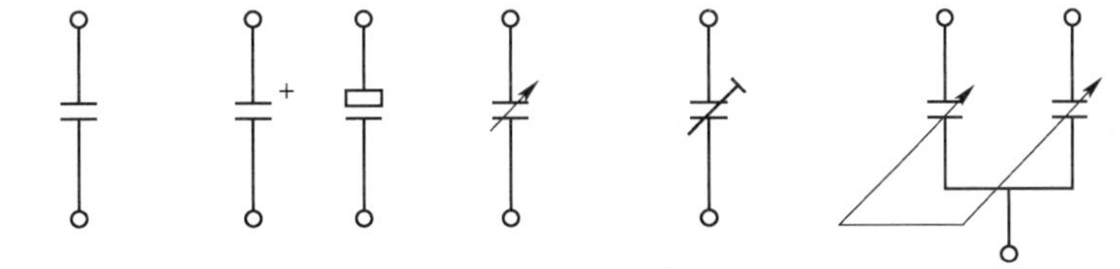

a)一般符号　b)电介电容　c)可变电容　d)半可变电容　e)双联可变电容

图2-9　常见电容符号

3. 电容的分类

电容种类有多种,根据容量是否可变可分为固定电容、可变电容;根据材料可分为电解电容、瓷片电容、云母电容、涤纶电容、钽电容等,其中钽电容特别稳定。电容还可分为无极性电容与有极性电容,电解电容是有极性的,其正负极通常有明显的标志,更换该类型元件时,应注意极性,如极性错误会导致元件损坏。

4. 电容器的充放电特性

如图2-10所示,当开关在a位置时,外部电源接入电容器,电荷由电源转移到电容器,电容器极板间建立起电压,积蓄起电能,这个过程称为电容器的充电,充好电的电容器两端有一定的电压;当开关在b位置时,电容器储存的电荷向电路释放的过程,称为电容器的放电。图2-10所示为电容器充电放电原理。

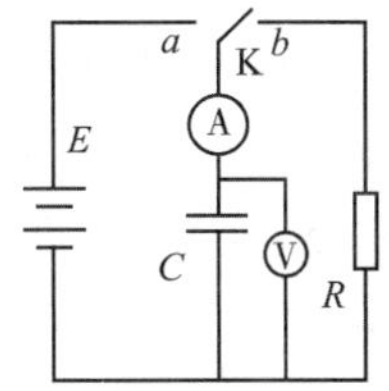

图2-10　电容器充电放电电路原理图

5. 电容在电路中的作用

在电子电路中,电容器用来通过交流而阻隔直流,那么交流电为什么能够通过电容器呢?我们先来看看交流电的特点,交流电不仅方向往复交变,它的大小也在按规律变化。电容器接在交流电源上,电容器连续地充电、放电，电路中就会流过与交流电变化规律一致(相位不同)的充电电流和放电电流。小容量的电容，通常在高频电路中使用，如收音机、发射机和振荡器中。大容量的电容往往是作滤波和存储电荷用，而且还有一个特点，一般 1μF 以上的电容均为电解电容，而 1μF 以下的电容多为瓷片电容，当然也有其他的，比如独石电容、涤纶电容、小容量的云母电容等。电解电容有个铝壳，里面充满了电解质，并引出两个电极，作为正(+)、负(-)极，与其他电容器不同，它们在电路中的极性不能接错。

电容器功用

6. 电容的检测

测量电容器的电容量要用电容表，有的万用表也带有电容挡。在通常情况下，电容用作滤波或隔直，电路中对电容量的精确度要求不高，故不需测量实际电容量。但是，使用中应掌握电容的一般检测方法。

电容的检测

1)测试漏电阻(适用于 0.1uF 以上容量的电容)

将万用表的电阻挡调到 R×1k 挡或 R×10k 挡，用表笔接触电容器的两端，表针先向 0Ω 方向摆动，当达到一个很小的电阻读数后便开始反向摆动，最后慢慢停留在某一个大阻值读数上，电容量越大，表针偏转的角度应当越大，指针返回的也应当越慢。

(1)如果指针不摆动，则说明电容内部已开路。

(2)如果指针摆向 0Ω 或靠近 0Ω 的数值，并且不向无穷大的方向回摆，则表明电容内部已击穿。

(3)如果指针指向 0Ω 后能慢慢返回，但不能回摆到接近无穷大的读数，则表明电容存在较大的漏电，且回摆指示的电阻越小，漏电就越大。

由于电解电容本身就存在漏电，所以表针不能完全指向无穷大，而是接近无穷大的读数，这是正常的。而电解电容都是有极性的电容，所以用万用表测量耐压值低的电解电容时，应当将黑表笔连接到电容的正极，红表笔连接到电容的负极，以防止电容被反向击穿(黑表笔连接内部电池的正极，红表笔连接内部电池的正极)，如图 2-11 所示。再次测量之前，应先将电容短路放电，否则将看不到电容的充放电现象，从而导致测量结果不正确。正常的电容应当有充放电现象，最终表针指向电阻值大多在数百千欧以上(图 2-11)。

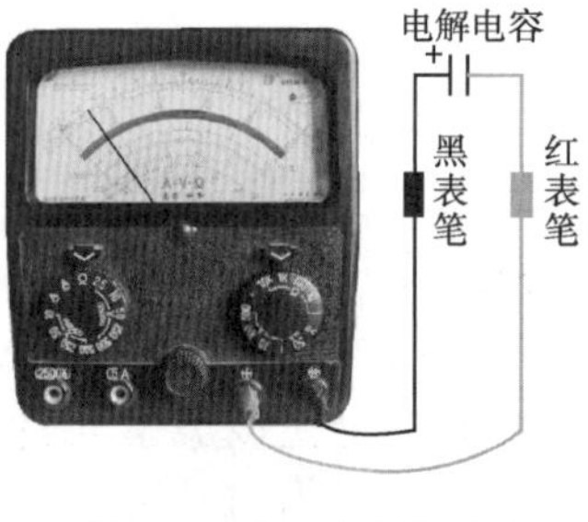

图 2-11　电解电容的测试

如果没有充放电现象，或终值电阻很小，或表针的偏转角度很小，则都表明电容已不能正常工作。用此法检查电解电容时，表针的偏转角度随着电容容量的不同有差异，电容的容量越大，表针偏转的角度也越大；容量越小，表针偏转的角度也越小。

对于容量在 0.01uF 以下的电容器，用万用表只能判断是否发生短路。因为容量太小，所以表针还没有来得及反应，充放电过程就已经结束了。由于表针不摆动，无法判断电容是否断路，所以在维修时，如果怀疑某电容有问题，最好的办法还是用一个新电容进行替换，若故障现象消失，则可确定原电容有问题。

2)电解电容器的极性检测

电解电容器的正、负极性不允许接错，当极性接反时，可能因电解液的反向极化引起电解电容器的爆裂。当极性标记无法辨认时，可根据正向连接时漏电阻大、反向连接时漏电阻相对小的特点判断极性。交换表笔前后两次测量漏电阻，阻值大的一次，黑表笔接触的是正极，因为黑表笔与万用表内电池正极相接（采用数字万用表时，红表笔接电池正极）。但用这种办法有时并不能明显地区分正、反向电阻，所以使用电解电容时，要注意保护极性标记。

7. 电容在汽车中的典型运用

电容器作为基本电子元件在汽车电路中应用很广，作为单体元件应用的典型例子就是传统点火系统中分电器上的电容器。在点火过程中，与分电器触点并联的电容器具有重要作用。这是因为触点打开、磁场消失时，在点火线圈初级绕组中产生200～300V的自感电动势，若无电容器，该自感电动势就会在触点间形成火花使触点烧坏，该电容器安装在分电器上，其外观如图2-12所示。

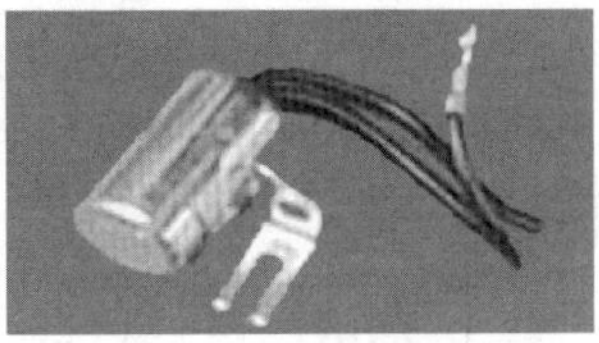

图2-12　分电器上的电容器

任务实施

一、任务准备

1. 组织方式

(1)场地设施：每小组对应一套电感、电容实验设施、一张实训工作台。

(2)实训工具：万用表、线束、锂离子蓄电池一块，组合电容板等电路板。

(3)学生组织：教师指导，按各实例知识讲解及实训进行自评、互评。

(4)检查实训任务：真实、完整、有效。

2. 注意事项

(1)遵守场地安全规定，注意用电安全。

(2)插拔电气元件时一定要断电操作。

(3)正确使用万用表。

(4)在接线、拆线时，严禁用力拉扯线束。

二、操作步骤

根据学习工作页，结合实训指导书，按下列步骤完成实施。

(1)使用万用表测量各类电容的电容值。

(2)按照图2-13所示，接好实训电路。

(3)观察电容的充放电特性。

(4)按照图2-14所示，接好实训电路。

(5)观察电感储能特性。

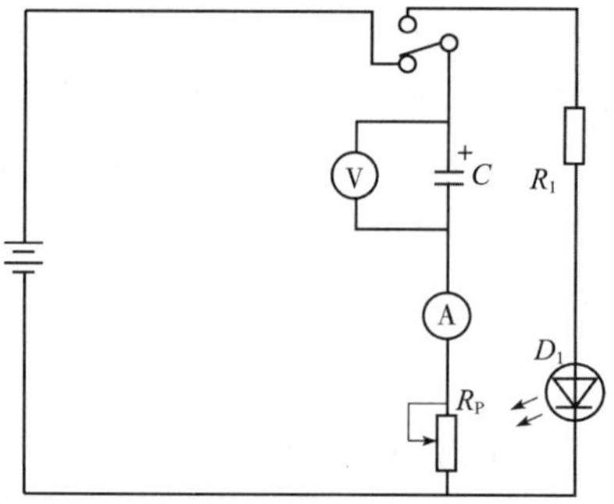

图 2-13　电容充放电电路

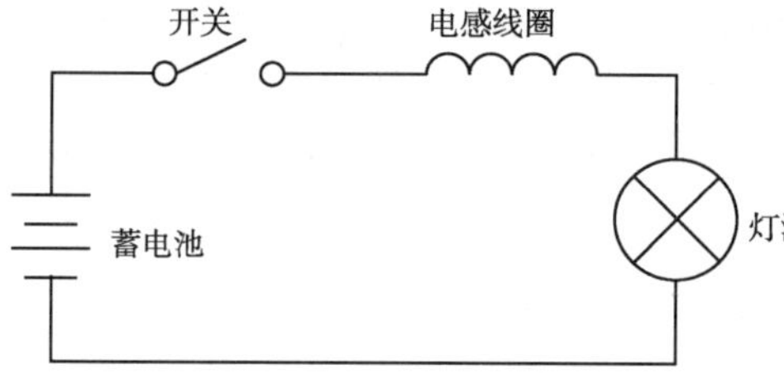

图 2-14　电感储能特性电路

任务小结

(1)纯电阻电路指负载中只有电阻的交流电路。

(2)电阻为零的线圈称为纯电感线圈,如果把它接到交流电源上,则构成纯电感电路。

(3)纯电容电路指由于介质损耗很小、绝缘电阻很大的电容器组成的交流电路。

(4)纯电阻电路消耗有功功率,纯电感和纯电容电路消耗无功功率。

拓展阅读

清洁能源——中国现有的发展体系

作为绿色低碳能源,清洁能源对改善能源结构、保护生态环境、实现经济社会可持续发展、实现碳达峰碳中和目标具有重要意义。近年来,中国能源清洁低碳化进程不断加快,水电、风电、光伏、在建核电装机规模等多项指标保持世界第一,建成世界最大清洁发电体系,成为推动全球清洁能源发展的重要力量。

习题

一、判断题

1. 电压三角形、阻抗三角形和功率三角形都是相量。　(　　)
2. 正弦交流电路的频率越高,阻抗越大;频率越低,阻抗越小。　(　　)
3. 电路发生串联谐振时,电感上的电压与电容上的电压大小相等,相位相同。　(　　)
4. 在纯电阻电路中,电流与电压的频率相同,相位相同。　(　　)
5. 在纯电容电路中,电流与电压的频率相同,电压超前电流 90°。　(　　)

二、单选题

1. 设有一个电阻可以忽略的线圈接在电压 $u = 220\sin\sqrt{2}(314t + 30°)$ V 的交流电源上,线圈的电感量 $L = 0.7$H,则电路的无功功率为(　　)。

A. 220var　　B. $220\sqrt{2}$ var　　C. 440var　　D. 110var

2. 已知某纯电容电路两端的电压 $u = 220\sqrt{2}\sin(314t + 30°)$ V,电容器的电容量 $C = 31.9\mu$F,则电路的无功功率为(　　)。

A. $484\sqrt{2}$ var　　B. 484var　　C. 968var　　D. 242var

3. 在纯电容电路中，电压有效值不变，频率增大时，电路中电流将(　　)。

A. 增大　　B. 减小　　C. 不变　　D. 无法判断

4. 在纯电感电路中，电压有效值不变，频率增大时，电路中电流将(　　)。

A. 增大　　B. 减小　　C. 不变　　D. 无法判断

5. 某电感线圈，接入直流电，测出 $R=12\Omega$；接入工频交流电，测出阻抗为 20Ω，则线圈的感抗为(　　)。

A. 20Ω　　B. 16Ω　　C. 8Ω　　D. 32Ω

三、多选题

1. 设有一个电阻可以忽略的线圈接在电压 $u=220\sin(314t+30°)$ V 的交流电源上，线圈的电感量 $L=0.7$H，则以下参数正确的是(　　)。

A. $X_L=220\Omega$　　B. $U=220$V

C. $I_m=1$A　　D. $i=\sin(314t-60°)$A

2. 已知某纯电容电路两端的电压 $u=220\sin(314t+30°)$ V，电容器的电容量 $C=31.9\mu F$，则以下参数正确的是(　　)。

A. $X_C=100\Omega$　　B. $U_m=220$V

C. $I_m=2.2$A　　D. $i=2.2\sin(314t+120°)$A

学习任务3　三相交流电路及发电机控制与检测

任务描述

本学习任务主要通过对三相交流电的实例进行讲解，以理论与实操相结合，学习三相交流发电机的波形特性、测量及应用。

建议学时：1 学时。

知识准备

交流发电机的组成

1. 交流发电机的组成

目前电能的产生、输送、分配和使用几乎全部采用三相交流电路。三相交流发电机之所以应用非常广泛，是因为它体积小、质量轻的优点在工农业生产中得到了广泛应用，在汽车上迅速取代了传统的直流发电机。交流发电机一般由定子(铁芯和三相绕组)与转子(直流励磁的电磁铁)组成，如图 2-15 所示。

2. 三相电动势瞬时表达式

若以第一项作为参考正弦量，可得三相电动势的解析式如下：

$$e_1=E_m\sin\omega t \tag{2-27}$$

$$e_2=E_m\sin(\omega t-120°) \tag{2-28}$$

$$e_3 = E_m \sin(\omega t + 120°) \tag{2-29}$$

三相电动势的波形图和相量图如图 2-16 所示。三相电动势最大值出现的次序称为相序。U、V、W 三个绕组分别称为第一相绕组、第二相绕组、第三相绕组。

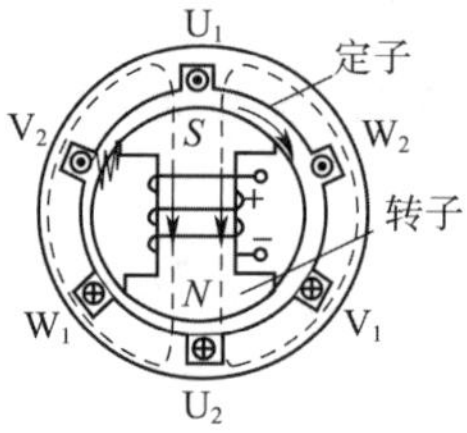

图 2-15　三相交流发电机示意图

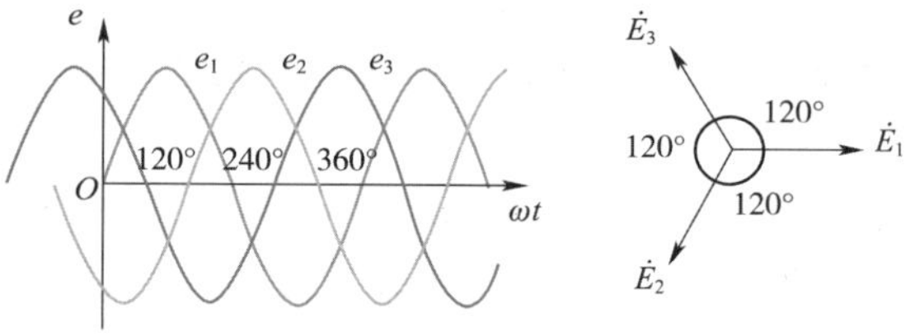

图 2-16　三相对称电动势的波形图和相量图

3. 三相交流发电机原理

三相交流电是由三个频率相同、电势振幅相等、相位差互差 120°角的交流电路组成的电力系统。目前,我国生产、配送的都是三相交流电,汽车发电机产生的也是三相交流电。

三相正弦交流电一般由三相交流发电机产生,发电原理如图 2-17a)所示。发电机主要由定子和转子两部分构成。定子包括机座、定子铁芯、电枢绕组等部分。定子铁芯固定在机座里,其内圆表面铣有均匀分布的槽。定子槽内对称嵌放着参数相同的三组绕组,每组 N 匝(图中以一匝示意)称为一相,于是有三相对称绕组,每相的始末端分别用 U_1、U_2、V_1、V_2、W_1、W_2 表示。图 2-17b)是一相绕组结构示意图。图 2-17c)为每相绕组电路模型。各相绕组的始端 U_1、V_1、W_1、(末端 U_2、V_2、W_2)彼此间隔 120°。这样三相绕组的法线方向也互成 120°方向(线圈绕组的法线与输出电流正方向成右螺旋关系),如图 2-17a)所示。发电机转子铁芯上绕有励磁线圈或是永磁铁(励磁就是向发电机转子提供转子电源的装置),可产生磁通,这就形成一个可转动的磁极 S-N,其磁通经定子铁芯闭合。转子由原动机驱动,按顺时针方向以 ω 角速度匀速旋转。可产生相位相差 120°的交流电压。

交流发电机
工作原理

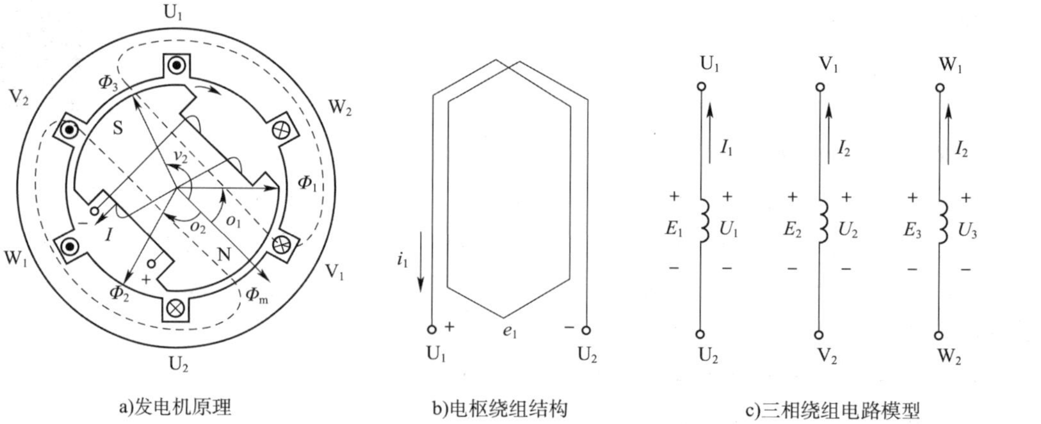

图 2-17　三相交流发电机原理

汽车交流发电机是利用电磁感应原理,将发动机带动发电机轴转动的机械能转变为电能输出。基本原理是电磁感应,当产生磁场的转子旋转时,使穿过定子绕组的磁通量发生变化,则在定子的绕组内就会产生交流电动势。其功用是在发动机正常运转时(怠速以上),向所有用电设备(起动机除外)供电,同时向蓄电池充电。交流发电机主要由三相同步交流发电机和二极管整流器组成,一般被称为硅整流交流发电机,也简称交流发电机。

交流发电机
整流原理

4. 三相负载

对称三相负载阻抗 $Z_A = Z_B = Z_C$,如三相电动机;不对称三相负载阻抗不满足 $Z_A = Z_B = Z_C$,如由单相负载组成的三相负载。

三相负载也有 Y 和△两种接法(图 2-18、图 2-19),至于采用哪种方法,要根据负载的额定电压和电源电压确定。

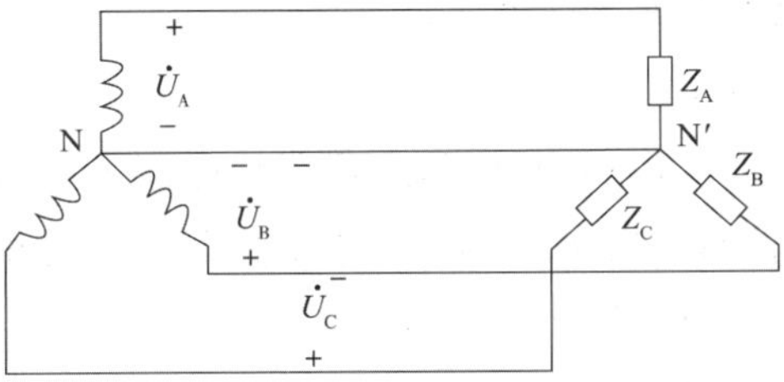

图 2-18　三相负载 Y 连接

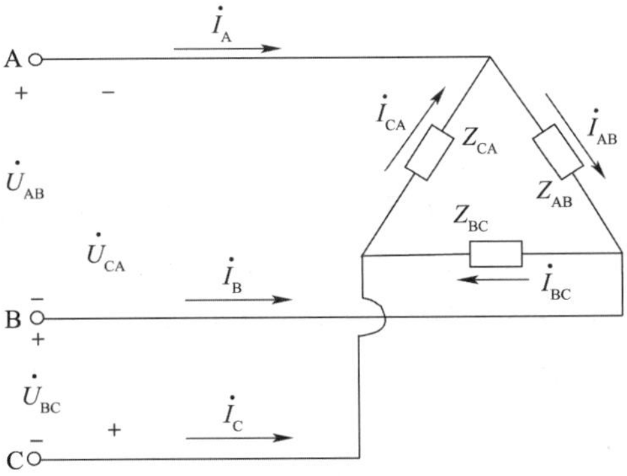

图 2-19　三相负载△连接

1)三相负载的 Y 连接

相电流:流过每相负载的电流 $\dot{I}_a$、$\dot{I}_b$、$\dot{I}_c$。

线电流:流过端线的电流 $\dot{I}_A$、$\dot{I}_B$、$\dot{I}_C$。

中线电流:$\dot{I}_N$。

结论:负载 Y 连接时,线电流等于相电流。

(1)负载对称 Y 连接三相电路的计算。

因为三相对称,负载也对称,所以负载对称时,三相电流也对称。负载对称时,只需计算一相电流 I_P,其他两相电流可根据对称性直接写出。

同时中性电流 $\dot{I}_N = \dot{I}_A + \dot{I}_B + \dot{I}_C = 0$。负载对称时,中性线无电流,可省掉中性线。负载

对称无中线时，线电压 U_L 与相电压 U_P 之间的关系 $U_L = \sqrt{3}U_P$。

(2)三相负载不对称分别计算各线电流。

①不对称负载 Y 连接又未接中性线时，负载相电压不再对称，且负载电阻越大，负载承受的电压越高。

②中线的作用：保证 Y 连接三相不对称负载的相电压对称。或者说不对称三相负载做星形联结且无中性线时，三相负载的相电压不对称。

③照明负载三相不对称，必须采用三相四线制供电方式，且中性线(干线)内不允许接熔断器或刀闸开关。

2)三相负载的△连接

相电流：流过每相负载的电流 $\dot{I}_{AB}$、$\dot{I}_{BC}$、$\dot{I}_{CA}$。

线电流：流过端线的电流 $\dot{I}_A$、$\dot{I}_B$、$\dot{I}_C$。

(1)负载相电压等于电源线电压，相电流不等于线电流。

(2)对称负载△连接时，线电流 $I_L = \sqrt{3}I_P$(相电流)，且落后相应的相电流 30°。△连接时不允许负载不对称。

任务实施

一、任务准备

1. 组织方式

(1)场地设施：每小组对应一套三相交流发电机实验设施、一张实训工作台。

(2)实训工具：示波表、线束、锂离子蓄电池一块，三相交流发电机电路板。

(3)学生组织：教师指导，按各实例知识讲解及实训进行自评、互评。

(4)检查实训任务：真实、完整、有效。

2. 注意事项

(1)遵守场地安全规定，注意用电安全。

(2)插拔电气元件时一定要断电操作。

(3)正确使用万用表。

(4)在接线、拆线时，严禁用力拉扯线束。

二、操作步骤

根据学习工作页，结合实训指导书，按下列步骤完成实施。

(1)利用示波器，观察三相交流电的电压波形。

(2)计算正弦交流电波形的幅值、周期、频率。

任务小结

(1)交流发电机一般由定子(铁芯和三相绕组)与转子(直流励磁的电磁铁)组成。

(2)三相交流电的表达式为:

$$e_1 = E_m \sin\omega t \tag{2-30}$$

$$e_2 = E_m \sin(\omega t - 120°) \tag{2-31}$$

$$e_3 = E_m \sin(\omega t + 120°) \tag{2-32}$$

(3)三相交流电是由三个频率相同、电势振幅相等、相位差互差120°角的交流电路组成的电力系统。

(4)汽车交流发电机是利用电磁感应原理,将发动机带动发电机轴转动的机械能转变为电能输出。

习题

一、判断题

1. 相线和中性线之间的电压称为电源相电压。 ( )
2. 相线和相线之间的电压称为电源线电压。 ( )
3. 在三相供电系统中,三相交流负载存在Y连接和△连接两种形式。 ( )
4. 中线的作用就是使不对称Y连接负载的端电压保持对称。 ( )
5. 负载做Y连接时没有相电流等于线电流。 ( )

二、单选题

1. 我国的工频为( )Hz。

A. 30　B. 40　C. 50　D. 60

2. 三相对称负载做△连接时,U_L 与 U_P 的大小关系为( )。

A. $U_L = \sqrt{3} U_P$　B. $U_L = U_P$

C. $U_L = \sqrt{2} U_P$　D. $\sqrt{3} U_L = U_P$

3. 三个相同的灯泡连接在电路中,亮度一样,则它们的连接关系是( )。

A. 一定串联　B. 一定并联

C. 可能并联,也可能串联　D. 无法确定

4. 某三相四线制低压供电系统的线电压为380V,则其相电压为( )V。

A. 380　B. 220　C. 380　D. 190

5. 小明要用一个开关同时控制电灯的发光或熄灭,则这两盏电灯 ( )。

A. 一定是串联　B. 一定是并联

C. 可能串联,也可能并联　D. 以上说法都错

三、多选题

1. 三相对称负载做Y连接时,U_L 与 U_P 的大小和相位关系为( )。

A. $U_L = \sqrt{3} U_P$　B. $U_L = \sqrt{3} U_P$

C. U_L 超前 U_P 30°　D. U_L 和 U_P 同相

2. 某三相对称感性负载Y连接,接到线电压为380V的三相对称电源上,从电源上取用的有功功率 $P = 5.28\text{kW}$,功率因数 $\cos = 0.8$,则以下参数正确的是( )。

A. $U_P = 220\text{V}$　B. $I_L = 10\text{A}$　C. $I_P = 10\text{A}$　D. $I_P = 1\text{A}$

学习任务4　汽车交流发电机的信号波形观察

任务描述

在交流电路检测中,经常用示波器检测,通过示波器可以直观地观察被测电路的波形,包括形状、幅度、频率(周期)、相位,还可以对两个波形进行比较,从而迅速、准确地找到故障原因,是学习维修汽车电路不可缺少的检测工具。本学习任务主要通过实例讲解,理论与实操相结合,对示波器的结构、原理、测量进行学习。

建议学时:3学时。

知识准备

一、示波器

示波器是一种用途十分广泛的电子测量仪器。它能把肉眼看不见的电信号变换成看得见的图像,便于人们研究各种电现象的变化过程。示波器利用狭窄的、由高速电子组成的电子束,打在涂有荧光物质的屏面上,就可产生细小的光点(这是传统的模拟示波器的工作原理)。在被测信号的作用下,电子束就好像一支笔的笔尖,可以在屏面上描绘出被测信号的瞬时值的变化曲线。利用示波器能观察各种不同信号幅度随时间变化的波形曲线。图2-20所示为汽车专用示波器。

示波器是用来测量交流电或脉冲电流波形状的仪器,由电子管放大器、扫描振荡器、阴极射线管等组成。除观测电流的波形外,还可以测定频率、电压强度等。凡可以变为电效应的周期性物理过程都可以用示波器进行观测。图2-21所示为电子积木双通道示波器。

图2-20　汽车专用示波器

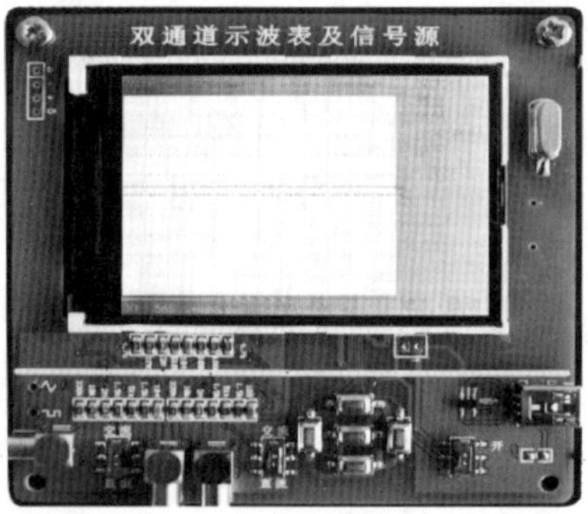

图2-21　电子积木双通道示波器

二、示波器的分类

示波器的分类:根据示波器对信号的处理方式的不同可分为模拟、数字两大类。

1. 模拟示波器

采用模拟方式对时间信号进行处理和显示即模拟示波器。模拟示波器可分为通用示波器、多束示波器、取样示波器、记忆示波器和专用示波器等。

(1)通用示波器。通用示波器采用单束示波管,又可分为单踪、双踪、多踪示波器。图 2-20 所示为双踪示波器。

(2)多束示波器。多束示波器采用多束示波管,荧光屏上显示的每个波形都由单独的电子束描产生。图 2-22 所示为多束示波器屏幕。

(3)取样示波器。采用信号非实时取样技术,实现用取样点构成连贯显示被测信号波形信息的示波器,可以用较低频率的示波器测量高频信号,适用于观察、研究高频信号或快速重复脉冲信号。

(4)记忆示波器。采用存储示波管或数字存储技术,将单次电信号瞬变过程、非周期现象和超低频信号长时间保留在示波管的荧光屏上或存储在电路中,以供重复测试。

(5)专用示波器。专用示波器是能够满足特殊用途的示波器,又称特种示波器。

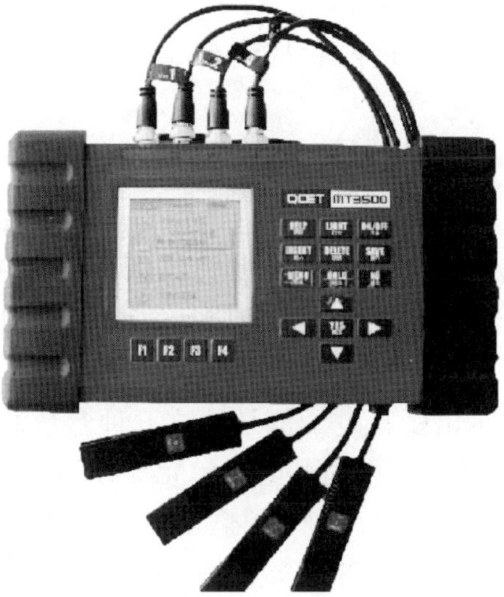

图 2-22 MT3500 汽车专用示波器

2. 数字示波器

对信号进行数字化处理后显示。数字示波器又可分为实时取样、随机取样和顺序取样三大类。数字示波器内部带有微处理器,外部装有数字显示器,有的产品在示波管荧光屏上既可显示波形,又可显示字符。被测信号经模－数变换器(A/D 变换器)送入数据存储器,通过键盘操作,可对捕获的波形参数的数据,进行加、减、乘、除、求平均值、求平方根值、求均方根值等的运算,并显示出答案数字,且具有记忆、存储被观察信号功能,又称为数字存储示波器。

三、汽车专用示波器的功能和原理

使用通用的示波器测试汽车电控系统电子设备时,最大的困难是设定示波器(即调整示波器的各个按钮,使显示的波形更为清楚)和分析波形的形状。汽车专用示波器将汽车电子设备的测试设定得非常简单,只要像点菜单一样选择要测试的内容,无须任何设定和调整就可以直接观察波形了,这是因为汽车专用示波器是专门为汽车维修人员设计的示波器,它的设定调整是全自动的。

1. 汽车专用示波器的功能

汽车电子设备的信号有些是变化速率非常快的,变化周期达到0.001s,通常测试仪器的扫描速度应该是被测信号的5～10倍,许多故障信号是间歇的,时有时无,这就需要仪器的测试速度高于故障信号的速度,汽车专用示波器完全可以胜任这个速度。汽车专用示波器不仅可以快速捕捉电路信号,还可以用较慢的速度来显示这些波形,以便可以一面观察,一面分析。它还可以用储存的方式记录信号波形,可以返回来观察已经发生过的快速信号,这就为分析故障提供了极大方便。无论是高速信号(如喷油器信号、间歇性故障信号),还是慢速信号(如节气门位置变化及氧传感器信号),用汽车专用示波器来观察都可以得到想要得到的波形结果。

此外,汽车专用示波器能够使你确认故障是否真的被排除了,而不是仅仅知道故障码是否尚未清除,这可以通过对比修理前后从汽车专用示波器中观看到的信号波形来加以判断。

2. 汽车专用示波器检测原理

专用示波器检测汽车电控系统的各部件是否正常,主要是通过对其电子信号具有的五个参数指标的测量来进行对比判断。这五个参数指标分别是:幅值(信号最高电压)、频率(信号的循环时间)、形状(信号的外形)、脉宽(信号的占空比或所占时间)和阵列(信号的重复特性)。

汽车专用示波器可以显示出所有电子信号的这五种参数波形,通过波形分析可进一步检查出电路中的传感器、执行器以及电路和电控单元等各部分的故障,也可以进行修理后的结果分析,最后再做氧反馈平衡检查,确定整个发动机控制系统的运行情况。例如,ADC2000专用示波器,内部配置有16种重要传感器的标准波形,用户可以将测量波形与标准波形进行比较,分析出传感器的故障。

3. 使用注意事项

目前,汽车维修行业使用的汽车专用示波器一般都具有强大的功能,可测量各类传感器、电控单元和执行器以及点火波形,而且使用方便,可直接根据屏幕提示通过按键或触摸屏操作。在使用汽车专用示波器时应注意以下事项。

(1)测试点火波形时,必须使用示波器附件中的专用电容探头,不能将示波器探头直接接入点火次级电路。

(2)使用汽车专用示波器时,注意远离热源,例如排气管、催化转化器等,温度过高会损坏示波器。

(3)汽车专用示波器在测试时要注意测试线尽量离开风扇叶片、传动带等转动部件。

(4)路试中,不要将汽车专用示波器放在仪表台上方,最好是拿在手中测试。

(5)测试时确认发动机舱盖支撑是否到位,防止发动机舱盖自动下降时伤及操作者头部或损坏汽车专用示器。

四、电子积木数字示波器面板功能

示波器是一种用途十分广泛的电子测量仪器。它能把肉眼看不见的电信号变换成看得见的图像,便于人们研究各种电现象的变化过程。利用示波器能观察各种不同信号幅度随时间变化的波形曲线,可以用它测试各种不同的电量,如电压、电流、频率、相位差、调幅度等。

我们实训用的电子积木配套一个双通道小型示波表,能用于观察较低电压(200V)和较低频率(200Hz)的信号,双通道相互独立。内置 1200mA · h 锂电池,充满电情况下,可使用 5h。

(1)存储深度:4K 点 ×2,X 轴显示 12 格,共 240 点。

(2)电源开关:在右下角,向上拨为接通电源。

(3)Mini USB 插孔:用于给示波表充电,连接一条随机线到电脑 USB 口或者 5V 电源适配器,即可对示波表充电,在充电状态,充电指示灯亮,充饱时,充电指示灯熄灭,完全充电只需 4h。

(4)信号输入座:双通道的信号输入,需要连接屏蔽线到被测信号。

(5)交/直流切换选择开关:每路输入座旁边有一个小开关用于切换交流/直流耦合方式。小开关拨上为交流耦合方式,被测信号会首先通过小电容隔去其直流成分。

(6)信号输出座:用于连接屏蔽线,对外输出 1 ~ 100kHz 的矩形波信号,占空比可调 0% ~100% 。

(7)演示信号输出:提供一路三角波及一路矩形波,在示波表左下方的两个小焊盘。上边为三角波,下边为方波,可用于测试示波表是否正常工作。图 2-23 所示为示波表液晶显示界面。

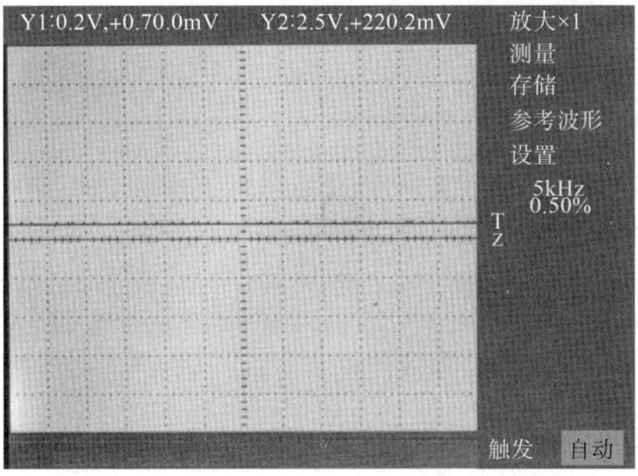

图 2-23　示波表液晶显示界面

(8)中央按键:长按进入设置,再次长按退出设置,在设置状态,被设置项目反白显示。

(9)右按键:用于选择设置项。

(10)上下按键:用于对设置项进行加/减。

(11)示波表界面:波形窗口红色曲线是通道 1 的波形;蓝色曲线是通道 2 的波形。

Y1 指示通道 1 的垂直灵敏度及偏移。

Y2 指示通道 2 的垂直灵敏度及位移。

X 指示扫描速度及水平位移。

(12)→CH1:指示触发电平。触发:自动指示触发模式,有 3 个选择:自动/正常/单次。

(13)放大 ×1:被测波形局部放大,缩小。

(14)× × ×Hz:输出信号的频率选择。

(15)× × ×%:输出信号的占空比选择。

示波器的使用方法

五、使用小型示波表测试信号

(1)探头连接线红色连接头为测量信号,黑色连接头为搭铁。测量之前,若未知被测信号特征,请将触发模式设置为自动触发,此时示波表将自动产生扫描线,便于快速的寻找到信号的幅值范围,便于设置触发电平,以获得稳定的显示。

(2)调节被测通道的垂直灵敏度,使信号幅值范围落在显示区域内,本示波表的可调范围是 20mV/格 ~20V/格。若被测信号既有交流成分,又有直流成分,而想显示其交流成分时,可以将信号耦合方式改为交流耦合,相当于在被测信号上串联一个隔直电容。若信号有小部分超出了屏幕范围,则可以调节垂直位移进行上下移动。

(3)根据信号的频率范围,选择合适的扫描速度(时基)。

(4)此时波形显示可能仍然不太稳定,或者左右滑动。是因为每次扫描的起点与被测信号不同步,此时需要调节触发电平,使扫描在波形的相同电平处开始扫描,注意,触发电平设置只对通道 1 有效。

任务实施

一、任务准备

1. 组织方式

(1)场地设施:每小组对应一套示波器实验设施、一张实训工作台。

(2)检测工具:示波表、线束。

(3)学生组织:教师指导,按各实例知识讲解及实训进行自评、互评。

(4)检查实训任务:真实、完整、有效。

2. 注意事项

(1)遵守场地安全规定,注意用电安全。

(2)插拔电气元件时一定要断电操作。

(3)正确使用万用表及示波器。

(4)在接线、拆线时,严禁用力拉扯线束。

二、操作步骤

根据学习工作页,结合实训指导书,按下列步骤完成实施。

(1)用示波器观察三角波的电压波形。

(2)计算三角波电压波形的幅值、周期、频率。

任务小结

(1)示波器能把肉眼看不见的电信号变换成看得见的图像,便于人们研究各种电现象的变化过程。

(2)示波器的分类:根据示波器对信号的处理方式的不同可分为模拟、数字两大类。

(3)汽车专用示波器不仅可以快速捕捉电路信号,也可以用较慢的速度来显示电路信号。

(4)可以用示波器观察三角波的电压波形。

习题

一、判断题

1. 示波器能把肉眼看不见的电信号交换成看得见的图像,便于人们研究各种电现象的变化过程。 (　　)

2. 汽车电子设备的信号有些变化速率不是很快,交化周期不到0.01s。 (　　)

3. 根据示波器对信号处理方式的不同,可分为模拟、数字两大类。 (　　)

二、单选题

1. 专用示波器检测汽车电控系统的各部件是否正常,主要是通过对其电子信号具有的(　　)个参数指标的测量来进行对比判断。

A. 二　　B. 三　　C. 四　　D. 五

2. 模拟示波器可分为通用示波器、(　　)、取样示波器、记忆示波器和专用示波器等。

A. 数字示波器　　B. 双踪示波器　　C. 多束示波器　　D. 专用示波器

3. 示波器是用来测量交流电或脉冲电流波形状的仪器,由(　　)、扫描振荡器、阴极射线管等组成。

A. 电子管放大器　　B. 晶体管放大器　　C. 场效应管放大器　　D. 数字放大器

三、多选题

1. 汽车维修行业使用的汽车专用示波器一般都具有强大的功能,可测量各类(　　)。

A. 传感器　　B. 电控单元　　C. 执行器　　D. 点火波形

2. 使用汽车专用示波器时,注意远离热源,如(　　)等,温度过高会损坏示波器。

A. ECU　　B. 排气管　　C. 三元催化转换器　　D. 车架

项目三　磁路、变压器的控制与检测

任务概述

给出汽车继电器、小型变压器，使用万用表测量继电器、变压器的性能并分析原理，读懂相关的电路图。汽车上大部分电气装置如继电器、电动机、电磁阀等都是电磁装置，从本任务开始，我们开始接触电磁器件，要开展相关任务，必须具备电磁学基本知识，然后重点学习继电器、变压器等器件的原理到控制电路，电路检测方法。

知识目标

(1)掌握磁体、磁路、磁路参数的概念；
(2)掌握继电器的控制原理及其特性；
(3)理解变压器的结构与控制原理及其特性。

技能目标

(1)能连接继电器控制电路，并分析检测结果；
(2)能连接汽车点火电路线圈控制电路，并观察检查结果。

素养目标

(1)规范课堂6S管理，展示中国工匠良好形象；
(2)培养团队协作精神，能够协同配合、系统学习；
(3)养成独立思考问题的习惯；
(4)培养敬业奉献、服务人民的意识；
(5)培育和践行社会主义核心价值观。

学习任务1　磁体、磁路、磁路参数分析

任务描述

继电器是最常用的间接控制器件，不管是在汽车上还是工业上都有广泛的应用，通过继

电器原理和电路的接法导入磁场、磁路及磁路参数定律的学习。

建议学时:2 学时。

知识准备

一、磁体、磁场的概念

1. 磁体

磁是物质运动的基本形式之一。物体能吸引铁、钴等金属或它们的合金的性质称为磁性。具有磁性的物体称为磁体。磁体上磁性最强的部位称为磁极。任何磁体都有两个磁极,而且无论怎样把磁体分割,磁体总保持两个磁极,通常以 S 表示磁体的南极,以 N 表示磁体的北极。磁极间的相互作用力称为磁力,磁极间相互作用的规律是:同性相斥,异性相吸,如图 3-1 所示。原来没有磁性的铁磁物质,放在磁铁旁边会获得磁性,这一现象称为磁化。被磁化的铁磁物质远离磁铁后仍保留一定的磁性,称为剩磁。

磁特性

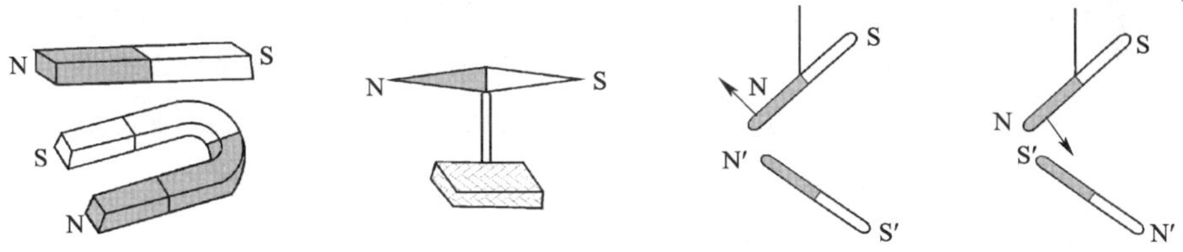

图 3-1　磁极作用示意图

磁体周围存在磁力作用的空间,当另一磁体或通电导体置入该空间时,就要受到磁力的作用,人们通常把这个磁力空间称为磁场。磁场具有力和能的性质,因而它是一种物质。但它又与其他物质不一样,它没有构成物质的分子或原子。所以,磁场是存在于磁体周围空间的一种特殊物质。

2. 磁导率

磁导率 μ 是表示物质导磁性的物理量,真空的磁导率为 $\mu_0 = 4\pi \times 10^{-7}$ H/m(亨/米),相对磁导率指物质磁导率与真空磁导率的比值($\mu_r = \mu/\mu_0$),μ_r 把物质分为铁磁材料和非磁性材料,μ_r 远远大于 1 的物质称为铁磁物质,比如铁、钴、镍及其合金;μ_r 小于或等于一的物质称为非磁性物质,一般工业中用铁磁物质做成磁路。

3. 磁通与磁感应强度

磁通

设在磁感应强度为 B 的匀强磁场中,有一个面积为 S 且与磁场方向垂直的平面,磁感应强度 B 与面积 S 的乘积,称为穿过这个平面的磁通量,简称磁通(Magnetic Flux)。用符号“Φ”表示。

在一般情况下,磁通量是通过磁场在曲面面积上的积分定义的。其中,Φ 为磁通量(单位是韦伯 Wb),B 为磁感应强度(单位是特斯拉),B 是表示磁场空间某点的磁场强弱和方向的物理量。如图 3-2 所示,S 为曲面,$B \cdot dS$ 为点积,dS 为无穷小矢量(曲面积分)。磁通量通常通过通量计进行测量。通量计包括测

磁感应强度

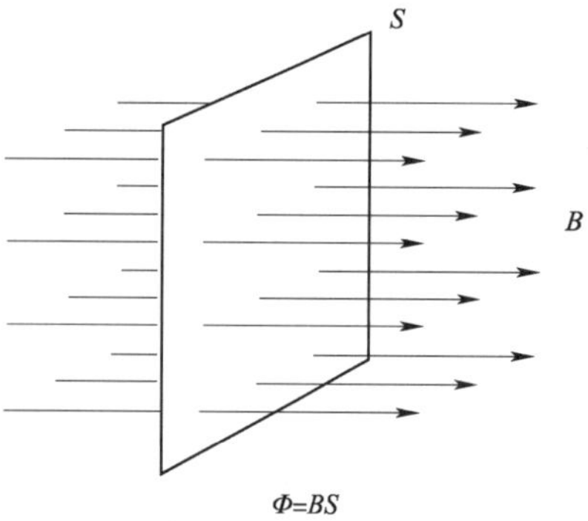

图 3-2　磁通示意图

量线圈以及估计测量线圈上电压变化的电路，从而计算磁通量，二者都是用来描述磁场强弱的物理量。

4. 磁场强度

磁场强度应该与磁感应强度对比认识，磁场强度和磁感应强度均为表征磁场性质(即磁场强弱和方向)的两个物理量。由于磁场是电流或者说运动电荷引起的，而磁介质(除超导体以外不存在磁绝缘的概念，故一切物质均为磁介质)在磁场中发生的磁化对源磁场也有影响(场的叠加原理)。因此，磁场的强弱可以有两种表示方法：在充满均匀磁介质的情况下，若包括介质因磁化而产生的磁场在内时，用磁感应强度 B 表示，其单位为特斯拉(T)，是一个基本物理量；单独由电流或者运动电荷所引起的磁场(不包括介质磁化而产生的磁场时)则用磁场强度(H)表示，其单位为 A/m，是一个辅助物理量。在各向同性的磁介质中，B 与 H 的比值即介质的磁导率 μ。

从定义的操作方面来看，磁感应强度是完全只是考虑磁场对于电流元的作用，而不考虑这种作用是否受到磁场空间所在的介质的影响，这样磁感应强度就是同时由磁场的产生源与磁场空间所充满的介质来决定的。相反，磁场强度则完全只是反映磁场来源的属性，与磁介质没有关系。

二、电流的磁场

1820 年，丹麦物理学家奥斯特从实验中发现：当导线通入电流时，放在导线旁边的磁针会受到力的作用而偏转。这表明通电导线的周围存在着磁场，电与磁是有密切联系的。法国科学家安培确定了通电导线周围的磁场方向，并用磁感线进行了描述。

电磁感应原理

1. 通电直导线周围的磁场

通电直导线周围的磁场的磁感线是一些以导线上各点为圆心的同心圆，这些同心圆都在与导线垂直的平面上，如图 3-3a)所示。

实验证明：改变电流的方向，各点的磁场方向都随之改变。

磁感线的方向与电流方向之间的关系可用安培定则(右手螺旋定则)来判定。如图 3-3b)所示，用右手握住通电直导线，让拇指指向电流的方向，则四指环绕的方向就是磁感线的方向。

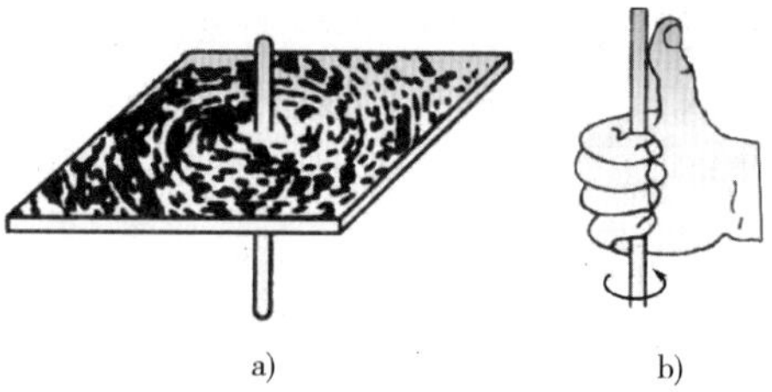

图 3-3　通电直导线的磁场

2. 通电线圈的磁场

把直导线绕成螺线管线圈，并通入电流，结果通电线圈产生类似条形磁铁的磁场，如图 3-4a)所示。由图可见，在线圈外部，磁感线从 N 极出来进入 S 极，线圈内部的磁感线方向由 S 极指向 N 极，并和外部的磁感线形成闭合曲线。

实验证明:通电线圈磁场的强弱,不仅与线圈的电流大小有关,而且还与线圈的匝数有关,即与线圈的电流和匝数的乘积成正比。

通电线圈的磁场的方向,可用右手螺线定则确定。如图3-4b)所示,右手握住线圈,用弯曲的四指指向电流方向,则拇指所指的方向就是磁场方向。

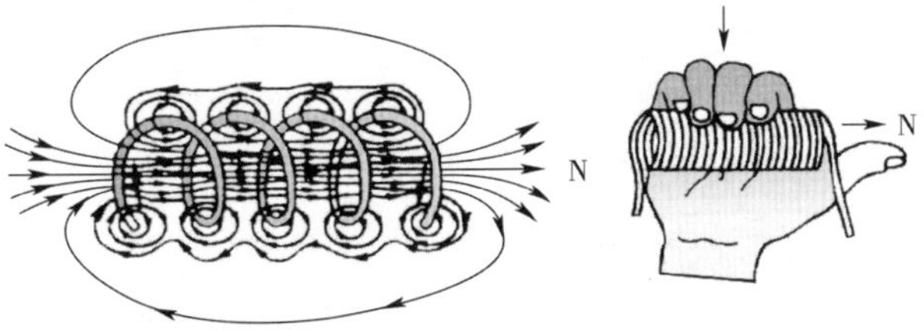

图3-4 通电线圈的磁场

3. 电磁铁

我们知道电流周围存在磁场,当一带电导线变成线圈时就会产生一个带N极、S极的磁场,如条形磁铁一样。如图3-5所示,如果将一铁芯放入线圈中,磁场会变强,可以吸引铁质。继电器和电磁阀就是应用电磁铁原理,线圈通电后能产生极强的磁吸引力。

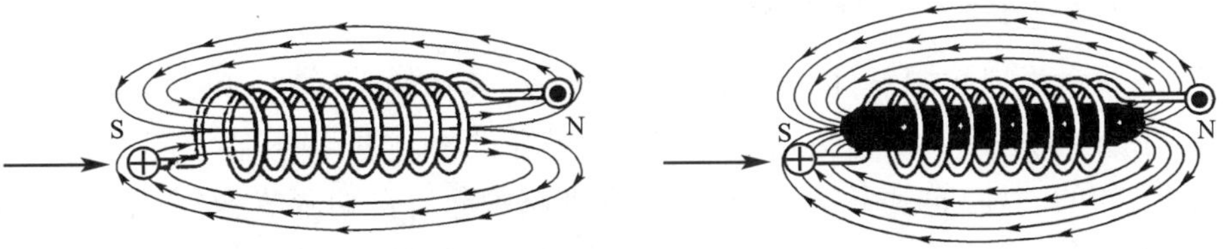

图3-5 线圈插入铁芯磁力增强

三、磁路的构成及基本定律

1. 磁路

磁路是磁通所通过的路径。磁路中产生的磁通分为主磁通和漏磁通,其中由于铁芯的导磁性能比空气要好得多,所以绝大部分磁通将在铁芯内通过,这部分磁通称为主磁通;而围绕载流线圈、部分铁芯和铁芯周围的空间,还存在少量分散的磁通,这部分磁通称为漏磁通。主磁路是主磁通所通过的路径,漏磁路是漏磁通所通过的路径。在直流电路中产生直流磁路,例如直流电动机的磁路。在交流电路中产生交流磁路,例如变压器的磁路,如图3-6所示。

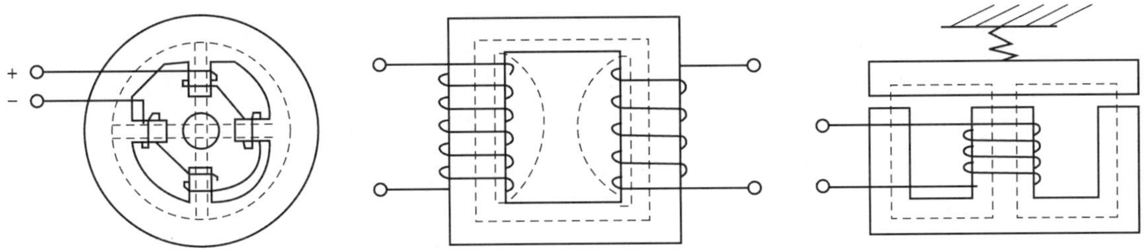

a)直流电动机磁路 b)变压器磁路 c)电磁铁磁路

图3-6 磁路例图

2. 电磁感应定律

电磁感应定律又称为法拉第电磁感应定律,其内容是:电路中感应电动势的大小,与穿过这一电路的磁通量变化率成正比。其表达式为:

$$e = \frac{\mathrm{d}\Phi}{\mathrm{d}t} \tag{3-1}$$

电磁感应另一种解释是导线切割磁力线感应电,如图3-7所示。

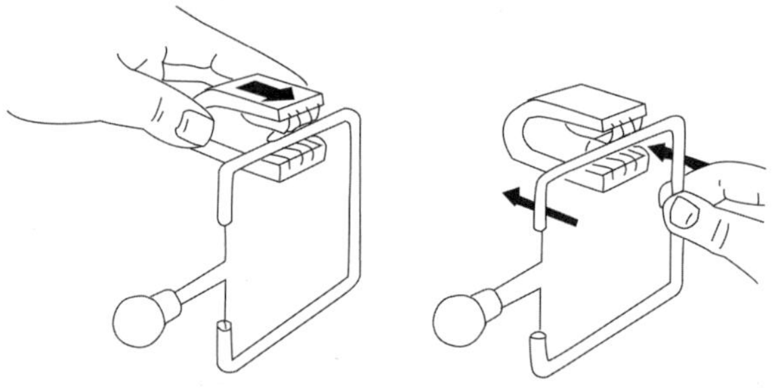

a)移动磁铁,导体不动　　b)移动导体,磁铁不动

图3-7　电磁感应现象

四、继电器的结构和工作原理

继电器是一种电磁控制器件。它具有控制系统(又称输入回路)和被控制系统(又称输出回路)之间的互动关系。继电器通常应用于自动化的控制电路中,它实际上是用小电流去控制大电流运作的一种"自动开关"。继电器在电路中起着自动调节、安全保护、转换电路等作用。电磁继电器一般由铁芯、线圈、衔铁、触点簧片等组成,如图3-8所示。在汽车中,有许多地方应用了继电器,如燃油泵、喇叭和起动系统等。

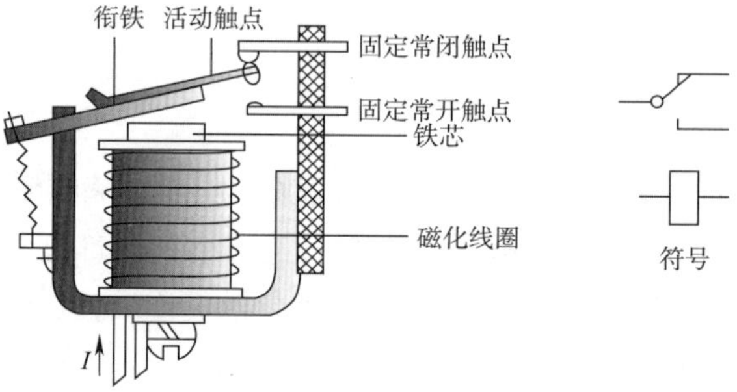

继电器工作原理

图3-8　电磁式继电器结构示意图

只要在线圈两端加上一定的电压,线圈中就会流过一定的电流,从而产生电磁效应,衔铁就会在电磁力吸引的作用下克服返回弹簧的拉力吸向铁芯,从而带动衔铁的动触点与静触点(常开触点)吸合。当线圈断电后,电磁的吸力也随之消失,衔铁就会在弹簧的反作用力返回原来的位置,使动触点与原来的静触点(常闭触点)吸合。这样吸合、释放,从而达到了在电路中的导通、切断的目的。

对于继电器的"常开、常闭"触点,可以这样来区分:继电器线圈未通电时处于断开状态的静触点,称为"常开触点",处于接通状态的静触点称为"常闭触点"。继电器一般有两路回路，分别是低压(小电流)控制电路和高压(大电流)工作电路。图 3-9 所示为汽车继电器电路符号，图 3-10 所示为汽车常用继电器。

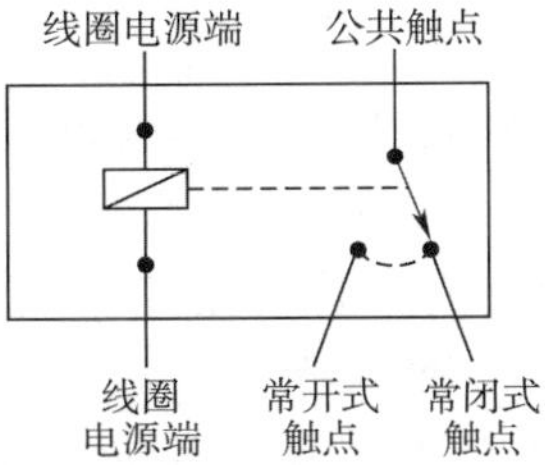

图3-9　汽车继电器电路符号

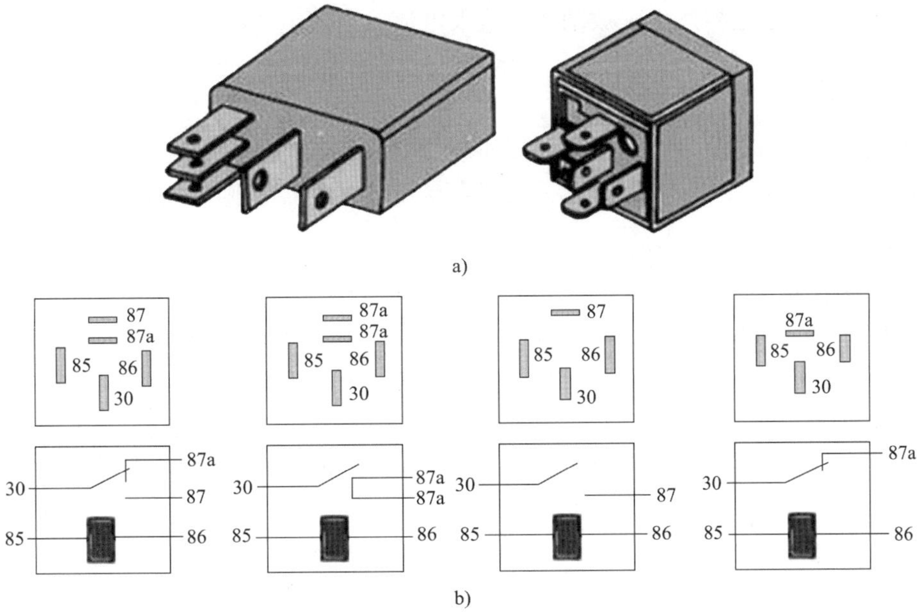

图 3-10　汽车常用继电器

任务实施

一、任务准备

1. 组织方式

(1)场地设施：每小组对应一套继电器实验设施、一张实训工作台。

(2)检测工具：万用表、线束、锂离子蓄电池一块，继电器电路板。

(3)学生组织：教师指导，按各实例知识讲解及实训进行自评、互评。

(4)检查实训任务：真实、完整、有效。

2. 继电器技术参数准备

1)额定工作电压

额定工作电压是指继电器正常工作时线圈所需要的电压，也就是控制电路的控制电压。

根据继电器的型号不同,可以是交流电压,也可以是直流电压。汽车用继电器一般是DC12V。

2)直流电阻

直流电阻是指继电器中线圈的直流电阻,可以通过万用表测量。

3)吸合电流

吸合电流是指继电器能够产生吸合动作的最小电流。在正常使用时,给定的电流必须略大于吸合电流,这样继电器才能稳定地工作。而对于线圈所加的工作电压,一般不要超过额定工作电压的1.5倍,否则会产生较大的电流而把线圈烧毁。

4)释放电流

释放电流是指继电器产生释放动作的最大电流。当继电器吸合状态的电流减小到一定程度时,继电器就会恢复到未通电的释放状态。这时的电流远远小于吸合电流。

5)触点切换电压和电流

触点切换电压和电流是指继电器允许加载的电压和电流。它决定了继电器能控制电压和电流的大小,使用时不能超过此值,否则很容易损坏继电器的触点。

3. 测试继电器准备

1)测触点电阻

使用万用表的欧姆挡,测量动断触点与动点电阻,其阻值应为0(接通);而动合触点与动点的阻值应为无穷大(断开)。由此可以区别出哪个是动断触点,哪个是动合触点。

2)测线圈电阻

可用万用表二极管挡或欧姆挡测量继电器线圈的阻值,阻值一般很小,从而判断该线圈是否存在着开路现象。

4. 继电器符号说明

在电路中,表示继电器时只要画出它的线圈和与控制电路有关的接点组就可以了。继电器的线圈用一个长方框符号表示,同时在长方框内或框旁标上这个继电器的文字符号“K”。表3-1中列出了继电器的常用符号和三种触点的符号。

继电器的常用符号　　表3-1

继电器线圈符号	继电器接点符号	
K_1	K_1–1	动合触点(常开触点)
	K_1–2	动断触点(常闭触点)
	K_1–3	切换触点(转换触点)
K_2	K_2–1　K_2–2　K_2–3	
K_3	K_3–1　K_3–2	

操作规范：一般在电路中，只画出继电器线圈不通电时接点组的原始状态。

提示：

(1)继电器的触点有两种表示方法。一种是把它直接画在长方框的一侧，这样比较直观。另一种是按电路连接的需要，把各个触点分别画在各自的控制电路中(汽车电路中就采取这样的画法)，这样对分析和理解电路是有利的，但必须同时在属于同一继电器的线圈和触点旁边注上相同的文字符号，并把触点组编号。

(2)续流二极管。在用晶体管控制继电器的线圈电流通、断时，继电器线圈必须并联一个二极管作为保护二极管，又称续流二极管。由于继电器线圈的电感在断电的瞬间，线圈两端将产生较高的反向电压，这个电压与电源电压叠加，加在晶体管上，很可能超过晶体管的最大反向击穿电压，使晶体管击穿损坏，二极管的作用就是消除这个反向电压的影响，保护电路的正常工作。

5. 注意事项

(1)遵守场地安全规定，注意用电安全。

(2)插拔电器元件时一定要断电操作。

(3)正确使用万用表。

(4)在接线、拆线时，严禁用力拉扯线束。

二、操作步骤

根据学习工作页，结合实训指导书，按下列步骤完成实施。

(1)认识继电器。

(2)对继电器的特性检测。

任务小结

(1)磁是物质运动的基本形式之一，磁场是存在于磁体周围空间的一种特殊物质。

(2)描述磁场的物理量有磁导率、磁通、磁感应强度、磁场强度等。

(3)磁路是磁通所通过的路径。

(4)电磁感应定律又称为法拉第电磁感应定律，其内容是：电路中感应电动势的大小，与穿过这一电路的磁通量变化率成正比。

(5)继电器是一种电磁控制器件，它具有控制系统(又称输入回路)和被控制系统(又称输出回路)之间的互动关系。

习题

一、判断题

1. 磁是物质运动的基本形式之一，磁场是存在于磁体周围空间的一种特殊物质。 (　　)

2. 磁场具有力和能的性质，但它不是一种物质。 (　　)

3. 磁导率μ是表示物质导磁性的物理量,真空的磁导率为$\mu_0 = 4\pi \times 10^{-7}$H/m(亨/米)。 (　　)

4. 磁场强度完全只是反映磁场来源的属性,与磁介质没有关系。 (　　)

5. 磁路是磁通所通过的路径,只能通过主磁通。 (　　)

二、单选题

1. 原来没有磁性的铁磁物质,放在磁铁旁边会获得磁性,这一现象称为(　　)。

A. 磁化　　B. 磁滞　　C. 导磁　　D. 导电

2. 磁感线的方向与电流方向之间的关系可用(　　),即右手螺旋定则来判定。

A. 右手定则　　B. 欧姆定律　　C. 电流定律　　D. 安培定则

3. 穿过一个平面的磁通量,简称磁通,用符号“Φ”表示;(　　)是表示磁场空间某点的磁场强弱和方向的物理量。

A. 磁场强度　　B. 磁势强度　　C. 磁感应强度　　D. 磁通

4. 磁是物质运动的基本形式之一,物体能吸引铁、钴等金属或它们合金的性质称为磁性,具有磁性的物体称为(　　)。

A. 磁场　　B. 磁通　　C. 磁滞　　D. 磁体

5. (　　)的另一种解释是导线切割磁力线感应电。

A. 电动机原理　　B. 电磁感应

C. 导电原理　　D. 电磁定律

三、多选题

1. 相对磁导率指物质磁导率与真空磁导率的比值$\mu_r = (\mu/\mu_0)$,μ_r把物质分为铁磁材料和非磁性材料。μ_r远远大于1的物质称为铁磁物质,比如(　　);μ_r小于或等于1的物质称为非磁性物质。

A. 铁　　B. 钴　　C. 镍　　D. 以上物质的合金

2. 磁路是磁通所通过的路径,以下(　　)属于典型的磁路。

A. 直流电动机磁路　　B. 变压器磁路

C. 继电器磁路　　D. 开关磁路

学习任务2　继电器的控制与检测

任务描述

继电器是一种用小电流控制大电流的器件,在汽车上经常利用开关控制继电器的吸合与断开,再利用继电器的触点控制电器部件的通断。在汽车上常用的继电器有:起动继电器、喇叭继电器、闪光继电器等,本学习任务完成起动继电器、喇叭继电器及闪光继电器的检测。

建议学时:2学时。

知识准备

一、起动继电器

在采用电磁啮合式起动机的起动电路中,起动开关常与点火开关制成一体,由于通过起动机电磁开关(吸引线圈和保持线圈)的电流很大(大功率起动机可达 30 ~ 40A),而使点火开关早期损坏。为此,在有些汽车上,点火开关和起动机电磁开关之间装有起动继电器,如图 3-11 所示。

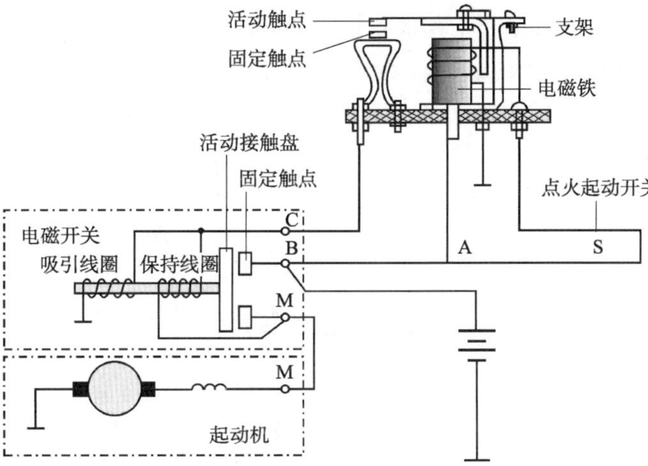

起动机控制装置电路工作原理

图 3-11 起动机控制装置电路图

点火起动开关 S 闭合时,电流经 B →S →继电器线圈→搭铁,形成闭合回路,继电器动作,使活动触点与固定触点吸合。

此时,电流经B → A → 继电器金属架闭合触点 → C → {吸引线圈;保持线圈、起动机M} → 搭铁。

由于电磁开关两线圈通电,产生磁力,推动活动接触盘右移,主触点 B、M 接通,使主电路接通,起动机带动发动机起动。

二、喇叭继电器

喇叭电路工作原理

图 3-12 所示为继电器在喇叭电路中的应用。蓄电池电压加至继电器线圈的一端,另一端接喇叭按钮。喇叭按钮是常开式开关,其一端搭铁。因此,只要按下喇叭按钮便接通电路。电路接通,继电器线圈得电,线圈建立磁场,磁场将触点吸合,蓄电池电压便加至喇叭(喇叭的另一端是搭铁的)。控制电路只需 0.25A 电流流过,而喇叭发声需要 20 ~ 30A 以上的电流。对于此种用法,喇叭继电器变成了促使喇叭发声的大电流

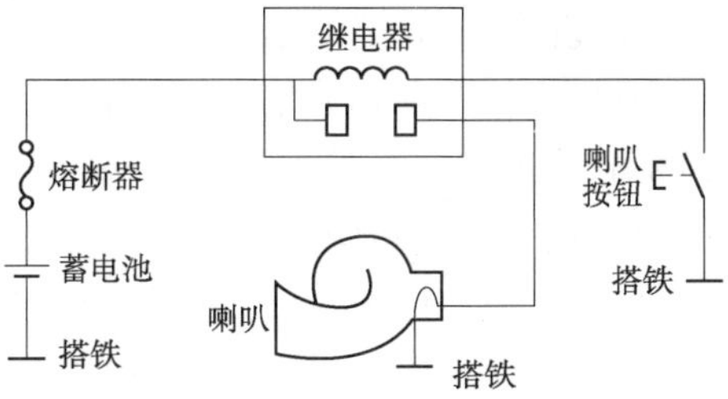

图 3-12 汽车喇叭继电器电路图

的控制器,而控制电路只需要通过很小的电流,可以用很细的导线。

三、闪光继电器

1. 闪光继电器种类

闪光继电器又称为闪光器,按其结构不同,可分为阻丝式、电容式和电子式三种。其中,阻丝式又可分为热丝式(电热式)和翼片式(弹跳式),而电子式又可分为混合式(带触点的继电器与电子元件)和全电子式(无继电器)。

2. 电容机械式闪光继电器工作原理

图 3-13 所示为电容式闪光器工作原理图。它由一个继电器和一个电容器组成,在继电器铁芯上绕有串联线圈和并联线圈,电容则采用大容量(1500μF)电解电容。利用电容器充放电延时特性,使继电器的两个线圈的电磁吸力时而相加,时而相减,产生周期性的开关动作,使转弯信号灯闪烁。

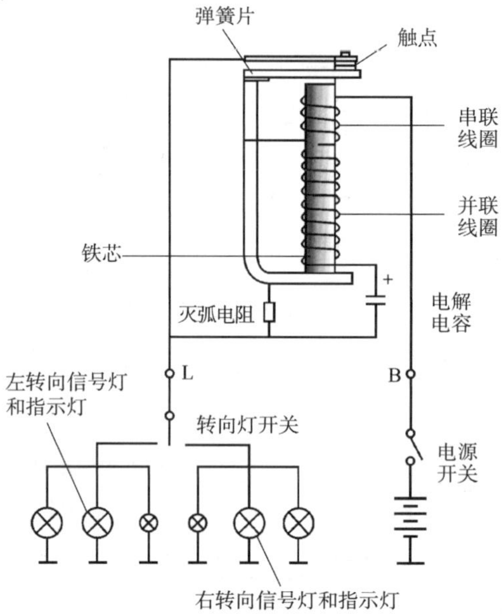

电容式闪光器的工作原理

图 3-13　电容式闪光器

当汽车向左转弯时,接通转向灯开关,左转向信号灯就被串入电路中,电流由蓄电池正极→电源开关→接线柱 B→串联线圈→动断触点→接线柱 L→转向灯开关→左转向灯和指示灯→搭铁→蓄电池负极。此时,并联线圈、电容器及电阻被触点短路,电流通过串联线圈产生磁力,打开触点,转向信号灯处于暗的状态(未来得及亮)。触点被打开后,蓄电池对电容充电。充电电流由蓄电池正极→电源开关→接线柱 B→串联线圈→电容器→接线柱 L→转向灯开关→左转向信号灯和指示灯→搭铁→蓄电池负极,形成充电回路。由于线圈电阻阻值较大,充电电流很小,不足以使转向灯发亮,转向信号灯仍然处于暗的状态。随着充电继续,电容两端电压升高,其充电电流逐渐减小,串联线圈和并联线圈的电磁吸力减小,使触点重新闭合。

触点闭合后，转向信号灯和指示灯处于亮的状态，此时电流由蓄电池正极经接线柱 B→串联线圈→动断触点→接线柱 L→转向开关→左转向信号灯和指示灯→搭铁→蓄电池负极。与此同时，电容器通过线圈和触点放电，放电电流通过线圈时产生的磁力方向与线圈的相反，使电磁吸力逐渐下降，通过并联线圈的放电电流减小，最后导致触点分离，转向灯变暗，如此反复，使转向灯不断发出闪光。

3. 电子式闪光继电器

1）电子式闪光器工作原理

电子式闪光器利用三极管的开关特性，电容器的充、放电延时特性，控制继电器线圈的通、断电，接通和断开触点，使转向信号灯闪烁。电子式闪光器由于其工作可靠，使用寿命长，目前在汽车转向灯系统中广泛使用。电子式闪光器分为有触点和无触点、集成电路和晶体管等多种形式。

2）电子闪光器的三个管脚

电路接法如图 3-14 所示。

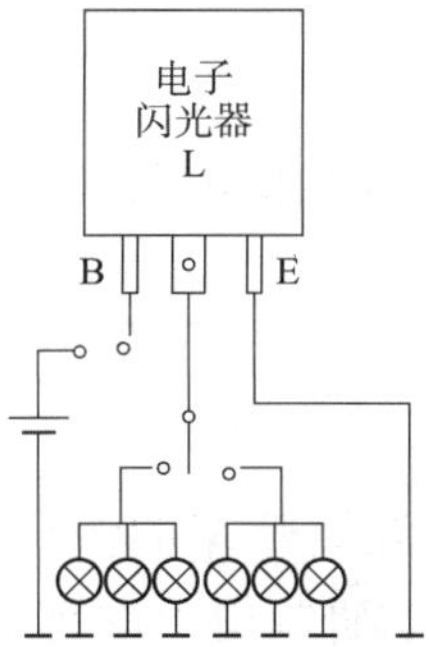

图 3-14　电子闪光继电器接法

B-电源端；L-闪光器控制端；E-搭铁端

电子式闪光器结构

电子式闪光器工作原理

任务实施

一、任务准备

1. 组织方式

（1）场地设施：每小组对应一套继电器实验设施、一张实训工作台。

（2）检测工具：万用表、线束、锂离子蓄电池一块，继电器电路板。

（3）学生组织：教师指导，按各实例知识讲解及实训进行自评、互评。

（4）检查实训任务：真实、完整、有效。

2. 注意事项

（1）遵守场地安全规定，注意用电安全。

（2）插拔电气元件时一定要断电操作。

（3）正确使用万用表。

（4）在接线、拆线时，严禁用力拉扯线束。

(5)操作规范:当汽车喇叭继电器损坏后,不能直接将喇叭按钮直接接在喇叭电路中,那样将烧毁喇叭按钮。

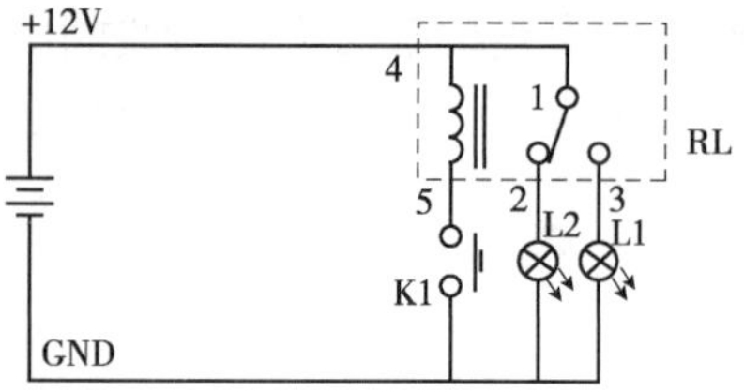

图 3-15 继电器特性电路

二、操作步骤

根据学习工作页,结合实训指导书,按下列步骤完成实施。

(1)使用万用表测量继电器的线圈电阻。

(2)按照图 3-15 所示,接好实训电路。

(3)在继电器线圈不带电的条件下,使用万用表测量继电器触点的电阻。

(4)在继电器线圈带电的条件下,使用万用表测量继电器触点的电阻值,判断其特性。

任务小结

(1)汽车上常用继电器吸合与断开的控制。

(2)起动继电器的控制过程分析。

(3)喇叭继电器的控制过程分析。

(4)闪光继电器又称为闪光器,按其结构不同,可分为阻丝式、电容式和电子式三种。

(5)闪光继电器的控制过程分析。

拓展阅读

红旗轿车的诞生

1958 年,长春第一汽车制造厂成功研制出中国第一辆红旗轿车。这是新中国成立后首款自主研发的高级轿车。当时,面对技术和物资的双重匮乏,工程师们夜以继日地工作,凭借坚定的信念和过硬的技术,终于成功制造出这款代表国家荣耀的汽车。红旗轿车不仅反映了我国汽车制造技术水平,更是大国工匠精神的体现。

习题

一、判断题

1. 继电器是一种用小电流控制大电流的器件,在汽车上经常利用开关控制继电器的吸合与断开,再利用继电器的触点控制电器部件的通断。 ( )

2. 额定工作电压是指继电器正常工作时线圈所需要的电压,也就是控制电路的控制电压,根据继电器的型号不同,可以是交流电压,也可以是直流电压。汽车用继电器一般是交流 12V。 ( )

3. 继电器中线圈的直流电阻可以通过万用表测量。 ( )

4. 喇叭继电器是促使喇叭发声的大电流控制器,而控制电路只需要通过很小的电流,可以用很细的导线。 ( )

5. 电子式闪光器利用二极管的开关特性,电容器的充、放电延时特性,控制继电器线圈的通、断电,接通和断开触点,使转向信号灯闪烁。 ( )

二、单选题

1. 由于通过起动机电磁开关(吸引线圈和保持线圈)的电流很大,可达(　　),而使点火开关早期损坏。

A. 10 ~ 20A　　B. 30 ~ 40A　　C. 50 ~ 60A　　D. 70 ~ 80A

2. 汽车上点火开关和起动机电磁开关之间装有(　　)。

A. 传动机构　　B. 电磁开关　　C. 点火线圈　　D. 起动继电器

3. (　　)是指继电器能够产生吸合动作的最小电流。

A. 穿透电流　　B. 最大电流　　C. 吸合电流　　D. 释放电流

4. (　　)释放电流是指继电器产生释放动作的最大电流。

A. 穿透电流　　B. 最大电流　　C. 吸合电流　　D. 释放电流

5. 继电器线圈未通电时处于接通状态的静触点,称为(　　)。

A. 常开触点　　B. 常闭触点　　C. 动触点　　D. 静触点

三、多选题

1. 电容式闪光器由一个继电器和一个电容器组成,在继电器铁芯上绕有串联线圈和并联线圈。电容则采用(　　)(150μF)(　　)。

A. 大容量　　B. 小容量　　C. 电解电容　　D. 电阻电容

2. 在用晶体管控制继电器的线圈电流(　　)、(　　)时,继电器线圈必须并联一个二极管作为保护二极管,又称续流二极管。

A. 流通　　B. 断开　　C. 串联　　D. 并联

学习任务3　变压器的控制与检测

任务描述

变压器是最常用的间接控制器件,分析基本变压器、旋转变压器的结构与工作原理,学习变压器的控制及检测。

建议学时:2 学时。

知识准备

一、变压器的结构组成和工作原理

变压器是根据电磁感应原理制成的一种静止电器,它可以把某一电压、电流的交流电能变换成同频率的另一电压、电流的交流电能,具有变换电压和电流的作用。

此外,变压器还具有变换阻抗的作用。在电子线路中,除电源变压器外,变压器还用来耦合电路、传递信号,并实现阻抗匹配。变压器的种类很多,但是它们的基本结构和工作原理是一样的。

1. 变压器的基本结构

变压器的
基本结构

变压器因使用场合、工作要求不同，有各种各样的结构。但其基本结构都一样，即主体由铁芯和绕组(线圈)两部分组成。铁芯是变压器的磁路部分，一般选用磁滞损耗很小的硅钢片叠装而成，为了减少涡流损失，片与片之间相互绝缘。绕组是变压器的电路部分，通常用绝缘铜线或铝线绕制而成。与电源相接的绕组称为一次绕组(原绕组)，又称一次侧；与负载相接的绕组称为二次绕组(副绕组)，又称二次侧。

按绕组与铁芯的安装位置不同，变压器可分为芯式和壳式两种。芯式变压器的绕组套在各铁芯柱上，如图3-16a)所示；壳式变压器的绕组套在中间的铁芯柱上，绕组两侧被外侧铁芯柱包围，如图3-16b)所示。图3-16c)所示为变压器在电路中的符号。一般电力变压器采用芯式，小型变压器多采用壳式。

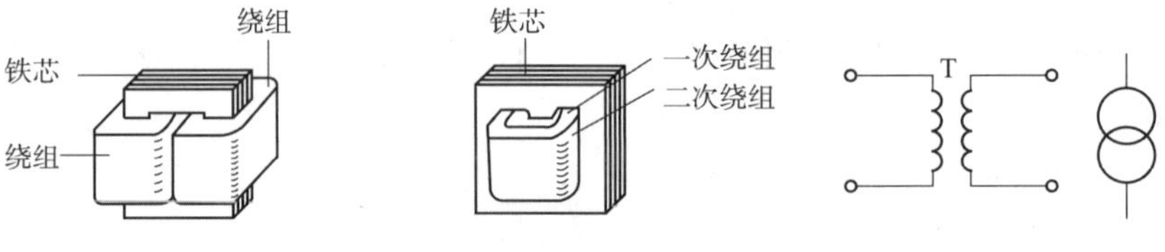

a)芯式变压器　　b)壳式变压器　　c)变压器符号

图3-16　变压器的绕组结构及符号

2. 变压器的工作原理和特性

变压器的
工作原理

图3-17所示为变压器的原理图。为了便于分析，将高压绕组和低压绕组分别画在两边。与电源相连的称为一次绕组(或称初级绕组)，与负载相连的称为二次绕组(或称次级绕组)。一次、二次绕组的匝数分别为 N_1 和 N_2，当一次绕组接上交流电压时，一次绕组中便有电流通过。一次绕组的磁路产生的磁通绝大部分通过铁芯而闭合，从而在二次绕组中感应出电动势。如果二次绕组接有负载，那么二次绕组中就有电流通过。二次绕组也产生磁通，其绝大部分也通过铁芯而闭合。因此，铁芯中的磁通是一个由一次、二次绕组的磁通势共同产生的合成磁通，它称为主磁通，主磁通穿过一次绕组和二次绕组而在其中分别感应出电动势。此外，一次、二次绕组的磁通势还分别产生漏磁通。下面，在理想情况下(暂不计其他能量损耗)，讨论变压器的电压变换、电流变换及阻抗变换。

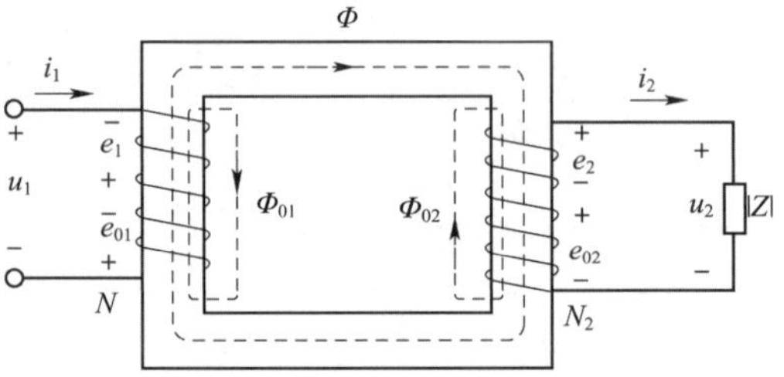

图3-17　变压器的原理图

回顾所学过的电磁关系，右手螺旋定则，原绕组通过交流电 i_2，在铁芯中产生磁通 Φ。

1)电压变换(空载状态，$i_2=0$，即 $i_2N_2=0$)

一次、二次绕组的电压之比为 K，称为变压器的变比，也即一次、二次绕组的匝数比。当电源电压 U_1 一定时，只要改变匝数，就可得出不同的输出电压 U_2。变比在变压器的铭牌上注明，它表示一次、二次绕组的额定电压之比。例如：6000V/400V($K=15$)。这表示一次绕组的额定电压(即一次绕组上应加的电压) $U_1=6000\text{V}$，二次绕组的额定电压 $U_2=400\text{V}$。由

于变压器有内阻抗压降,所以二次绕组的空载电压一般应较满载时的电压高5%～10%。不计线圈电阻及漏感,有:

$$U_1 \approx E_1 = 4.44fN_1\Phi_m \tag{3-2}$$

$$U_2 \approx U_{20} = E_2 = 4.44fN_2\Phi_m \tag{3-3}$$

因此:

$$k = \frac{U_1}{U_{20}} \approx \frac{N_1}{N_2} \quad (k>1\text{ 时,降压;}k<1\text{ 时,升压}) \tag{3-4}$$

由于变压器有内阻抗压降,故满载时的电压应比空载时低5%～10%。

2)电流变换(有载状态)

当电源电压和频率不变时,铁芯中主磁通的最大值在变压器空载或有负载时是基本恒定的。因此,有负载时产生主磁通的一次、二次绕组的合成磁动势和空载时产生主磁通的一次绕组的磁动势基本相等,此时,变压器一次、二次绕组的电流之比近似等于它们匝数比的倒数。可见,变压器中的电流虽然由负载的大小确定,但是一次、二次绕组中电流的比值是基本不变的。变压器的额定电流是指按规定工作方式(长时连续工作或短时工作或间歇工作)运行时一次、二次绕组允许通过的最大电流,它们是根据绝缘材料允许的温度确定的。二次绕组的额定电压与额定电流的乘积称为变压器的额定容量,它是负载功率(单位是V·A),与输出功率(单位是W)不同。

在空载或负载下,磁通 Φ_m 基本不变,因此,空载时的磁动势 N_1I_0 和负载状态下铁芯中的合成磁动势($N_1I_1+N_2I_2$)应近似相等,即:

$$N_1\dot{I}_0 = N_1\dot{I}_1 + N_2\dot{I}_2 \tag{3-5}$$

$$\dot{I}_1 = \dot{I}_0 + \left(-\frac{N_2}{N_1}\dot{I}_2\right) = \dot{I}_0 + \dot{I}_2' \tag{3-6}$$

在额定状态下可以将$\dot{I}_0$忽略不计,则有:

$$\dot{I}_1 = \dot{I}_2' = -\frac{N_2}{N_1}\dot{I}_2 \tag{3-7}$$

其有效值表示式为:

$$I_1 \approx \frac{N_2}{N_1}I_2 \approx \frac{1}{k}I_2 \tag{3-8}$$

3)阻抗变换

变压器能起变换电压和变换电流的作用。此外,它还有变换负载阻抗的作用,以实现"匹配"。所谓等效,就是输入电路的电压、电流和功率不变。就是说直接接在电源上的阻抗模和接在变压器二次侧的负载阻抗模是等效的,两者的关系可通过计算得出。因匝数比不同,负载阻抗模折算到(反映到)一次侧的等效阻抗模也不同。可以用不同的匝数,把负载阻抗模变换为所需要的、比较合适的数值,这种做法称为阻抗匹配。计算公式为:

$$|Z_1| = \frac{U_1}{I_1} = \frac{\frac{N_1}{N_2}}{\frac{N_2}{N_1}} \cdot \frac{U_2}{I_2} = \left(\frac{N_1}{N_2}\right)^2 \frac{U_2}{I_2} = K^2 \cdot |Z_2| \tag{3-9}$$

通过阻抗变换,可以使电路达到"匹配"状态,常用在电子电路中。

4)变压器的频率特性

用于传输信号的变压器,由于信号具有一定的频率宽度,通常要求变压器对不同频率分量的信号电压,均匀而且不失真地传输。但实际上由于变压器一次电感和漏感的影响,对不同频率分量传输能力并不一样,使得信号产生失真。一次电感越小,信号的低频分量幅度就越少;漏感越大,高频分量幅度就越小。

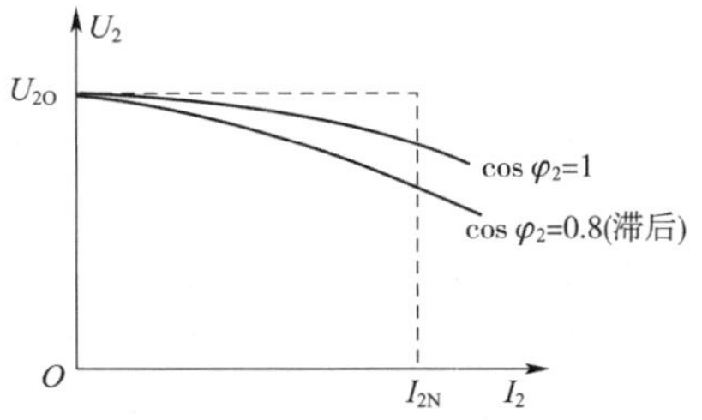

图 3-18　变压器的外特性

二、变压器的外特性

1. 变压器的外特性(图 3-18)

$$U_2 = f(I_2)\mid_{U_1不变} \tag{3-10}$$

2. 电压调整率(电压变化率)

当负载增加时,通常希望电压 U_2 的变动越小越好(电焊变压器除外),故从空载到额定负载,变压器二次电压的变化程度用电压调整率来表示,即:

$$\Delta U = \frac{U_{20} - U_2}{U_{20}} \times 100\% \quad (电压调整率为 5\%) \tag{3-11}$$

三、变压器的额定值、功率、效率

1. 额定电压 U_{1N}、U_{2N}

额定电压是指变压器线电压(有效值),它应与所连接的输变电线路电压相符合。

2. 额定电流 I_{1N}、I_{2N}

额定电流是指用电设备在额定电压下,按照额定功率运行时的电流。也可定义为电气设备在额定环境条件(环境温度、日照、海拔、安装条件等)下可以长期连续工作的电流。用电器正常工作时的电流不应超过它的额定电流。

3. 额定功率 S_N

额定功率是指主分接下视在功率的惯用值。在变压器铭牌上规定的容量就是额定容量,它是指分接开关位于主分接,是额定满载电压、额定电流与相应的相系数的乘积。对三相变压器而言,额定总容量 = 3 × 额定相电压 × 相电流,额定容量一般以 kV · A 或 MV · A 表示。额定容量是在规定的整个正常使用寿命期间,如 30 年,所能连续输出最大容量。而实际输出容量为有负载时的电压(感性负载时,负载时电压小于额定空载电压)、额定电流与相应系数的乘积。

单相:
$$S_N = U_{2N}I_{2N} \approx U_{1N}I_{1N} \tag{3-12}$$

三相:
$$S_N = \sqrt{3}\,U_{2N}I_{2N} \tag{3-13}$$

4. 温升

环境 40℃时变压器绕组通过 I_N 时的最高允许温度。

5. 变压器的损耗与效率

和交流铁芯线圈一样,变压器的功率损耗包括铁芯中的铁损和绕组上的铜损两部分。

铁损的大小与铁芯内磁感应强度的最大值有关,与负载大小无关,铜损与负载大小(正比于电流平方)有关。

提示:变压器的效率为变压器的输出功率与输入功率之比。

(1)输入功率: $$P_1 = U_1 I_1 \tag{3-14}$$

(2)输出功率: $$P_2 = U_2 I_2 \cos\varphi_2 \tag{3-15}$$

(3)输入功率与输出功率之间的关系:

$$P_1 = P_2 + \Delta P_{\mathrm{Cu}} + \Delta P_{\mathrm{Fe}} \tag{3-16}$$

$$\eta = \frac{p_2}{p_1} = \frac{p_2}{p_2 + \Delta p_{\mathrm{Cu}} + \Delta p_{\mathrm{Fe}}} \tag{3-17}$$

其中,铜损 ΔP_{Cu}和铁损 ΔP_{Fe}较小,因此,$P_1 \approx P_2$,效率通常在95%以上。

四、旋转变压器

旋转变压器(简称旋变)是一种输出电压随转子转角变化的信号元件。当励磁绕组以一定频率的交流电压励磁时,输出绕组的电压幅值与转子转角成正、余弦函数关系,这种旋转变压器又称为正余弦旋转变压器;旋转变压器作为速度及位置检测,可以反馈给控制器进行监测,来准确控制电动机的转速及位置。

旋转变压器由旋变线圈、信号盘组成。

旋转变压器用于运动伺服控制系统中,作为角度位置的传感和测量用。永磁交流电动机的位置传感器,原来是以光学编码器居多,但这些年来,却迅速地被旋转变压器代替。可以举几个明显的例子,在家电中,不论是冰箱、空调、还是洗衣机,目前都是向变频变速发展,采用的是正弦波控制的永磁交流电动机。

磁阻式旋转变压器的励磁绕组和输出绕组放在同一套定子槽内,固定不动。但励磁绕组和输出绕组的形式不一样。两相绕组的输出信号,仍然应该是随转角作正弦变化、彼此相差90°电角度的电信号。转子磁极形状做特殊设计,使得气隙磁场近似于正弦形。转子形状的设计也必须满足所要求的极数。可以看出,转子的形状决定了极对数和气隙磁场的形状。

任务实施

一、任务准备

1. 组织方式

(1)场地设施:每小组对应一套变压器实验设施、一张实训工作台。

(2)检测工具:万用表、线束、锂离子蓄电池一块,变压器及互感器电路板。

(3)学生组织:教师指导,按各实例知识讲解及实训进行自评、互评。

(4)检查实训任务:真实、完整、有效。

2. 注意事项

(1)遵守场地安全规定,注意用电安全。

(2)插拔电气元件时一定要断电操作。

(3)正确使用万用表。

(4)在接线、拆线时,严禁用力拉扯线束。

二、操作步骤

(1)连接变压器特性电路,接好实训电路。

(2)用示波器观察变压器输出波形。

任务小结

(1)变压器是根据电磁感应原理制成的一种静止电器。

(2)变压器由铁芯和绕组(线圈)两部分组成。

(3)变压器可以变电压、变电流、变电阻,还用来耦合电路、传递信号,并实现阻抗匹配。

(4)变压器的铭牌标注额定电压、额定电流、变比、额定功率、绝缘等级等值。

(5)旋转变压器(简称旋变)是一种输出电压随转子转角变化的信号元件。

习题

一、判断题

1. 变压器是根据电磁感应原理制成的一种静止电器。它可以把某一电压、电流的交流电能变换成同频率的另一电压、电流的交流电能,具有变换电压和电流的作用。 (　　)

2. 变压器的额定电流是指按规定工作方式(长时连续工作或短时工作或间歇工作)运行时一次、二次绕组允许通过的最小电流。它们是根据绝缘材料允许的温度确定的。 (　　)

3. 绕组是变压器的电路部分,通常用绝缘铜线或铝线绕制而成。与电源相接的绕组称为一次绕组(原绕组),又称一次侧,与负载相接的绕组称为二次绕组(副绕组),又称二次侧。 (　　)

4. 在变压器铭牌上规定的容量就是额定容量,它是指分接开关位于主分接,是额定满载电压、额定电流与相应的相系数的乘积。 (　　)

5. 普通变压器作为速度及位置检测装置,可以反馈给控制器进行监测,来准确控制电动机的转速及位置。 (　　)

二、单选题

1. 下面观点正确的是(　　)。

A. 变压器可以改变交流电的电压

B. 变压器可以改变直流电的电压

C. 变压器可以改变直流电的电压,也可以改变交流电的电压

D. 变压器除了可以改变交流电和直流电的电压,还能改变电流

2. 已知一电流互感器的电流比是 $I_1/I_2=45$,二次电流表量程为5A。若电流表的计数为4.2A时,一次电流是(　　)。

A. 189A　　B. 225A　　C. 21A　　D. 都不正确

3. 降压变压器必须符合(　　)。

A. $I_1 > I_2$　　B. $I_1 < I_2$　　C. $K < 1$　　D. $N_1 < N_2$

4. 变比在变压器的铭牌上注明，它表示一次、二次绕组的额定电压之比。例如:6000V/400V，这表示一次绕组的额定电压(即一次绕组上应加的电压)$U_1 = 6000V$，二次绕组的额定电压 $U_2 = 400V$，$K =$(　　)。

A. 10　　B. 12　　C. 14　　D. 15

5. 已知一变压器的电压比是 $U_1/U_2 = 10$，二次电压为5V。若电压表的读数为2.5V时，一次电压是(　　)。

A. 12.5V　　B. 25V　　C. 50V　　D. 无法确定

三、多选题

1. 变压器的功率损耗包括铁芯中的(　　)和绕组上的(　　)两部分。

A. 机械损耗　　B. 铁损　　C. 铜损　　D. 电气损耗

2. 旋转变压器由(　　)组成。

A. 余弦信号　　B. 旋变线圈　　C. 信号盘　　D. 正弦信号

学习任务4　汽车点火线圈的控制与检测

任务描述

汽车高压点火控制电路的功用是产生火花塞跳火点燃可燃混合气做功，点火控制电路核心部件是点火线圈，其原理是变压器低压转换成高压，点火控制电路有几种不同控制形式。

建议学时:2学时。

知识准备

一、汽车上使用的变压器

汽车上最常见的变压器就是点火线圈，它能将汽车电源系统提供的低压电，变为高达几千伏甚至上万伏的高压电，用于点燃发动机内的汽油混合气。常见的点火线圈有开磁路和闭磁路两种。

开磁路式点火线圈的结构如图3-19所示，点火线圈的上端装有胶木盖，其中央突出部分为高压接线柱，其他的接线柱为低压接线柱。根据低压接线柱的数目不同，点火线圈有二接线柱式和三接线柱式之分。

开磁路式点火线圈的结构

为了减少涡流和磁滞损耗，铁芯由硅钢片叠成，包在硬纸板套内，其上绕有二次绕组，它用直径为0.06～0.10mm的漆包线，绕11000～26000匝(如东风EQ1090型汽车用DQ125型点火线圈，线径是0.08mm的漆包线，绕23200匝)。一次绕组绕在二次绕组的外边，以利于散热。一次绕组用直径为0.5～1.0mm的漆包线，绕230～370匝(DQ125

型点火线圈一次绕组是直径为0.75mm漆包线,绕290匝)。绕组绕好后,在真空中浸以石蜡和松香的混合物,以增强绝缘。绕组和外壳之间,装有导磁用的钢片,用来加强磁通,外壳的底部有瓷杯,以防高压电击穿二次绕组的绝缘向铁芯和外壳放电。为加强绝缘和防止潮气侵入,在外壳内填满沥青或变压器油,前者称为干式点火线圈,后者称为油浸式点火线圈。

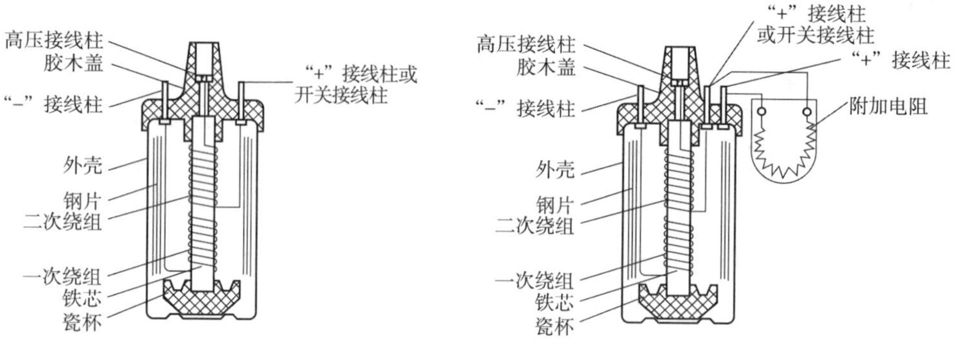

a)二接线柱式　　b)三接线柱式

图3-19　开磁路式点火线圈

开磁路式点火线圈的磁路

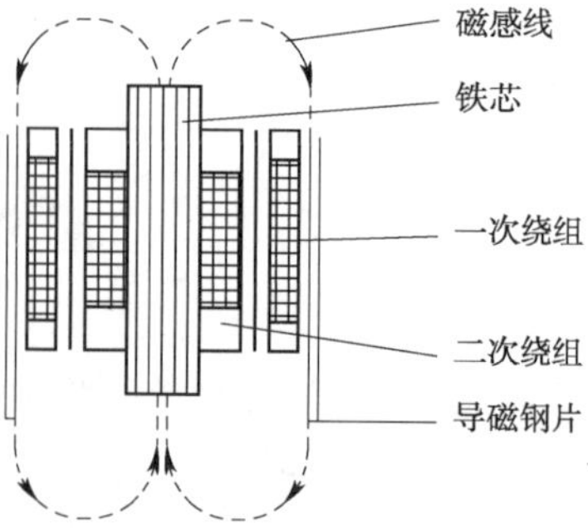

图3-20　开磁路式点火线圈的磁路

当一次电流流过一次绕组时,使铁芯磁化,其磁路如图3-20所示。由于磁路的上、下部分都是从空气中通过的,铁芯未构成闭合磁路,所以称为开磁路式点火线圈。两接线柱式点火线圈的低压接线柱上分别标有"+""-"的标记。三接线柱式点火线圈与两接线柱式的主要区别是外壳上装有一个附加电阻,为固定该电阻,又增加了一个低压接线柱。附加电阻就接在标有"开关""+"的两接线柱上(图3-19)。

附加电阻可由低碳钢丝、镍铬丝或纯镍丝制成。具有受热时电阻迅速增大,而冷却时电阻迅速降低的特性。因此,在发动机工作时,可自动调节一次电流,改善高速时的点火特性。

开磁路式点火线圈工作原理

二、闭磁路式点火线圈

闭磁路式点火线圈的结构如图3-21所示,在"日"字形铁芯内绕有一次绕组,在一次绕组的外面绕有二次绕组,其磁路如图3-22所示。

闭磁路式点火线圈结构

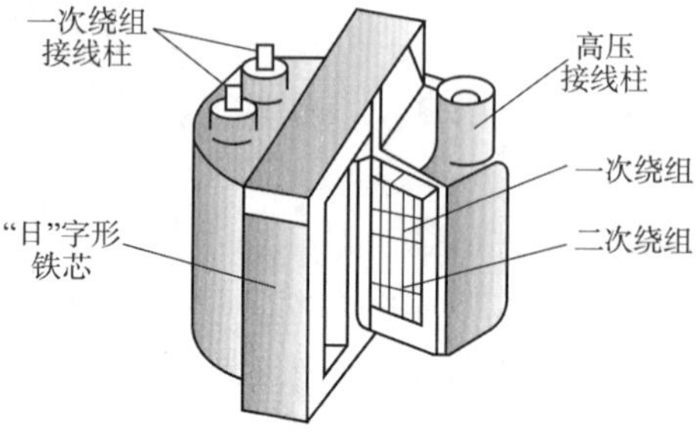

图3-21　闭磁路式点火线圈

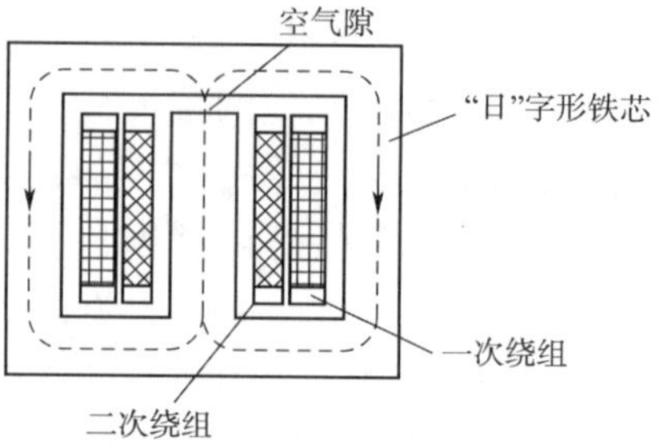

图3-22　闭磁路式点火线圈的磁路

闭磁路式点火线圈的磁路

由图 3-22 可知,磁感线经铁芯构成闭合磁路。闭磁路式点火线圈的优点是漏磁少,磁路的磁阻小,因而能量损失小,能量变换率高,可达 75%(开磁路式点火线圈只有 60%)。并且闭磁路式点火线圈采用热固性树脂作为绝缘填充物,外壳以热熔性塑料注塑成型,其绝缘性、密封性均优于开磁路式点火线圈。

闭磁路式点火线圈体积小,可直接装在分电器盖上,不仅结构紧凑,而且省去了点火线圈与分电器之间的高压导线,并可使二次电容减小,所以在电子点火系统中广泛使用。

闭磁路式点火线圈工作原理

提示:

(1)检查点火线圈的外表,若绝缘盖破裂或外壳破裂,容易受潮而失去点火能力。

(2)用万用表测量点火线圈的一次绕组、二次绕组以及附加电阻的电阻值,应符合点火线圈参数值。

三、点火系统的功用与种类

汽车点火系统的功用是点燃式发动机为了正常工作,按照各缸点火次序,定时地供给火花塞以足够高能量的高压电(15000 ~ 30000V),使火花塞产生足够强的火花,点燃可燃混合气。

点火系统按结构可分为传统点火系统和电子电火系统。传统点火系统包括蓄电池点火系统、磁电机点火系统,目前已经基本淘汰;电子点火系统包括晶体管点火系统、半导体点火系统、无分电器点火系统。

四、点火系统工作原理

我们知道,点火系统需要产生高压电连接至火花塞击穿间隙生成电火花来点燃可燃混合气。那么,高压电是怎样产生的呢?汽车用的电源是低压直流电 12V 或 24V,远远不够击穿间隙所需的高压电,所以点火系统需要一种电压转换元件,把低压低能的直流电压转变成高电压。根据之前所学知识,我们知道变压器具有电压转换功能,所以汽车点火系统都是应用控制变压器一次绕组电流的通断使二次绕组感应出高压电原理来实现点火功能的。在汽车上我们通常把变压器称作点火线圈,是整个点火系统的核心部件。下面简要分析以下几种点火电路的工作原理和特点。

1. 传统点火系统工作原理

传统点火系统工作原理如图 3-23 所示。

1)组成

传统点火系统结构包括电源(蓄电池或发电机)、点火线圈、分电器、火花塞、点火开关及控制电路。

2)电流通路

起动时:蓄电池正极→起动机电源线接柱→起动机短路导电片→点火线圈开关接柱→低压线圈→点火线圈低压接柱→分电器触点→搭铁→蓄电池负极。

起动后:发电机“电枢”→电流表→点火开关→点火线圈“电源”→热变电阻→点火线圈

"开关"→低压线圈→点火线圈低压接柱→分电器触点→搭铁→蓄电池负极。

高压电路:高压线圈→中央高压线→分火头→分缸线火塞中心极→火花塞旁电极→搭铁。

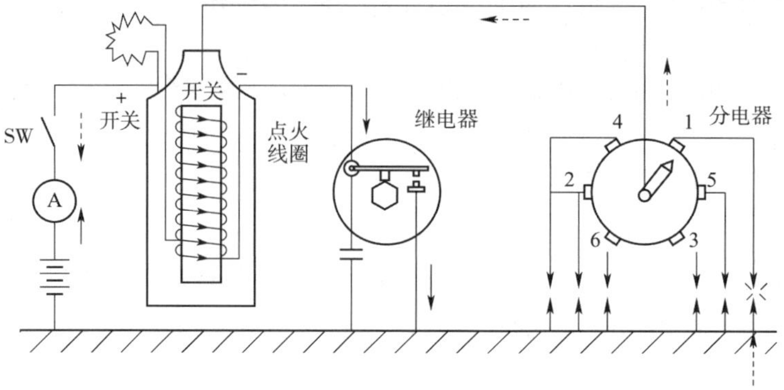

图3-23　传统点火系统工作原理

3)工作原理

汽油机运行时带动断电器凸轮转动,使断电器不断闭合与断开,在触点闭合时,蓄电池提供电流,电流从蓄电池正极经点火线圈的一次绕组、断电器触点,返回到蓄电池负极。电流流经点火线圈的一次绕组时,铁芯中产生一个储能用的强磁场,当断电器触点被顶开时,一次电流迅速衰减以至消失,铁芯中的磁通随之减小,而在二次绕阻中就感应出点火所需的高电压。这一电压由高压线输送到分电器,再由此输送到各个相应的火花塞上,产生电火花。

2. 有触点晶体管点火系统工作原理(图3-24)

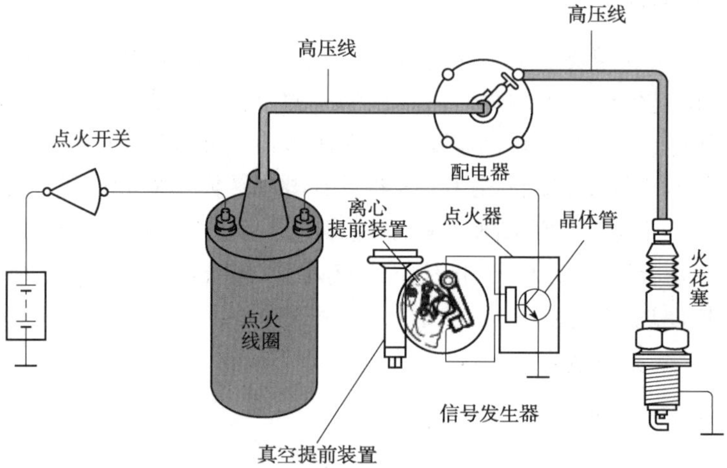

触点式点火过程

图3-24　有触点电子点火系统

与传统点火系统电路相比,有触点晶体管点火系统主要不同是断电器触点到点火线圈的一次侧电路上,由晶体管通断替代了断电器的通电及断电。在辅助触点晶体管式点火系统中,触点闭合时,电流不再直接从闭合触点流到点火线圈的一次绕组中,而是流到晶体管的基极电路上。断电器触点已不再起直接控制一次电流通、断的作用,而是作为晶体管的触发控制器,因此流过断电器触点的电流可以减小到一次电流的20%~10%。

3. 无触点电子点火系统工作原理

无触点电子点火系统如图3-25所示。我们知道,无触点电子点火系统高压电产生的原理也是通过控制点火线圈一次电流的通断,所不同的是一次电流通断的控制除了用晶体管控制外,点火正时信号是传感器或电脑送过来的。相比有触点点火电路,无触点电子点火电路具有以下优点:

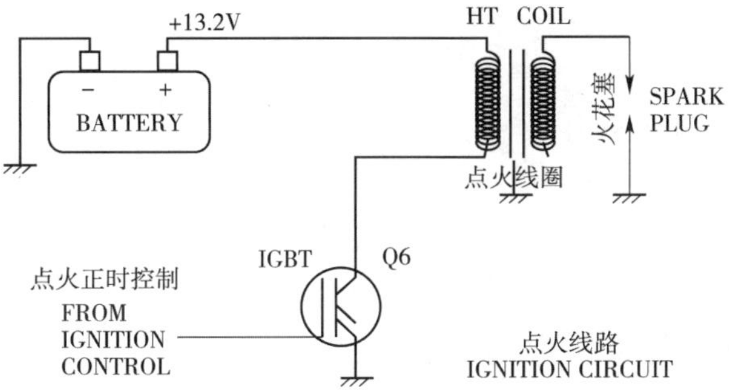

图3-25 无触点电子点火系统

(1)消除了机械触点带来的触点烧蚀,磨损等,免去经常换件、调正点火闭合角、校正点火正时。

(2)电子点火控制器控制点火线圈一次电流的通、断以及放大与处理来自传感器发出的脉冲信号,除了开关作用外,点火控制器可以根据脉冲步骤来感知发动机的转速,提供点火时间随转速的变化。

任务实施

一、任务准备

1. 组织方式

(1)场地设施:每小组对应一套点火线圈实验设施、一张实训工作台。

(2)检测工具:万用表、线束、锂离子蓄电池一块,点火控制模块及示波器电路板。

(3)学生组织:教师指导,按各实例知识讲解及实训进行自评、互评。

(4)检查实训任务:真实、完整、有效。

2. 注意事项

(1)遵守场地安全规定,注意用电安全。

(2)插拔电气元件时一定要断电操作。

(3)正确使用万用表。

(4)在接线、拆线时,严禁用力拉扯线束。

二、操作步骤

根据学习工作页,结合实训指导书,按下列步骤完成实施。

(1)如图 3-26 所示,检测点火型号。

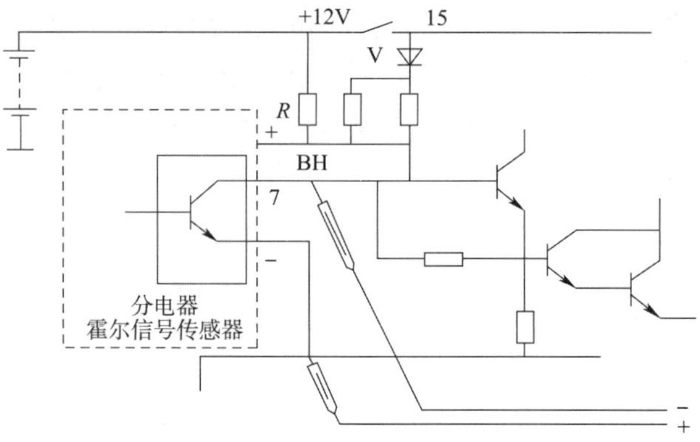

图 3-26　点火型号的检测

(2)观察示波器显示的点火脉冲。

任务小结

(1)汽车上最常见的变压器就是点火线圈,它能将汽车电源系统提供的低压电,变为高达几千伏甚至上万伏的高压电,用于点燃发动机内的汽油混合气。

(2)闭磁路式点火线圈体积小,可直接装在分电器盖上。

(3)点火系统有传统点火系统、有触电晶体管点火系统、无触点电子点火系统等。

(4)连接点火系统电路,观察点火波形。

习题

一、判断题

1. 汽车点火线圈按磁路和结构的不同,可分为开磁路和闭磁路式点火线圈。(　　)

2. 闭磁路式点火线圈的结构中,在“日”字形铁芯内绕有二次绕组,在一次绕组的外面绕有一次绕组。(　　)

3. 汽车点火线圈实际上为升压变压器。(　　)

4. 汽车点火线圈的输入电压一般为 12V。(　　)

5. 目前电传统点火系统仍然在广泛使用。(　　)

二、单选题

1. 汽车上最常见的变压器就是点火线圈,它能将汽车电源系统提供的低压电,变为高达(　　)的高压电,用于点燃发动机内的汽油混合气。

A. 几百伏甚至上千伏　　B. 几千伏甚至上万伏

C. 几万伏甚至上十万伏　　D. 几十伏甚至上百伏

2. 开磁路式点火线圈上端装有胶木盖,其中央突出部分为高压接线柱。其他的接线柱为低压接线柱,根据低压接线柱的数目不同,点火线圈有二接线柱式和(　　)之分。

A. 多柱式　　B. 单柱式

C. 四柱式　　D. 三接线柱式

3. 为了减少涡流和磁滞损耗,点火线圈的铁芯由(　　)叠成。

A. 铁片　　B. 锰钢片　　C. 硅钢片　　D. 硅铁片

4. 闭磁路式点火线圈的优点是漏磁少,磁路的磁阻小,因而能量损失小,能量变换率高,可达(　　)。

A. 100%　　B. 50%　　C. 60%　　D. 75%

5. 汽车点火系统的功用是点燃式发动机为了正常工作,按照各缸点火次序,定时地供给火花塞以足够高能量的高压电(　　),使火花塞产生足够强的火花,点燃可燃混合气。

A. 1500 ~ 30000V　　B. 2500 ~ 30000V

C. 3000 ~ 30000V　　D. 15000 ~ 30000V

三、多选题

1. 为加强绝缘和防止潮气侵入,在变压器外壳内填满(　　)或(　　),前者称为干式点火线圈,后者称为油浸式点火线圈。

A. 绝缘材料　　B. 沥青　　C. 变压器油　　D. 水

2. 汽车点火系统的功用是点燃式发动机为了正常工作,按照各缸点火次序,定时地供给火花塞以足够高能量的高压电,使火花塞产生足够强的火花,点燃可燃混合气,不准确的电压范围有(　　)。

A. 1500 ~ 30000V　　B. 2500 ~ 30000V

C. 3000 ~ 30000V　　D. 15000 ~ 30000V

项目四　直流电动机与三相交流电动机性能检测

任务概述

若要完成对直流电动机与三相交流电动机的故障诊断,首先要掌握直流电动机与三相交流电动机的结构和工作原理,并能够对其零部件进行检测。

知识目标

(1)掌握直流电动机与三相交流电动机的结构与工作原理;
(2)掌握直流电动机与三相交流电动机控制原理并检测其特性。

技能目标

(1)能够正确拆装电动机;
(2)能够分析直流电动机控制原理并检测其特性。

素养目标

(1)规范课堂6S管理,展示中国工匠良好形象;
(2)培养团队协作精神,能够协同配合、系统学习;
(3)养成独立思考问题的习惯;
(4)培养敬业奉献、服务人民的意识;
(5)培养质量强国意识。

学习任务1　直流电动机控制与分析

任务描述

完成对直流电动机的故障诊断,首先要掌握直流电动机的结构和工作原理,并能够对其零部件进行检测。

建议学时:2学时。

知识准备

一、直流电动机的结构

直流电动机是一种将直流电能转换成机械能的装置,直流电动机具有比交流电动机较为优良的调速和起动性能,它的调速范围广,平滑性、经济性好。它的起动转矩较大,这种性能对有些机械的拖动是十分重要的,如大型机床、电力机车、大型起重设备等。另外,在无交流电源而以蓄电池作为电源的机械设备上,也使用直流电动机,用来起动或拖动机械,如汽车、拖拉机、电瓶车等。

直流电动机由定子和转子构成,如图 4-1 所示。

电动机的结构

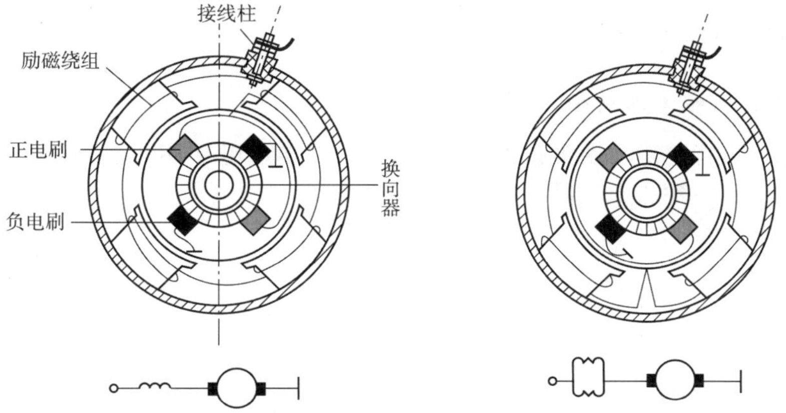

a)四个绕组相互串联　　b)两个绕组串联后再并联

图 4-1　直流电动机定子

1. 定子

定子由主磁极、换向极、机座、端盖和电刷装置等组成,如图 4-2 所示。主磁极由铁芯和励磁绕组组成励磁绕组通入励磁电流产生主磁场,它可以是一对、两对或多对磁极。换向磁极由换向磁极铁芯和绕组组成,位于两主磁极之间,并与电枢串联,通入电枢电流产生附加磁场,以改善电动机的换向条件,减小换向器上的火花。在小功率直流电动机中不装换向磁极。机座由铸钢或钢板制成,用以安装主磁极和换向器等部件,并保护电动机,它既是电动机的外壳又是电动机磁路的一部分,在机座两端各有一个端盖,端盖中心处装有轴承,用来支撑转子和转轴,端盖上还固定有电刷架,用以安装电刷。

2. 转子

直流电动机的转子与其连接部件通称电枢,如图 4-2 所示。它主要由电枢铁芯、电枢绕组、换向器和风扇等部件组成。

电枢铁芯由硅钢片叠压而成,其表面有许多均匀分布的槽,用来嵌入电枢绕组,电枢绕组由许多相同的线圈组成,按一定规律嵌入电枢铁芯的槽内并与换向器的两片相连,通以电流时,在主磁场的作用下产生电磁转矩。

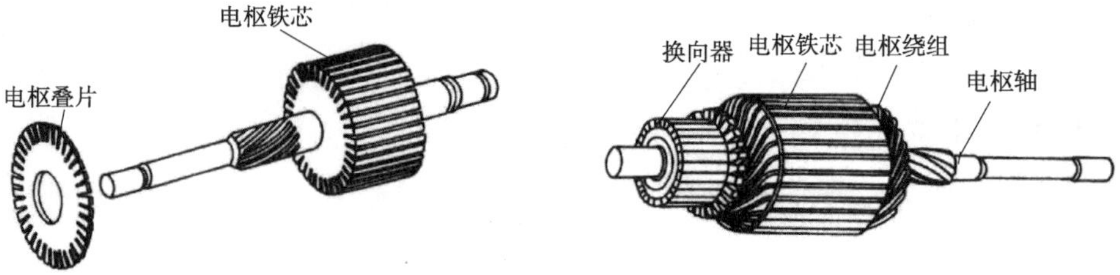

图 4-2　直流电动机转子

换向器是直流电动机的特有装置,它由许多楔形铜片和钢片组成,各片间用云母或其他垫片绝缘,其外表呈圆柱形,装在转轴上,在换向器表面压着电刷,电刷使旋转的电枢绕组与静止的外电路一直相通,以引入直流电。

二、直流电动机的基本工作原理

1. 直流电动机的工作原理

直流电动机是将电能转换为机械能的设备,是根据通电导体在磁场中受电场力作用的原理而制成的。其工作原理如图 4-3 所示。

直流串励式电动机工作原理

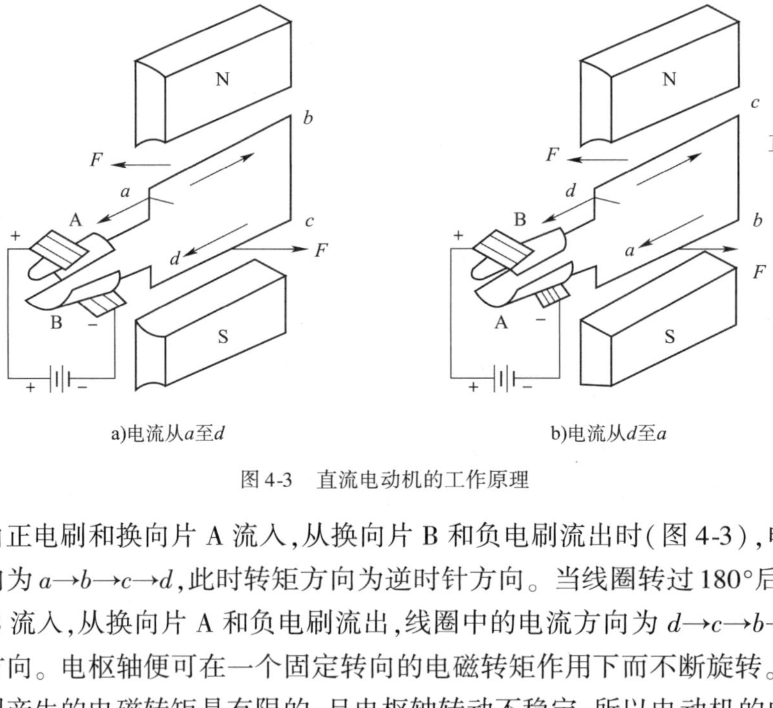

图 4-3　直流电动机的工作原理

当电流由正电刷和换向片 A 流入,从换向片 B 和负电刷流出时(图 4-3),电枢绕组线圈中的电流方向为 $a \to b \to c \to d$,此时转矩方向为逆时针方向。当线圈转过 180°后,电流由正电刷和换向片 B 流入,从换向片 A 和负电刷流出,线圈中的电流方向为 $d \to c \to b \to a$,转矩方向仍为逆时针方向。电枢轴便可在一个固定转向的电磁转矩作用下而不断旋转。

一个线圈产生的电磁转矩是有限的,且电枢轴转动不稳定,所以电动机的电枢绕组是由很多线圈组成的,换向器片的数量也随线圈数量的增加而增多。

电动机的电磁转矩 M 取决于磁通 Φ 和电枢电流 I_a 的乘积,可用式(4-1)表示:

$$M = C_m \Phi I_a \tag{4-1}$$

式中:C_m——电动机结构常数。

2. 直流电动机转矩自动调节过程

当电动机接入直流电源时,载流导体产生电磁转矩使电枢旋转。而电枢旋转时,线圈又会切割磁感线产生感应电动势,其方向可用右手定则来判断。因其电动势的方向恰与电枢线圈电流方向相反,故称反电动势 E_R。其大小与电动机结构常数 C_m,电枢转速 n 及磁极磁通 Φ 成正比,即:

$$E_R = C_m \Phi n \tag{4-2}$$

因为反电动势方向与电源电压方向相反,因而在电动机工作时,其电压平衡方程式为:

$$U = E_R + I_a R_a \tag{4-3}$$

式中:U——电源电压;

R_a——电枢电路的电阻。

由此可得,电枢电流为:

$$I_a = \frac{U - E_R}{R_a} \tag{4-4}$$

可见,当电源电压 U 和电枢电阻 R_a 一定时,电枢电流将随反电动势的变化而做相反的变化,促使电磁转矩也发生变化。比如,当电动机负载增加时,由于轴上的阻力矩增大,电枢转速就会降低,故反电动势将随之减小,使电枢电流随之增大,因此电磁转矩也将随之增大,直至电动机的电磁转矩增加到与阻力矩相等时为止,这时电动机拖动新的负载以较低的转速平稳运转。相反,当电动机负载减小时,由于轴上的阻力矩减小,电枢转速就会升高,反电动势也随之增大,电枢电流减小,电磁转矩也随之减小,直至电动机的电磁转矩减小到与阻力矩相等时为止,这时电动机拖动新的负载在较高的转速下平稳运转。

由上述分析可知:当电动机拖动的负载发生变化时,其电枢转速、电枢电流、电磁转矩均会自动地做相应的变化,以满足不同负载的需要。因为电枢转速、电磁转矩的变化程度取决于不同类型的电动机,可以为正确选用适合不同负载的电动机提供依据。

任务实施

一、任务准备

1. 组织方式

(1)每小组对应一套直流电动机电子积木板设施、一张实训工作台。

(2)检测工具:万用表、线束、锂离子蓄电池一块、负载积木板。

(3)学生组织:教师指导,按各实例知识讲解及实训进行自评、互评。

(4)检查实训任务:真实、完整、有效。

2. 直流电动机控制电路相关知识

现在轿车的车窗基本上都采用了电动车窗。电动车窗升降系统的电动机,广泛采用的是永磁电动机。永磁电动机是通过改变电枢电流的方向来改变电动机的旋转方向使车窗玻璃上升或下降,电动机本身不搭铁,而是通过控制开关搭铁。图 4-4 所示为美国福特公司采用的永磁式电动机的电动升降门窗电路图。

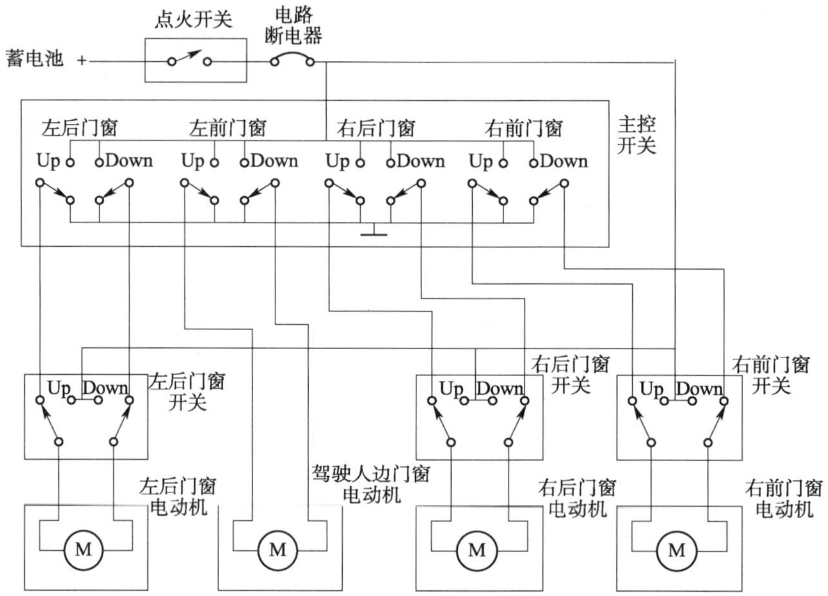

图 4-4　福特公司永磁式电动机的电动升降门窗电路

现以左后门窗为例说明其工作原理。

当主控开关中的左后门窗开关拨到 Up 时,电流方向为:蓄电池正极→点火开关→电路断电器→主控开关中左后门窗 Up 触点→左后门窗分控开关 Up 触点→电动机→左后门窗分控开关 Down 触点→主控开关中左后门窗 Down 触点→搭铁。电动机旋转,带动左后门窗玻璃上升。

当主控开关中的左后门窗开关拨到 Down 时,电流方向为:蓄电池正极→点火开关→电路断电器→主控开关中左后门窗 Down 触点→左后门窗分控开关 Down 触点→电动机→左后门窗分控开关 Up 触点→主控开关中左后门窗 Up 触点→搭铁。电动机旋转,带动左后门窗玻璃下降。

上述过程中,流过电动机电枢的电流方向相反,所以电动机旋转方向相反,带动玻璃上升或下降。

与此类似的双向永磁电动机也被利用到电动后视镜、电动座椅、电动天窗等系统的触动电路中,在开关控制下,带动部件实现两个方向的运动。

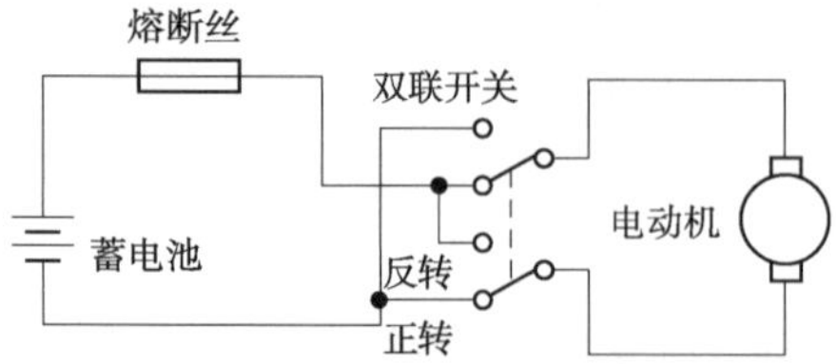

图 4-5　直流电动机的正反转控制电路

二、操作步骤

根据学习工作页,结合实训指导书,按下列步骤完成实施。

(1)如图 4-5 所示,接好实训电路。

(2)观察电动机转动的情况。

任务小结

(1)直流电动机是一种将直流电能转换成机械能的装置,用来起动或拖动机械,如汽车、拖拉机、电瓶车等。

(2)直流电动机由定子、转子、电刷架、换向器组成。

(3)直流电动机利用载流导体在磁场中受力作用将电能转换成机械能。

(4)以车窗玻璃升降器为例,分析直流电动机控制电路。

拓展阅读

中国新能源汽车产量连续八年居世界首位

2023 年,我国新能源汽车销量达 829.2 万辆,同比增长 33.5%;新能源汽车出口 120.3 万辆,同比增长 77.6%,连续 8 年居世界首位。在产业方面,新能源汽车电动化水平快速提升,智能化技术加速落地应用。动力蓄电池正向无模组、集成化方向演进,市场领先优势继续扩大。电驱电控系统高压平台化发展趋势日益显著,国产化零部件渗透率持续提升,但供应链稳健性仍有待提升。截至 2023 年底,我国充电基础设施总量达到 859.6 万台,同比增长 65%。新增公共充电桩 92.9 万台,同比增加 42.7%。我国新能源汽车实现跨越式发展,服务能力显著提升。

习题

一、判断题

1. 直流电动机定子和转子之间的间隙叫作空气隙。 ( )
2. 直流电动机定子的作用是产生磁场和作为电动机的机械支撑。 ( )
3. 直流电动机主磁极的作用是产生主磁通。 ( )
4. 直流电动机的换向器主要用于改变直流电动机电枢的转动方向。 ( )
5. 直流电动机风扇可有可无。 ( )

二、单选题

1. 直流电动机起动电流很大的原因是( )。

A. 电枢内阻很小　　B. 起动时反电动势为零

C. 励磁磁场很大　　D. 以上都不对

2. 直流电动机换向磁极的作用是( )。

A. 减少电换向火花　　B. 改变主磁极极性

C. 改变电动机转向　　D. 以上都不对

3. 直流电动机的由固定不动的定子和( )两部分组成。

A. 旋转的转子　　B. 固定的转子

C. 铁芯　　D. 磁极

4. 定子的作用是作为电动机机械支撑和产生( )。

A. 电场　　B. 磁场　　C. 电流　　D. 电阻

5. 直流电动机的主磁极的作用是产生(　　)。

A. 电动势　　B. 阻抗

C. 主磁通　　D. 感抗

三、多选题

1. 直流电动机换向磁极的作用是(　　)。

A. 产生附加磁场　　B. 改善电动机的换向

C. 减少电刷与换向器之间的火花　　D. 保护换向器

2. 直流电动机的转子又称为电枢,主要是由(　　)等组成。

A. 电枢铁芯　　B. 绕组

C. 换向器　　D. 电阻器

学习任务2　直流电动机性能检测

任务描述

能够描述直流电动机的类型与工作特性;正确拆装直流电动机,并能检测直流电动机的工作性能。

建议学时:2 学时。

知识准备

一、直流电动机的类型与特性

1. 直流电动机的分类

直流电动机的主磁场由励磁绕组中的励磁电流产生,按照不同的励磁方式,直流电动机可分为他励电动机、并励电动机、串励电动机和复励电动机,如图 4-6 所示。

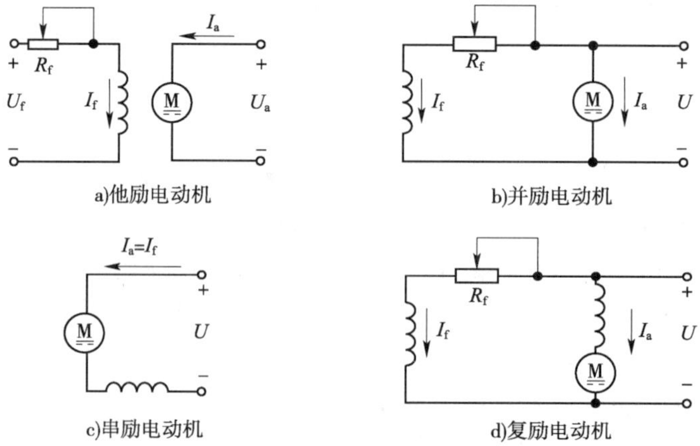

图 4-6　直流电动机的励磁电路

2. 直流电动机的工作特性

并励电动机由励磁绕组和电枢绕组并联组成，由一个直流电源供电。并励电动机的特性如图 4-7 所示，即完全由电励磁、转矩高、转速稳定。

串励电动机在起动时需要消耗较大的电流，该电流同时作用于励磁电路和电枢电路，因此，起动时转矩明显变大。通过减轻负荷即减小转矩，转速会再次升高，且电流会减小。这时励磁磁场会减弱，而转速继续升高。车辆上的起动机使用的就是串励电动机，因为起动机需要很高的起动转矩，并且转速能灵活匹配。串励电动机显示相应的特性曲线。根据所需的转矩，电动机会自动调节转速。串励电动机不允许空载运行，因为空载状态下转速会无限制地升高，这会导致电动机损坏。转速低时，电流需求高，转矩大；转速高时，电流需求低，转矩小；起动转矩高时，转速易于控制。特性曲线如图 4-8 所示。

直流电动机的工作特性

复励电动机特性介于并励和串励电动机之间，如图 4-9 所示。

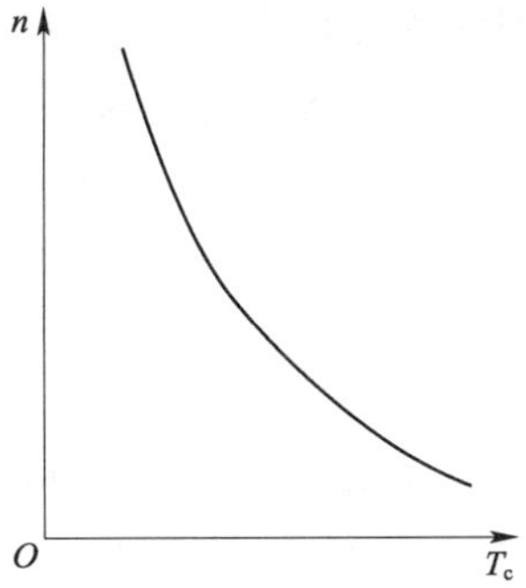

图 4-7　并励电动机的特性

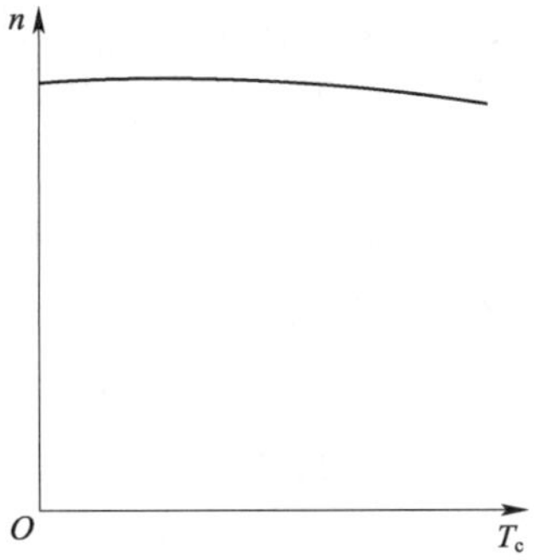

图 4-8　串励电动机的特性

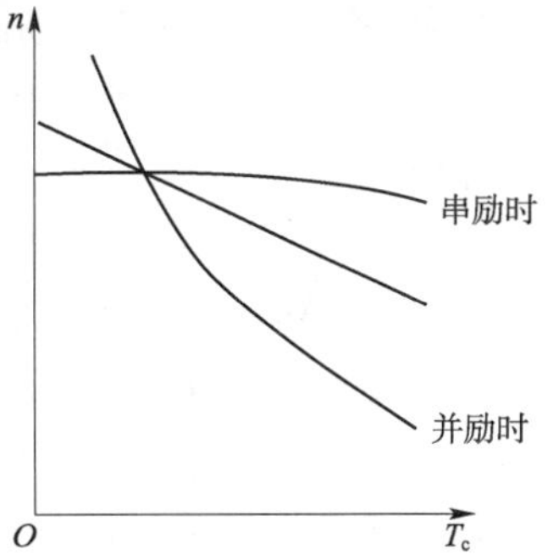

图 4-9　复励电动机的特性

二、直流电动机在电动汽车上的应用

直流电动机体积和质量大，存在换向火花、电刷磨损以及电动机本身结构复杂等问题，随着交流变频调速技术的发展，交流调速电动机在电动汽车上的应用发展迅速。但是，直流电动机控制方法和结构简单，起动和加速转矩大，电磁转矩控制特性良好，调速比较方便，不需要检测磁极位置，技术成熟，成本低，现在仍在很多场合使用，如城市中的无轨电车和电动叉车多采用直流驱动系统，很多电动观光车和电动巡逻车也使用直流电动机。

任务实施

一、任务准备

1. 组织方式

(1) 场地设施：每小组对应一台起动机的直流电动机。

(2) 检测工具：万用表、游标卡尺、弹簧秤。

(3) 学生组织：教师指导，按各实例知识讲解及实训进行自评、互评。

(4) 检查实训任务：真实、完整、有效。

2. 直流电动机性能检测相关知识

以汽车起动机的直流电动机为例,说明直流电动机的检测方法。

1)起动机正确使用

(1)起动机每次起动时间不超过5s,再次起动时应停止2min,使蓄电池得以恢复。如果连续第三次起动,应在检查与排除故障的基础上停歇15min以后。

(2)在冬季或低温情况下起动时,应采取保暖措施。

(3)发动机起动后,必须立即切断起动机控制电路,使起动机停止工作。

2)起动机的检查

起动机外部应经常保持清洁,各连接导线,特别是与蓄电池相连接的导线,都应保持连接牢固可靠。汽车每行驶3000km时,应检查与清洁换向器,擦去换向器表面的炭粉和脏污,汽车每行驶5000~6000km时,应检查测试电刷的磨损程度以及电刷弹簧的压力,均应在规定范围之内。

(1)励磁绕组的检修。励磁绕组的常见故障有插头脱焊、绕组短路、断路或搭铁等。插头松脱故障解体后可直接看到,绕组搭铁与否可用万用表的欧姆挡测量绕组端子与外壳之间的电阻。

(2)电枢绕组的检修。电枢绕组的常见故障有匝间短路、断路或搭铁等。可用万用表检查电枢绕组是否搭铁,电枢绕组是否短路则可用感应仪检测。

注意:换向器和电枢线圈铁芯之间不应导通,换向片之间应导通。

(3)换向器的检修。换向器故障多为表面烧蚀、云母片突出等。轻微烧蚀用00号砂纸打磨即可,严重烧蚀或失圆(径向圆跳动大于0.05mm时)应精加工,但加工后换向器铜片厚度不得少于2mm。云母片如果高于钢片,也应车削修整,但云母片是否割低要视具体的起动机而言。一般进口汽车用起动机云母片低于钢片,检修时,若换向器铜片间槽的深度小于0.2mm,则需用锯片将云母片割低至规定的深度。

注意:换向片应洁净、无异物,绝缘片的深度应为0.5~0.8mm,太大应使用锉刀进行修整。

(4)电刷与电刷架的检修。检查电刷的高度,一般不应低于标准的2/3,电刷的接触面积不应少于75%,并且要求电刷在电刷架内无卡滞现象,否则,需进行修磨或更换。用万用表的欧姆挡或试灯法可检查绝缘电刷架的绝缘性。最后用弹簧秤测电刷弹簧的弹力,若不符合要求应予以更换或修理。

二、操作步骤

根据学习工作页,结合实训指导书,按下列步骤完成实施。

(1)对直流电动机的励磁线圈进行检测。

(2)对直流电动机的电枢进行检测。

(3)对直流电动机的换向器、电刷及电刷架进行检测。

任务小结

(1)直流电动机的主磁场由励磁绕组中的励磁电流产生,按照不同的励磁方式,直流电动机可分为他励电动机、并励电动机、串励电动机和复励电动机。

(2)串励电动机起动转矩大,起动时需要消耗较大的电流。

(3)并励电动机起动电流需求低,转矩小;起动转矩高时,转速易于控制。

(4)复励电动机特性介于并励电动机和串励电动机之间。

(5)直流电动机控制方法和结构简单,起动和加速转矩大,电磁转矩控制特性良好,调速比较方便,不需要检测磁极位置,技术成熟,成本低,常用于汽车控制中。

习题

一、判断题

1. 汽车上采用直流并励起动机带动发动机起动。 ( )
2. 直流电动机在更换时,原则上应采用同型号的。 ( )
3. 他励电动机和并励电动机通常采用改变电枢电流的方向使其反转。 ( )
4. 换向磁极绕组极性接反,电动机运行时会出现反转现象。 ( )
5. 直流电动机不允许断开励磁绕组电路。 ( )

二、单选题

1. 起动机每次起动时间不超过( )。

A. 15s　B. 5s　C. 1min　D. 2min

2. 他励电动机的励磁绕组与电枢绕组由( )的直流电源供电,两者互不相连接。

A. 相同　B. 不同　C. 无特殊要求　D. 以上都不对

3. 电刷的高度一般不应低于标准的( ),电刷的接触面积不应少于75%。

A. 1/3　B. 5mm　C. 2/3　D. 10mm

4. 直流电动机的调压调速是( )调速。

A. 恒转矩　B. 恒功率　C. 恒电压　D. 以上都不对

5. 以下描述正确的是( )。

A. 换向磁极绕组极性接反,电动机运行时会出现反转现象

B. 直流电动机在使用过程中不易让操作者触电

C. 交流电动机和直流电动机因为有换向器,故均可实现反转

D. 以上都不对

三、多选题

1. 关于直流电动机反转正确的是( )。

A. 保持励磁绕组电流方向不变,把电枢组反接,电枢电流方向改变,可实现反转

B. 他励和并励电动机通常采用改变电枢电流的方向实现反转

C. 同时改变励磁绕组和电枢电流的方向实现反转

D. 直流电动机不能实现反转

2. 直流电动机的主磁场由励磁绕组中的励磁电流产生,按照不同的励磁方式,直流电动机可分为( )。

A. 他励电动机　B. 并励电动机　C. 串励电动机　D. 复励电动机

学习任务3　三相交流无刷永磁同步电动机控制与检测

任务描述

若要完成对三相交流无刷永磁同步电动机的故障诊断,首先要掌握电动机的结构和工作原理,并能够对其零部件进行检测。

建议学时:2 学时。

知识准备

一、永磁同步电动机的分类

永磁同步电动机是当前电动汽车驱动电动机的研究热点。永磁同步电动机可分为交流永磁同步电动机(PMSM)、直流无刷永磁电动机(BLDCM)和新型永磁电动机(混合式永磁电动机 HSM、续流增磁永磁电动机)三类,其中前两类应用较为广泛。

交流永磁同步电动机是反电动势波形和供电电流波形都是正弦波的交流永磁电动机,又称为正弦波永磁同步电动机,采用定子磁场定向矢量控制及转子连续位置反馈信号来控制调速或换向。

永磁同步电动机的分类

直流无刷永磁电动机是在传统直流电动机基础上发展起来的,其电磁结构和传统直流电动机一样,是反电动势波形和供电电流波形都是矩形波的直流永磁电动机,又称为矩形波永磁同步电动机。由于直流无刷永磁电动机其原理上存在的固有缺陷,如运转时存在转矩脉动较大、铁芯附加损耗大等,限制了它在高精度、高性能要求的驱动场合的应用,尤其是在低速直接驱动场合,故只适合用于一般的精度及较低性能要求的场合。但是直流无刷永磁电动机结构简单、质量轻、维护方便、无转子损耗、易实现高速和快速制动、高效率、动态响应性能好、控制简单、机械特性较硬、具有和传统直流电动机一样好的转矩-转速特性、能实现大范围调速和定位控制、成本低,对于运行在恶劣环境下的电动汽车特别适用,因此,其在电动汽车中的应用有日益增加的趋势。

永磁同步电动机根据转子对定子的相对位置不同,可分为外转子式、内转子式和盘式三种。

1. 外转子式

外转子式永磁同步电动机即将内定子固定在电动机的轴心,外转子处在内定子外圆处,围绕电动机的轴心做旋转运动。

2. 内转子式

内转子式永磁同步电动机即将定子固定在电动机的轴心,内转子在定子内腔内,围绕电动机的轴心做旋转转运动。

3. 盘式

盘式永磁同步电动机即定子、转子均为圆盘形，在电动机中对等放置，气隙是平面型的，气隙磁场是轴向的，故又称为轴向磁场电动机。其结构简单紧凑，轴向尺寸短，有较高的功率和质量比。

以上三种结构的电动机各有特点，但相比之下，现在电动汽车上采用较多的是内转子式电动机。

二、永磁同步电动机的特点

永磁同步电动机应用到电动汽车上，具有以下几个独特的优点：

(1)由于转子无须励磁，电动机可在很低的转速下保持同步运行，调速的范围宽。

(2)功率高、功率密度大：采用了高磁能稀土材料，因此，可以大大提高气隙磁通密度和能力转换的效率。另外，采用稀土永磁材料后，电动机的体积可以大大缩小，质量可以相应缩小，从而有效地提高功率效率。

(3)瞬态特性好：由于采用了高性能的永磁材料，体积得以减小，从而有较低的转动惯量、更快的相应速度。

(4)具有良好的机械特性：对于由于负载变化而引起的电动机转矩扰动，永磁同步电动机具有较强的承受能力。

(5)结构多样化：转子可以有多种结构，可以内置或外置；不同结构有不同性能特点和适用环境，因而其应用范围广。

总体上讲，永磁同步电动机具有结构简单、体积小、质量轻、损耗少、效率高、可靠性高和便于维护等优点，但与交流异步电动机相比，它有成本高、起动困难等缺点。

三、永磁同步电动机的结构

下面以交流永磁同步内转子式电动机为例，介绍永磁同步电动机的结构。

永磁同步电动机的基本结构与异步电动机类似，都包括定子部分和转子部分。永磁同步电动机的定子是由铁芯和三相绕组构成与交流异步电动机类似。但转子为永久磁铁，永磁同步电动机的转子结构有凸出式、表面插入式和内置式等多种。

对于三相定子绕组的电动机来说，电动机绕组的缠绕的要求是：使三相绕组产生频率相同、幅值相等、相位互差120°电角度的三相对称电动势。为此在绕制三相绕组时，应合理确定绕组的安放位置。

四、永磁同步电动机的工作原理

永磁同步电动机的工作原理

在电动机内建立进行机电能量转换所必需的气隙磁场有两种方法：一种是在电动机绕组内通电流产生磁场，这种方法既需要有专门的绕组和相应的装置，又需要不断供给能量以维持电流流动，如普通的直流电动机和同步电动机；另一种是由永磁体来产生磁场，这种方法即可简化电动机结构，又可节约能量，由永磁体产生磁场的电动机就是永磁电机。

1. 永磁同步电动机的工作原理

永磁同步电动机是利用永磁体建立励磁磁场的同步电动机,其定子产生旋转磁场,转子用永磁材料制成。与交流异步电动机一样,当电动机定子三相绕组中接入三相对称交流电时,会产生一个旋转磁场。根据磁极异性相吸、同性相斥的原理,不论定子旋转磁极与永磁磁极起始相对位置如何,定子的旋转磁极总会由于磁力拖着转子同步旋转,故称为永磁同步电动机,工作原理如图 4-10、图 4-11 所示。

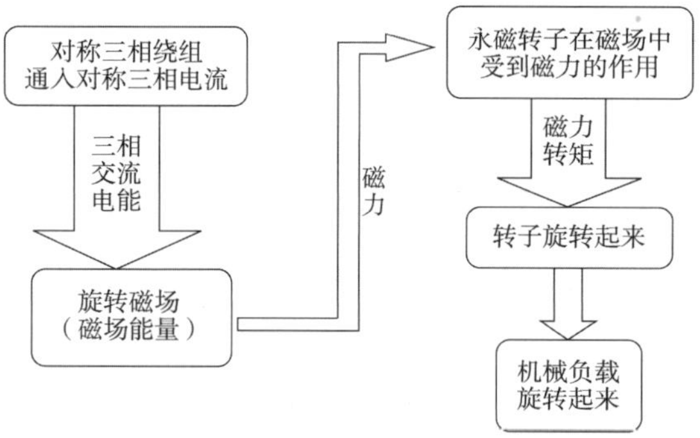

图 4-10　永磁同步电动机的工作原理 1

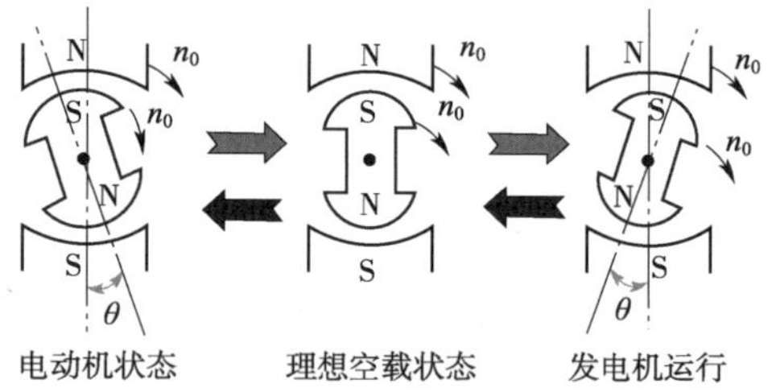

图 4-11　永磁同步电动机的工作原理 2

同步电动机转速可表示为:

$$n = n_0 = 60f_1/p \tag{4-5}$$

当负载转矩超出一定限度时,转子转速就会降低甚至下降到零,导致转子不能再以同步转速运行,这就是同步电动机的“失步”现象。该最大转矩限值称为最大同步转矩,因此,要保证电动机正常工作,就要使得电动机的负载转矩不能大于最大同步转矩。

2. 永磁同步电动机的控制

(1)直接转矩控制。三相永磁同步电动机直接转矩控制主要包括转速调节器、滞环比较器、空间电压矢量开关表、三相电压逆变器、永磁同步电动机以及坐标转换、磁链估计、转矩估计、域判断环节等部分。永磁同步电动机直接转矩控制系统的结构如图 4-12 所示。

永磁同步电动机的控制原理

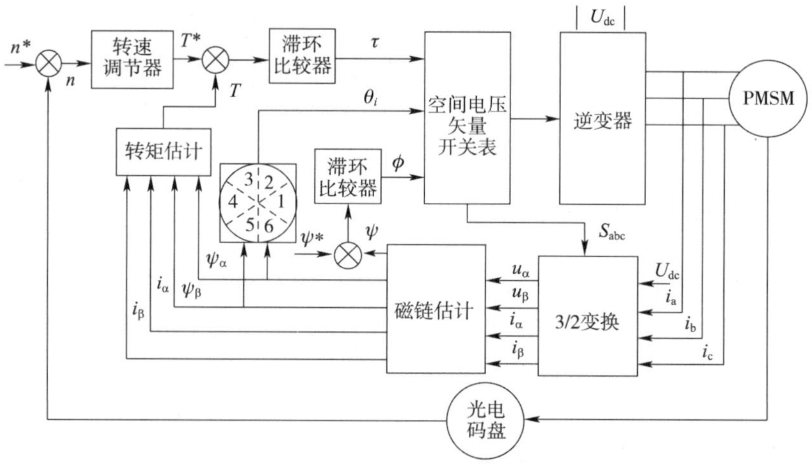

图 4-12　永磁同步电动机直接转矩控制系统

(2)永磁同步电动机直接转矩控制的过程。系统把三相永磁同步电动机实际转速与给定转速做比较,将两者之间的误差作为比例积分环节的输出量;另外,系统把测得的定子的三相电流和相间电压送入坐标转换环节,进行坐标转换,再把坐标转换环节的输出值送入磁链估计做比较,将误差输入滞环比较器中。然后,把比例积分环节输出的给定转矩和转矩估计环节输出的实际转矩做比较,把它们的误差输入滞环比较器中。将两个滞环比较器的输出值和区域判断作为空间电压矢量开关表的输入量,得到一组控制脉冲,去控制三相电压逆变器的通断,从而控制三相永磁同步电动机。然后再一次检测电动机的转速、电流和电压,重复上述步骤,不断循环。

(3)矢量控制。矢量控制一般是通过检测或估计电动机转子磁通的位置及幅值来控制定子电流和电压,这样电动机的转矩便只和磁通、电流有关,与直流电动机的控制方法相似,可以得到很高的控制性能。永磁同步电动机矢量控制与异步电动机矢量控制有所不同。对于永磁同步电动机,转子磁通位置与转子机械位置相同,其转子转速等于旋转磁场转速,转速差等于零,没有转差功率,控制效果受转子参数影响小。这样通过检测转子实际位置就可以得知电动机转子磁通位置,从而使永磁同步电动机的矢量控制比异步电动机的矢量控制大大简化。矢量控制是当前高性能交流调速系统一种典型的控制方案。图 4-13 所示为永磁同步电动机矢量控制原理示意图。

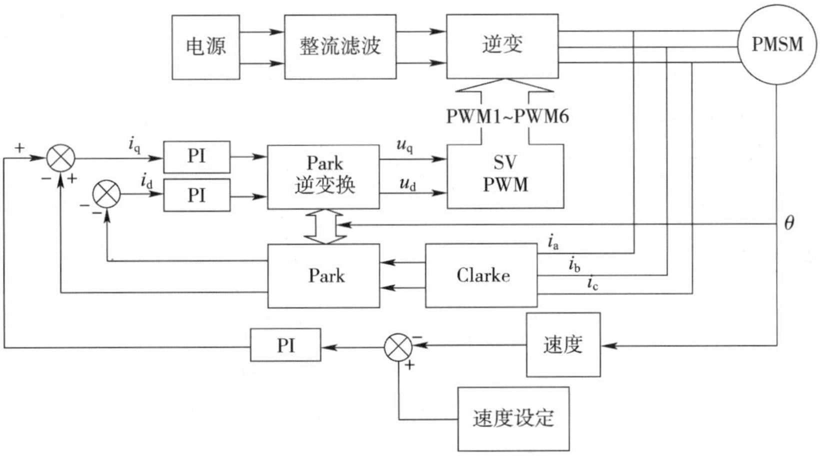

图 4-13　永磁同步电动机矢量控制原理示意图

3. 永磁同步电动机应用举例

北汽新能源 EV160 电动汽车采用了永磁同步电动机,具有调速范围宽、传动效率高、噪声小、维护费用低等优点。能量转换效率高达 90%,远高于传统发动机 25% ~30% 的转换效率,该电动机额定功率为 20kW,峰值功率为 45kW,峰值转矩高达 180N·m(相当于 2.0L 汽油发动机),故在加速、爬坡等性能上远优于一般同级别电动汽车。

五、永磁同步电动机在电动汽车上的应用

永磁同步电机的应用

与传统的电励磁电动机相比,永磁同步电动机特别是稀土永磁同步电动

机具有电动机的形状和尺寸可以灵活多变等显著优点。在电动汽车电动机驱动系统中具有很高的应用价值。现在很多电动汽车均使用永磁同步电动机,如日系车中的丰田2010普锐斯、本田Insight和日产LTI-MA。在欧洲各国也大多采用永磁同步电动机,如大众奥迪A8 Hybrid、宝马ActiveHybrid。我国现阶段推广应用的主要车型比亚迪E6、北汽C30等也普遍采用永磁同步电动机。

我国永磁材料资源储备丰富,永磁同步电动机制造成本也将进一步降低,相对其他种类的电动机,其优势必将更加显著。

任务实施

一、任务准备

1. 组织方式

(1)场地设施:工作台、电动机原理模拟实训套装。

(2)实训工具:定子、转子、漆包线、绕线、永久磁铁等。

(3)学生组织:教师指导,按各实例知识讲解及实训进行自评、互评。

(4)检查实训任务:真实、完整、有效。

2. 注意事项

(1)实训开始前应摘掉饰品,换上实训服,长头发应挽起固定于脑后。

(2)实训过程中按照规范进行,禁止蛮力拆卸。

(3)实训过程严格按照教师指引进行,避免发生意外事故。

(4)工具使用后,应清洁并归还原处。

二、操作步骤

根据学习工作页,结合实训指导书,按下列步骤完成实施。

(1)永磁同步电动机的定子、转子、电动机控制器的组装。

(2)对永磁同步电动机的定子、转子、电动机控制器进行调试。

任务小结

(1)永磁同步电动机可分为交流永磁同步电动机(PMSM)、直流无刷永磁电动机(BLDCM)和新型永磁电动机(混合式永磁电动机HSM、续流增磁永磁电动机)三类。

(2)永磁同步电动机具有结构简单、体积小、质量轻、损耗少、效率高、可靠性高和便于维护等优点,但与交流异步电动机相比,它有成本高、起动困难等缺点。

(3)永磁同步电动机的基本机构与异步电动机类似,都包括定子部分和转子部分。

(4)永磁同步电动机特别是稀土永磁同步电动机具有电动机的形状和尺寸可以灵活多变等显著优点,应用于新能源汽车中作为驱动电动机。

拓展阅读

稀土资源——中国稀土

作为制造永磁电动机的必备材料——稀土，其实并不稀少，只是分布很不均匀，可供开采的富集的稀土矿与其他大部分矿种相比较少。根据美国地质调查局的数据，全球稀土储量为 1.2 亿 t，其中中国以储量 4400 万 t 居全球第一，占比 36.67%，这为我国电动汽车的发展做好了保障。

习题

一、判断题

1. 外转子式永磁同步电动机将定子固定在电动机的轴心，内转子在定子内腔内，围绕电动机的轴心做旋转转运动。 (　　)

2. 永磁同步电动机的基本机构包括定子部分和三相绕组部分。 (　　)

3. 永磁同步电动机的定子是由铁芯和三相绕组构成，与交流异步电动机类似。 (　　)

4. 永磁同步电动机内建立磁场有两种方法：一种是在电动机绕组内通电流产生磁场，另一种是由永磁体来产生磁场。 (　　)

5. 永磁同步电动机的定子是由转子和三相绕组构成。 (　　)

二、单选题

1. 永磁同步电动机的(　　)是永磁的。

A. 定子　　B. 转子　　C. 定子、转子　　D. 以上都不对

2. 要保证永磁同步电动机正常工作，就要使得电动机的负载转矩不能(　　)最大同步转矩。

A. 小于　　B. 大于　　C. 等于　　D. 以上都不对

3. 现在电动汽车上采用较多的是(　　)电动机。

A. 内转子式　　B. 外转子式　　C. 盘式　　D. 以上都不对

4. 永磁同步电动机是利用(　　)建立励磁磁场的同步电动机。

A. 永磁体　　B. 定子　　C. 转子　　D. 绕组

5. 永磁同步电动机是利用其定子产生(　　)。

A. 电动势　　B. 励磁磁场　　C. 旋转磁场　　D. 以上都不对

三、多选题

1. 永磁同步电动机的特点是(　　)。

A. 功率高、功率密度大　　B. 瞬态特性好

C. 具有良好的机械特性　　D. 结构多样化

2. 永磁同步电动机可分为(　　)。

A. 直流无刷永磁电动机　　B. 交流永磁同步电动机

C. 续流增磁永磁电动机　　D. 混合式永磁电动机

学习任务4　三相异步电动机控制与检测

任务描述

若要完成对三相异步电动机的故障诊断,首先要掌握电动机的结构和工作原理,并能够对其零部件进行检测。

建议学时:2 学时。

知识准备

一、三相异步电动机结构

三相异步电动机的结构

交流异步电动机主要由定子和转子组成。

1. 定子

定子由外壳、定子铁芯和定子绕组组成,如图 4-14 所示。

(1)定子铁芯:一般由厚度为 0.35 ~ 0.5mm 的硅钢片叠压而成。硅钢片的内圆冲有均匀分布的槽,可以安放定子绕组。

(2)定子绕组:由 3 个在空间互隔 120°对称排列、结构完全相同的绕组连接而成。定子铁芯的槽内嵌放着定子绕组,即三相交流绕组,接入三相交流电源就可产生旋转磁场。

2. 转子

三相交流异步电动机按照转子绕组形式的不同,可分为笼型异步电动机和绕线型异步电动机。笼型异步电动机的转子如图 4-15 所示,转子铁芯的槽里嵌放的是裸铜条,有的采用铸铝转子,这种转子是用熔化的铝液浇铸在转子铁芯上,导条和端环是一次浇铸出来的。

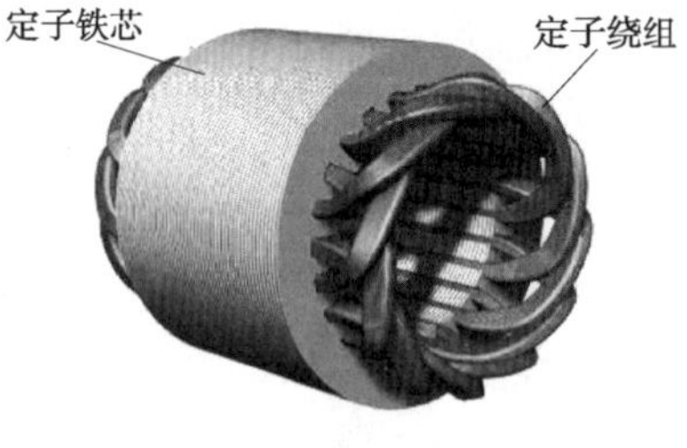

图 4-14　异步电动机定子总成

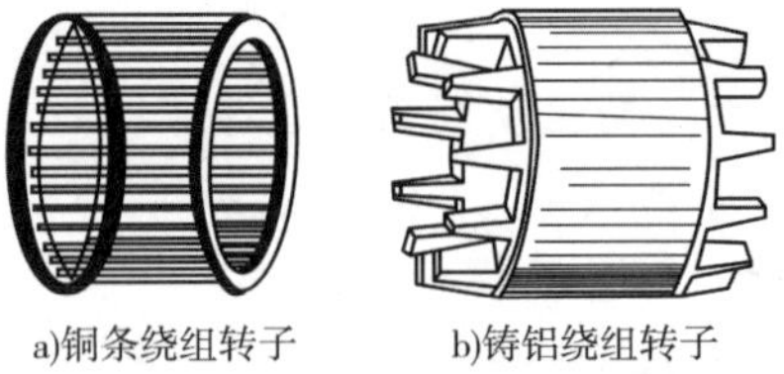

a)铜条绕组转子　b)铸铝绕组转子

图 4-15　异步电动机笼型转子

绕线型异步电动机由转子绕组和转子铁芯组成,转子铁芯用硅钢片叠压而成,嵌套在转轴上,作用和定子铁芯相同,即铁芯本身用作导磁,外圆上均匀布置的槽用于安放转子绕组。

3. 电动机绕组的分类

按绕组在电动机上的位置分类,可分为定子绕组和转子绕组。

从工艺的角度分类,可分为单圈(包括半圈)绕组和多圈绕组。单圈绕组如大型交流电动机定子绕组、直流电动机电枢绕组、插入式转子绕组、补偿绕组、阻尼绕组及均压线等。多圈绕组如中小型交流电动机散嵌绕组、成型定子绕组及磁极绕组等。

按绕组的结构和制造方法不同分类,可分为软绕组(散嵌绕组)和硬绕组(成型绕组)。

软绕组由绝缘圆导线绕制,交流电动机软绕组按层数分类,有单层绕组、双层绕组和单双层混合绕组。

二、三相异步电动机的工作原理与工作特性

1. 三相异步电动机的工作原理

在三相异步电机中,一旦接入三相交流电,定子绕组流过三相对称电流产生三相磁动势并产生旋转磁场。即当定子绕组中的电流变化一个周期时,合成磁场也按电流的相序方向在空间旋转一周。随着定子绕组中的三相电流不断地做周期性变化,产生的合成磁场也不断地旋转,因此称为旋转磁场。

交流异步电动机的三相定子绕组在空间上互差 120°,连接成星形或三角形,如图 4-16 所示的 U、V、W 三相绕组。

三相异步电动机工作原理

给定子三相绕组 U、V、W 分别通入 i_1、i_2、i_3三相交流(图 4-17),由右手螺旋定则(当金属导线有电流通过时,在导线周围的空间将产生圆形磁场,磁场的方向可以根据"右手螺旋定则"来确定:用右手握住导线,让大拇指指向电流的方向,那么其余四指弯曲的方向就是磁感线的环绕方向)可知,三相绕组周围均会产生磁场,且磁场会随着电流的变化而变化,当三相绕组周围的磁场合成,会形成一个旋转的磁场。

$$u_U = \sqrt{2}Up\ \sin\omega t \tag{4-6}$$

$$u_V = \sqrt{2}Up\ \sin(\omega t - 120°) \tag{4-7}$$

$$u_W = \sqrt{2}Up\ \sin(\omega t + 120°) \tag{4-8}$$

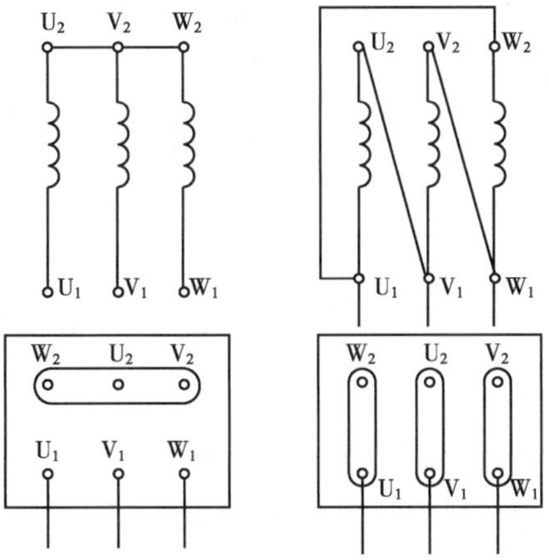

图 4-16　三相绕组连接图

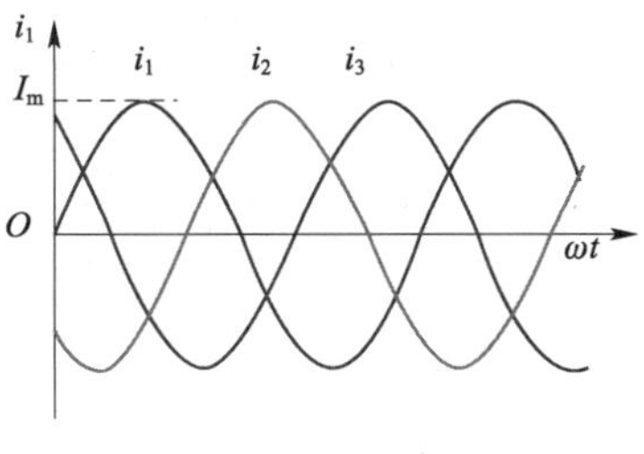

图 4-17　定子的三相异步电流

当转子绕组处于旋转的磁场中,转子绕组会因为切割磁感线而产生感应电动势。感应

电动势的方向可以用右手定子判断,由于感应电流的产生,此时转子绕组在磁场中会受到电磁力的作用,力的方向可由左手定则判断。由于转子绕组闭合回路两边受到两个相反方向电磁力的作用,则会产生磁转矩,使得转子绕组转动,转动方向和旋转磁场的方向一致,但旋转磁场的速度 n_0 要比转子旋转的速度 n 大,因此称为异步电动机。图 4-18 所示为三相异步电动机的工作原理。

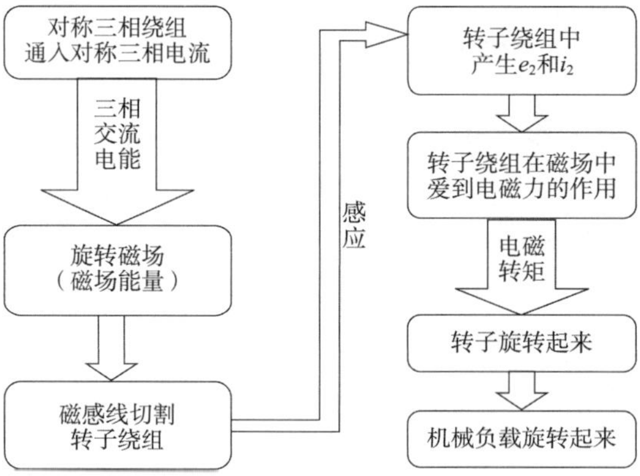

图 4-18　三相异步电动机工作原理

2. 三相异步电动机的极数与转速

(1)极数(磁极对数 p)。三相异步电动机的极数就是旋转磁场的极数。旋转磁场的极数和三相绕组的安排有关。当每相绕组只有一个线圈,绕组的始端之间相差 120°空间角时,产生的旋转磁场具有一对极,即 $p=1$。

当每相绕组为两个线圈串联,绕组的始端之间相差 60°空间角时,产生的旋转磁场具有两对极,即 $p=2$,如图 4-19 所示。

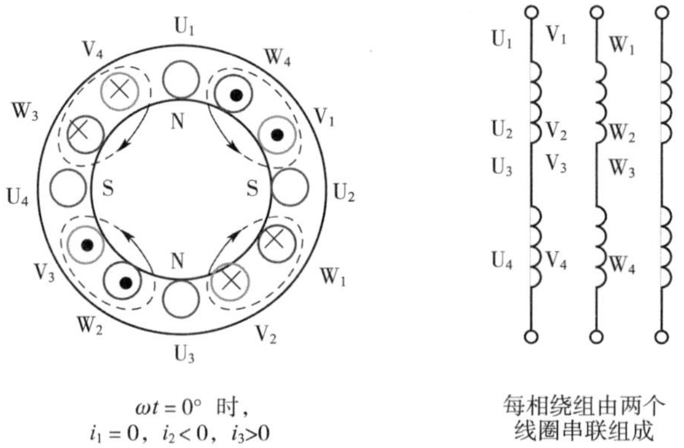

图 4-19　两对极电动机的旋转磁场

同理,如果要产生三对极,即 $p=3$ 的旋转磁场,则每相绕组必须均匀安排在空间的串联的三个线圈,绕组的始端之间相差 40°(120°/p)空间角。极数 p 与绕组的始端之间的空间的关系是:$\theta=120°/p$。

(2)转速 n_0。三相异步电动机旋转磁场的转速 n_0 与电动机磁极对数有关:$n_0=60f_1/p$。

(3)转差率 s。电动机转子转动方向与磁场旋转的方向相同,但转子的转速 n 不可能达到与旋转磁场的转速 n_0 相等,否则,转子与旋转磁场之前就没有相对运动,因而磁力线就不切割转子导体,转子电动势、转子电流以及转矩也就都不存在了,即旋转磁场与转子间存在转差率。因此,把这种电动机称为异步电动机,又因这种电动机的转动原理是建立在电磁感应基础上的,又称为感应电动机。

旋转磁场的转速 n_0 常称为同步转速。转差率 $s=(n_0-n)/n_0$。转差率与转子转速的关系见表 4-1。

异步电动机的各种运行状态　　表 4-1

状态	制动状态	堵转状态	电动机状态	理想空载状态	发电机状态
转子转速	$n<0$	$n=0$	$0<n<n_0$	$n=n_0$	$n>n_0$
转差率	$s>1$	$s=1$	$1>s>0$	$s=0$	$s<0$

3. 三相异步电动机的起动

三相异步电动机的起动就是把三相定子绕组与电源接通,使电动机的转子由静止加速到一定转速,稳定运行的过程。

三相异步
电动机的起动

异步电动机在起动的最初瞬间,其转速 $n=0$,转差率 $s=1$,转子电流达到最大值,这时定子电流也达到最大值,为额定电流的 5 ~7 倍。由电磁转矩公式可知,虽然异步电动机的起动电流很大,但是起动时转子电路的功率因数很低,故起动转矩并不大,一般笼型异步电动机的起动能力只有 1.3 ~2.2。

三相异步电动机起动电流很大,在输电线路上造成的电压降也很大,可能会影响同一电网中其他负载的正常工作,例如使其他电动机的转矩减小,转速降低,甚至造成堵转。电动机起动转矩不大,则起动时间较长,或不能在满载情况下起动,由于三相异步电动机存在起动电流很大而起动转矩不大的问题,所以必须采取一些措施来减小起动电流,增加起动转矩。

三相异步电动机常用的起动方法有以下几种:

(1)直接起动。用开关将额定电压直接加到定子绕组上使电动机起动,就是直接起动,又称全电压起动,如图 4-20a)所示,用电源开关 QS 直接起动的电路。

直接起动的优点是设备简单,操作方便,起动时间短。适用于功率在 10kW 以下的三相异步电动机。缺点是起动电流较大,将使线路电压下降,影响负载正常工作。

(2)三相笼型异步电动机降压起动。如果三相异步电动机的额定功率超出了允许直接起动的范围,则应采用降压起动。所谓降压起动是借助起动设备将电源电压适当降低后再加到定子绕组上进行起动,待电动机转速升高后,再使电压恢复到额定值,转入正常运行。

降压起动时,由于电压降低,电动机每极磁通量减小,故转子电动势、电流以及定子电流均减小,避免了对电网冲击而引起的电压显著下降,一般只能在电动机空载或轻载运行的情况下起动,起动完毕后再加上机械负载。

目前常用的降压起动方法有三种:

①定子中接电阻起动。三相异步电动机起动时在定子电路中串入电阻,这样可降低定子电压,限制起动电流。在转速接近额定转速之后,将电阻切除,使电动机在额定电压下开始正常运行。

②定子回路串电阻起动,也属于降压起动,但由于外接起动电阻上有较大的功率损耗,所以经济型较差,一般不用。起动电路图如图 4-20b)所示。

③Y-△起动。Y-△起动方式的起动原理如图 4-20c)所示。起动时定子绕组接成 Y 形,运行时定子绕组接成△形,如图 4-21 所示。适用于运行时定子绕组为△形的异步电动机。

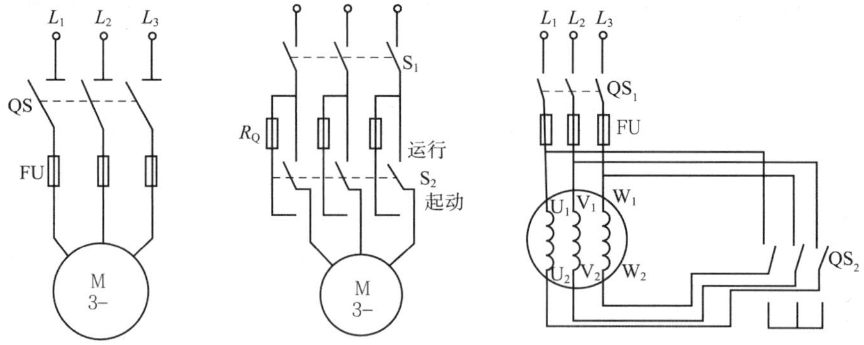

a)直接起动原理图　　b)定子串接电阻起动　　c)Y-△起动

图 4-20　起动原理

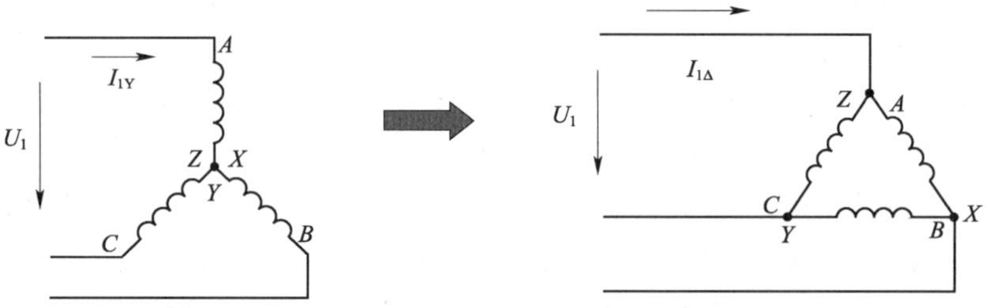

a)起动时　　b)正常运行时

图 4-21　Y-△起动连接图

Y-△起动时,定子绕组承受的电压只有△形接法时的 $1/\sqrt{3}$,起动电流为直接起动时起动电流的 1/3,而起动转矩也只有起动时的起动电流倍数 $K = N_1/N_2 = \sqrt{3}$。

Y-△起动方法简单,价格便宜,因此,在轻载起动条件下应优先采用。我国采用 Y-△起动方法的电动机额定电压都是 380V。

4. 三相异步电动机的接线方式

三相异步电动机的三相定子绕组每相绕组都有两个引出线头。一头称为首端,另一头称为末端。规定第一相绕组首端用 D_1 表示,末端用 D_4 表示;第二相首端用 D_2 表示,末端用 D_5 表示;第三相首末端用 D_3 和 D_6 来表示。这 6 个引出线头引入接线盒的接线柱上,接线柱相应地标出 $D_1 \sim D_6$ 的标记,如图 4-22 所示。

三相定子绕组的 6 根端头可将三相定子绕组接成星形或三角形,星形接法是将三相绕组的末端并联起来,即将 D_4、D_5、D_6 三个接线柱用铜片连接在一起,而将三相绕组首端分别接入三相交流电源,即将 D_1、D_2、D_3 分别接入 A、B、C 相电源。

而三角形接法则是将第一相绕组的首端 D_1 与第三相绕组的末端 D_6 相连接,再接入第一相电源；第二相绕组的首端 D_2 与第一相绕组的末端 D_4 相连接，再接入第二相电源；第三相绕组的首端 D_3 与第二相绕组的末端 D_5 相连接，再接入第三相电源。即在接线板上将接线柱 D_1 和 D_6、D_2 和 D_4、D_3 和 D_5 分别用铜片连接起来，再分别接入三相电源，如图 4-23 所示。

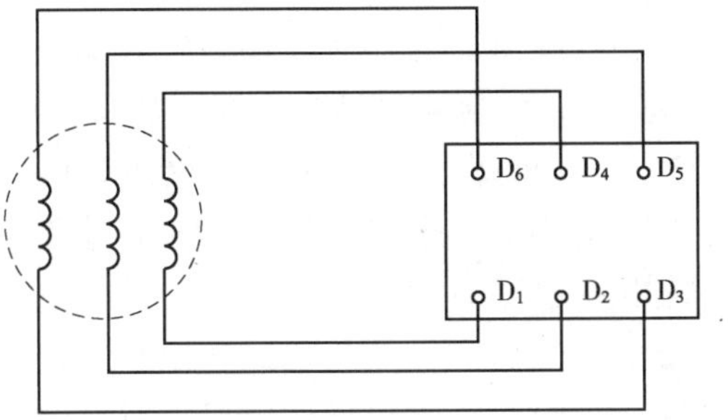

图 4-22　接线图

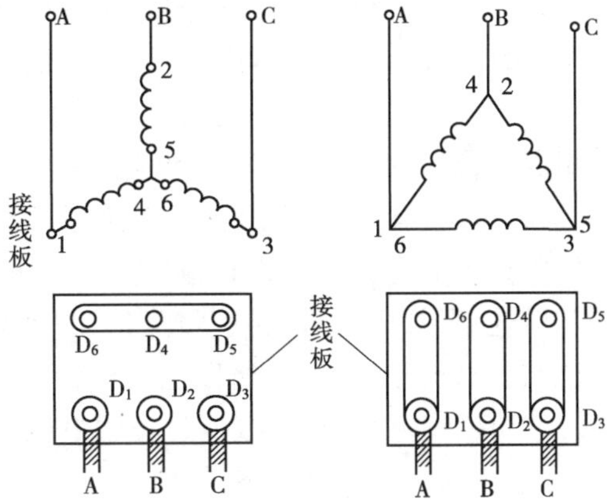

图 4-23　接线柱图

一台电动机接线方式是接成星形还是接成三角形，可从电动机铭牌上查到。三相定子绕组的首末端是生产厂家事先设定好的，绝不能任意颠倒。但可将三相绕组的首末端一起颠倒，例如将三相绕组的末端 D_4、D_5、D_6 倒过来作为首端，而将 D_1、D_2、D_3 作为末端，绝不可单独将一相绕组的首末端颠倒，否则，将产生接线错误。如果接线盒中发生接线错误，或者绕组首末端弄错，轻则电动机不能正常起动，长时间通电造成起动电流过大，电动机发热严重，影响寿命。

5. 三相异步电动机的工作性能

与直流电动机相比，虽然异步电动机结构简单，但是由于电动机转子与定子之间并没有电联系，能量完全靠电磁感应传递，这与变压器原、副边绕组之间传递能量的情况非常相似。电动机运转时虽然转子绕组也有感应电动势和电流，但是很难测量，所以只能用间接方法分析。

（1）三相异步电动机的工作特性。三相异步电机的工作特性是指定子的电压及频率均为额定值，以及定子、转子绕组不串联任何阻抗的情况下，电动机的转速 n、定子电流 I_1、电磁转矩 T、功率因数 $\cos\varphi$、效率 n 与输出功率 P_2 的关系，特性曲线如图 4-24 所示。

（2）三相异步电动机机械特性。机械特性是异步电动机的主要特性，它是指电动机的转速 n 与电磁转矩 T 之间的关系，即 $n = f(T)$。图 4-25 所示为三相异步电动机的机械特性曲线。

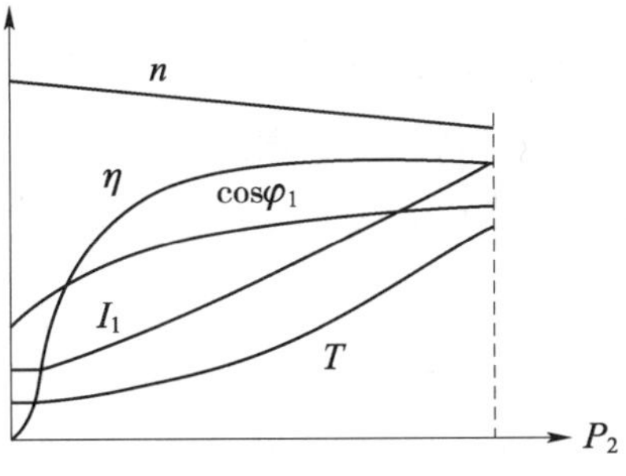

图 4-24　三相异步电动机工作特性曲线

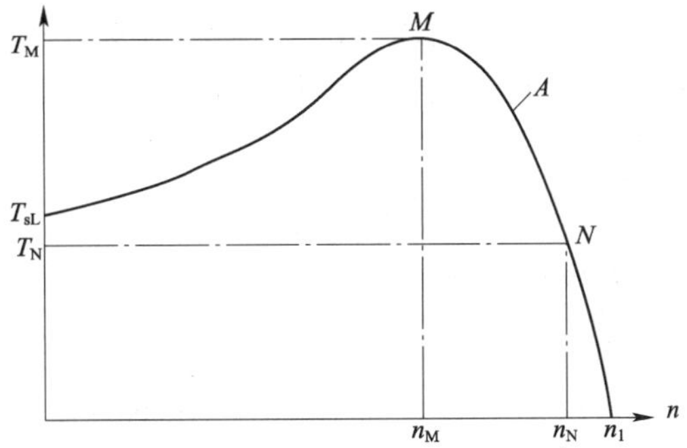

图 4-25　三相异步电动机机械特性曲线

异步电动机运行时转子电路在磁场中受力而产生的转矩,称为电磁转矩 T。在额定电压情况下,电磁转矩与转速的关系如图 4-25 所示。其中,N 为额定工作点,即定子加上三相额定电压 U_{1N}时,电流为额定电流 I_{1N},转子达到额定转速 n_N以及额定转矩 T_N。

电动机起动瞬间,转速为 0,转矩 T_{st}为起动转矩。此时虽然起动电流很大,但由于转子电路功率因数比较低,所以起动转矩并不是很大。在起动过程中,电磁转矩一定要大于负载力矩,电动机才能逐渐加速。在电动机加速的过程中,电磁转矩也逐渐增大。曲线中 A 有一个最大转矩点 M,对应转速 n_M比额定转速低一些。转速超过 n_M后,随着转速的继续增加,转矩逐渐减小,最后与负载转矩平衡,达到稳定转速。图 4-25 中 n_1为同步转速,对应电磁转矩为 0。

实际运行时电动机工作在额定点 N 附近。若减小负载,转速将升高,但转子转速不会达到同步转速;若加大负载,转速将降低,只要负载转矩不超过最大转矩 T_M,电动机的电磁转矩总能与负载转矩相平衡,所以电动机转速在 n_M和 n_1之间稳定。一旦负载转矩超过最大转矩 T_M,电动机将很快减速,减速过程中电磁转矩进一步减小,最终将导致停机。所以转速低于 n_M时电动机是不稳定状态。

一般异步电动机最大转矩为额定转矩的 2 倍左右,这意味着电动机有很大的过载能力,但电动机不能长时间过载运行,不然电动机会过热而损坏。

(3)异步电动机的基本调速方法。改变异步电动机供电电压(调压),或改变供电频率(调频),都可以改变电动机转速。例如在负载转矩不变的情况下,降低定子端电压,转速就会降低;或者提高电源频率,旋转磁场转速以及转子转速都会提高等。为了保持电动机良好的运行性能,在调速过程中,常将调压和调频两种方法同时进行,这种调速方法称为变压变频调速。

三、交流异步电动机控制

三相异步电动机调速控制

交流异步电动机的控制分为矢量控制(FOC)和直接转矩控制(DTC)两种。

1. 矢量控制

矢量控制的思想是模拟直流电动机,求出交流电动机电磁转矩与之对应的磁场和电枢电流,并分别加以控制。其特点如下:

(1)可以从零转速开始进行控制,调速范围很宽。

(2)转速控制响应速度快,且调速精度高。

(3)可以对转矩实行较为精确地控制,电动机的加速特性也很好。

(4)系统受电动机参数变化的影响较大,且计算复杂,控制相对烦琐。

目前,矢量控制理论比较完善,并且趋成熟,可基本满足电动汽车的动力性要求。

2. 直接转矩控制

在定子坐标下,通过检测电动机定子电压和电流计算电动机的磁链和转矩,并且根据与给定值比较所得差值,实现磁链和转矩的直接控制。不受转子参数随转速变化而变化的影响,简化了控制结构,动态响应快,因此,受到了广泛的关注。其特点如下:

(1)调速精度高,响应速度快。

(2)计算简单,控制思想新颖,控制结构简单,控制手段直接。

(3)信号处理的物理概念明确,动静态性能均佳。

(4)调速范围较窄,低速特性有脉动现象。

在技术实现上,直接转矩控制往往很难体现出优越性,调速范围不及矢量控制宽,其根源主要在于其低速时,转矩脉动的存在以及负载能力的下降,这些问题制约了直接转矩控制进入实用化的进程。

任务实施

一、任务准备

1. 组织方式

(1)场地设施:每小组万用表一只、螺丝刀一把、电动机(砂轮机)一台、断路器一只、交流接触器一只、按钮一只、软线若干。

(2)检测工具:万用表、螺丝刀、断路器、交流接触器、按钮、线束。

(3)学生组织:教师指导,按各实例知识讲解及实训进行自评、互评。

(4)检查实训任务:真实、完整、有效。

2. 三相异步电动机的起动控制相关知识

异步电动机是应用最为普遍的旋转动力源,各种生产机械的运动部件大多是由异步电动机来驱动的。对电动机和生产机械实现和保护的电工设备称为控制电器。

1)开关电器

(1)刀开关。刀开关又称闸刀开关,是结构最简单且应用最广泛的手动控制电器。刀开关主要由手柄、刀片(触头)、接线座等部分组成。

(2)组合开关。组合开关又称转换开关,常用在机床的控制电路中,作为电源的引入开关或是控制小容量电动机的直接起动、反转、调速和停止的控制开关。

(3)低压断路器。低压断路器又称自动开关或空气开关,它相当于刀开关、熔断器、热继电器和欠电压继电器的组合,是一种既有手动开关作用又能自动进行欠电压、失电压、过载和短路保护的电器。特点是操作安全,分断能力较强。

低压断路器主要由脱扣器、触头系统、灭弧装置、传动机构机架和外壳等部分组成。低压断路器的选用原则如下:

①断路器的额定工作电压应大于或等于线路或设备的额定工作电压。对于配电电路来说,应注意区别是电源端保护还是负载保护,电源端电压比负载端电压高出约5%。

②断路器主电路额定工作电流大于或等于负载工作电流。

③断路器的过载脱扣整定电流应等于负载工作电流。

④断路器的额定通断能力大于或等于电路的最大短路电流。

⑤断路器的欠电压脱扣器额定电压等于主电路额定电压。

⑥选择断路器的类型,应根据电路的额定电流及保护的要求来选用。

2)按钮

按钮又称控制按钮或按钮开关。它通常用来接通或分断控制电路,以控制接触器、继电器等电器,从而控制电动机和生产设备运行,或用于信号电路和电气连锁电路。按钮主要由按钮帽、复位弹簧、动断触点、动合触点、接线柱及外壳等组成。

3)行程开关

行程开关又称限位开关或位置开关,是一种根据生产机械的行程发出指令的主令电器。主要用于改变运动机构的运动方向或速度、限制行程或进行限位保护。

4)熔断器

熔断器在电路中主要起短路保护作用,用于保护线路。

熔断器主要是由熔体(俗称熔断器)和安装熔体的熔管(或熔座)组成。熔体是熔断器的主要部分,其材料一般由熔点较低、电阻率较高的金属材料(如铝锑合金丝、铅锡合金丝和铜丝等)制成。熔管是装熔体的外壳,由陶瓷、绝缘钢纸或玻璃纤维制成,在熔体熔断时兼有灭弧作用。

熔断器的熔体与被保护的电路串联,当电路正常工作时,熔体允许通过一定大小的电流而不熔断;当电路发生短路或严重过载时,熔体中流过很大的故障电流,当电流产生的热量达到熔体的熔点时,熔体熔断切断电路,从而达到保护电路的目的。常用的有瓷插式熔断器与螺旋式熔断器。在选用熔断器时,应根据被保护电路的需要,首先确定熔断器的类型,然后选择熔体的规格,再根据熔体确定熔断器的规格。

5)接触器

接触器主要用于控制电动机、电热设备、电焊机、电容器组等,能频繁地接通或断开交直流主电路,实现远距离自动控制。接触器主要由电磁机构、触点系统、弹簧、灭弧装置及支架底座等部分组成。按照其线圈通过电流种类的不同分为交流接触器和直流接触器两大类。

(1)交流接触器。交流接触器主要由触点系统、电磁机构和灭弧装置等部分组成。

触点系统是交流接触器的执行元件,用来接通或分断所控制的电路,触点系统必须工作可靠,接触良好。交流接触器的触点有主触点和辅助触点之分,主触点一般由三对接触面积较大的动合触点组成,用以通断电流较大的主电路。辅助触点用以通断电流较小的控制回路,由动合触点(常开触点)和动断触点(常闭触点)组成。

交流接触器电磁机构由电磁线圈、静铁芯和动铁芯(衔铁)组成。铁芯上装有短路铜环,以减少衔铁吸合后的振动和噪声。交流接触器分断大电流电路时,会在动、静触点之间产生很强的电弧,因此,灭弧是接触器的主要任务之一。

(2)直流接触器。直流接触器主要用来远距离接通与分断额定电压440V、额定电流至630A的直流电路。直流接触器主要由电磁机构、触点系统与灭弧系统组成,电磁机构的电磁铁采用拍合式电磁铁,电磁线圈为电压线圈,用细漆包线绕制成长而薄的圆筒状。

(3)接触器的选择。

①接触器类型的选择:应根据接触器所控制的负载性质来选择接触器的类型。

②接触器主触点的额定电压:应等于或大于主电路的额定电压。

③接触器吸引线圈的额定电压及频率:应与所控制的电路电压、频率相一致。

④接触器额定电流的选择:应大于或等于负载的工作电流。

⑤接触器的触点数量、种类的选择:其触点数量和种类应满足主电路和控制线路的要求。

6)热继电器

热继电器是根据电流、电压、时间、温度和速度等信号来接通或分断小电流电路和电器的控制元件。热继电器是利用电流通过发热元件产生热量,使检测元件的物理量发生变化,推动执行机构动作的一种保护电器。主要与接触器配合使用,用来对连续运行的三相异步电动机进行长期过载和断相保护,以防止电动机过热而烧毁的保护电器。由于发热元件具有热惯性,所以热继电器不能对电路做瞬时过载和短路保护。

7)时间继电器

时间继电器的延时方式有两种,一种是通电延时型,即收到输入信号后,延时一段时间执行机构才动作;当输入信号消失时,执行机构瞬时复原。通电延时型时间继电器的线圈、延时闭合动合触点和延时断开动断触点。另一种是断电延时型,即收到输入信号,执行机构立即动作;当输入信号消失时,延时一段时间执行机构才复原。断电延时时间继电器的线圈、延时断开动合触点、延时闭合动断触点。有的时间继电器还有瞬动动合触点和瞬动动断触点。

二、操作步骤

根据学习工作页,结合实训指导书,按下列步骤完成实施。

(1)按照图4-26所示,连接好实训电路;

(2)观察电动控制三相异步电动机的动作情况。

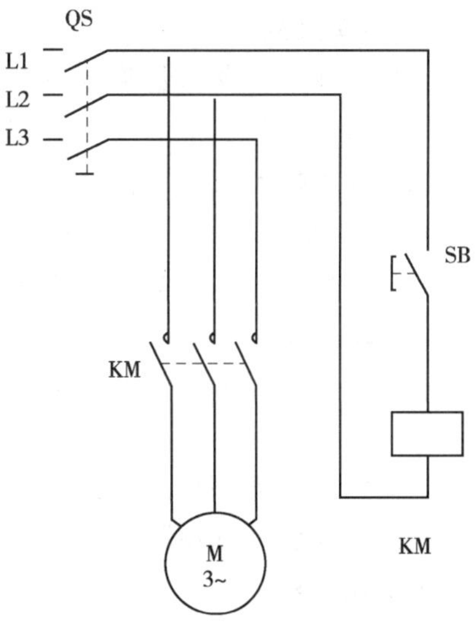

图4-26 三相异步电动机的点动控制

任务小结

(1)三线交流异步电动机有笼型和绕线式两类。

(2)三相交流异步电动机主要由定子和转子组成。

(3)三相交流异步电动机的定子绕组流过三相对称电流产生三相磁动势并产生旋转磁场,转子感应电流并受力作用而转动。

(4)三相交流异步电动机的起动方法有直接起动和降压起动。

拓展阅读

中国最早的电动机厂——天津豫华实业公司

中国最早的电动机厂是由天津豫华实业公司创立的,该公司成立于1916年。当时豫华公司引进了美国西屋公司的电动机制造技术,开始生产交、直流电动机和电泵等产品,并在中国电力工业发展初期起到了重要的作用。此后,又相继有上海华丰机械有限公司等企业相继涌现,电动机制造业得以不断发展壮大。历经百年的发展,电动机制造技术不断更新迭代,为国家能源、交通运输、医药等多个领域的发展贡献了重要的力量。

习题

一、判断题

1. 异步电动机由两个基本部分构成,即定子和转子。 (　　)

2. 三相异步电动机运行的必要条件是转子转速等于同步转速。 (　　)

3. 三相异步电动机的三相定子绕组有星形和三角形两种接法。 (　　)

4. 三相异步电动机的磁场是旋转磁场。 (　　)

5. 如果通入三相异步电动机的定子绕组中的三相电流的频率是f,磁极对数为1,则旋转磁场的转速为$60f$。 (　　)

二、单选题

1. 三相异步电动机旋转磁场的旋转方向是由三相电源的(　　)决定。

A. 相序　　B. 相位　　C. 频率　　D. 幅值

2. 在相同的条件下,若将异步电动机的磁极数增多,电动机输出的转矩(　　)。

A. 增大　　B. 减小　　C. 不变　　D. 与磁极数无关

3. 三相异步电动机定子绕组接入交流电的相位差应该为(　　)。

A. 150°　　B. 180°　　C. 90°　　D. 120°

4. 三相异步电动机定子绕组的连接方法可能为(　　)。

A. 三角形　　B. 星形

C. 三角形、星形两有种接法均可能　　D. 以上都不对

5. 异步电动机在起动的最初瞬间转子电流达到最大值,这时定子电流也达到最大值,为额定电流的(　　)。

A. 5 ~7 倍　　B. 7 ~9 倍　　C. 3 ~5 倍　　D. 1 ~2 倍

三、多选题

1. 电动机绕组分类按绕组在电动机上的位置,可分为(　　)。

A. 转子绕组　　B. 软绕组　　C. 硬绕组

2. 交流异步电动机的控制分为(　　)和(　　)两种。

A. 电流控制　　B. 矢量控制　　C. 电压控制　　D. 直接转矩控制

项目五　安全用电知识学习

任务概述

了解电力系统组成、主要发电方式和传输方法，掌握安全用电常识、电的危害、触电急救的知识；掌握新能源汽车高压安全防护技术、维修中的基本安全操作要点。

知识目标

(1)了解安全用电，掌握触电急救常识；
(2)掌握新能源汽车高压安全防护与维修的基本原则。

技能目标

(1)能够安全使用民用电；
(2)能够分析识别新能源汽车高压电气并检测。

素养目标

(1)规范课堂6S管理，展示中国工匠良好形象；
(2)培养团队协作精神，能够协同配合、系统学习；
(3)养成独立思考问题的习惯；
(4)培养敬业奉献、服务人民的意识；
(5)培养创新意识。

学习任务1　安全用电常识学习

任务描述

人们的日常生活离不开电能，然而，如果电能使用不当，轻则使人致伤，重则使人致死。为此，学习安全用电基本知识，掌握防护措施与触电急救方法十分必要。

建议学时：2学时。

知识准备

一、电能的应用

电能要生产并且应用,必须依靠一套完善的系统,也就是电力系统。电力系统是由发电、变电、输电、配电和用电等环节组成的电能生产与消费系统。它的功能是将自然界的一次能源通过发电动力装置转化为电能,再经输、变电系统及配电系统将电能供应到各负荷中心,通过各种设备再转换成动力、热、光等不同形式的能量,为地区经济和人民生活服务。

作为国民经济发展规划的重要组成部分,电力系统具有以下特点:

(1)电力作为电的本质,它的生产和消费必须同时进行。生产、输配和使用必须处于动态平衡之中。

(2)由于发电和用电同时实现,使得电力系统各个环节联系紧密,相互依赖。

(3)电能以电磁波形式传播,有极高的传输速度,所以电力系统的过渡过程十分短暂。

(4)电能不易储藏。至今未能完全解决经济的、高效率、大容量的储能问题。

1. 电能的生产

发电厂是直接生产电能的部门,由于所用"燃料"的不同,发电厂的种类也不同,例如:利用矿物燃料,如煤、石油等为能源转换为电能的,称为火力发电厂;利用水能转换为电能的,称为水力发电厂;利用核能转换为电能的,称为核电厂;利用风能转换为电能的,称为风力发电厂。除此之外,还有地热发电厂、太阳能发电厂等。目前,大多数国家的电能主要来自火电、核电和风电,下面将分别介绍这三类发电厂的生产过程。

1)火力发电

火力发电是利用煤、石油或天然气等燃料的化学能来生产电能的。现代化的火电厂是一个庞大而又复杂的生产电能与热能的工厂。它由下列5个系统组成。

电能的生产

(1)燃料系统:是完成燃料输送、储存、制备的系统。燃煤电厂有卸煤设施、煤场、上煤设施、煤仓、给煤机、磨煤机等设备;燃油电厂备有油罐、加热器、油泵、输油管道等设备。

(2)燃烧系统:是完成燃料燃烧过程,使燃料化学能转化为蒸汽热能的系统,主要包括燃烧器、炉膛、送风机、引风机、除尘器、除灰设备等。

(3)汽水系统:是完成蒸汽热能转化为机械能的系统,主要包括锅炉的汽水部分、汽轮机及其辅助设备,如凝汽器、除氧器、回水加热器、给水泵、循环水泵、冷却设备等。

(4)电气系统:是完成机械能转化为电能的系统,主要包括发电机、主变压器、断路器、隔离开关、母线等。

(5)控制系统:是完成生产过程中的参数测量及自动化监控操作的系统。

电能的基本生产过程是:燃料在锅炉中燃烧,将水加热使其变为蒸汽,蒸汽压力推动汽轮机旋转,然后汽轮机带动发电机旋转,将机械能转变为电能。电能生产需要经过三次能量转换过程,化学能经过锅炉转化成热能,热能经过汽轮机转化成机械能,机械能在经过发电机转化成电能。

2)核电

核能发电主要是利用重核裂变使核能转变为热能,这一过程是在核反应堆中完成的。因此,核反应堆是核电站的热力来源,它替代了火电厂的蒸汽锅炉。

核电站的建设需要巨大的投入,但运行成本低,使用寿命长,是最经济环保的技术之一。核能发电所造成的污染最少,在建设过程中和燃料处理过程中会排放大量二氧化碳,在电能生产过程中则不会。

一个完整的核电系统由核反应堆、增加器、反应堆冷却剂泵、蒸汽发生器、汽轮机和发电机、电网、用户和海水冷却系统组成。

核反应堆是一个装有燃料棒的密闭容器,当中子撞到铀原子,铀原子进行一系列分裂,释放出两个或三个以上的中子,在这个过程中,原子中的核能量转化为热能。碰撞分裂产的中子又会撞到其他铀原子,重复之前的过程,由此产生的连锁反应释放出巨大的热量。

核电站有管道内和管道外两套循环系统,管道内的水流过反应堆被连锁反应释放出的热量加热到300℃,这些水用于加热。为了防止管道中的水因沸腾变成水蒸气,增压器将压力增大到155at (1at = 98.066kPa)。这些高压热水由反应堆冷却剂泵推送到蒸汽发生器,再经过数以千计的循环管道流回反应堆。另有一部分水从蒸汽发生器里的循环管道外面流过,它们的压力要低得多,由装有高压热水管道传输过来的热量将这些水加热为蒸汽。蒸汽经过一系列汽轮机组,推动它们旋转,从而将热能转化为机械能。汽轮机与发电机通过轴承连接,将机械能转化为电能。变压器将发电机产生的电能变成高压电,然后经电网传输给用户。

蒸汽经过汽轮机后,进入冷却系统,这个系统里面布满管道,管道中装有从大海中抽取的海水,蒸汽经冷却变回液态,回到蒸汽发生器,然后可以进行再次加热,变成蒸汽,带动汽轮机旋转。由于冷区系统需要大量的冷水,核电站一般建在海边或河边。

3)风电

早在3000多年前,人类就已经开始使用风力研磨谷物和从地下抽水,利用风力进行海上航行可以追溯到更早的时间,但使用风车发电是近几百年的事。世界上第一台风机由苏格兰科学家雅各·布莱斯于1887年组装完成。由于风机结构复杂,电力输出不稳定,并网困难,而且电能难以储存,在很长一段时间内,风力发电只用于局部供电。20世纪90年代之后,随着能源危机的加剧和环境保护的需要,很多国家,尤其是欧洲和北美加大了对风能研发技术的投入,风力发电得到了较快的发展。截至2016年年底,全球风力发电装机总量已达到486790MW,比上一年增长12.5%。在我国,风力发电虽然最近几年有了较大发展,但在电力结构中所占的比例仍然非常低。

2. 电能的输送

为了合理利用能源和保护环境,发电站一般建在靠近这些能源的地方,而用电的地方却很多,有的地方距离发电厂很远,因此,需要把电能输送到远方,这就涉及电能的输送问题。输送电能的基本要求是可靠、保质、经济。

电流流过输电导线时,由于电流的热效应,有一部分电能会因转化为热能而损失掉。由电功率知识可知,在保质输送电功率不变的情况下,只能采用提高输电电压的方法来减少电能在输送过程中的损失。

高压输电的基本环节可用图表示。发电机产生电能,升压变压器把发电机发出的低压电变换为高压电,电力线路输送高压电,降压变压器把网络中的高压电变换为低压电便于用户使用。

3. 电动汽车高压电能存储与使用

通常,电动汽车有纯电动汽车(Pure Electric Vehicle, PEV)、混合动力电动汽车(Hybrid Electric Vehicle, HEV)、燃料电池电动汽车(Fuel Cell Electric Vehicles, FCEV)三种类型,近几年混合动力电动汽车中的插电式(Plug-In)混合动力电动汽车(Parallel Hybrid Electric Vehicle, PHEV)特别受到关注,国内外专家认为,PHEV 有望在几年后得到广泛的推广使用。

本子任务主要关注纯电动汽车,纯电动汽车由动力蓄电池、控制器、电机和驱动轴等部分组成,完全是由动力蓄电池提供电力驱动,如图 5-1 所示。动力蓄电池通过控制器将电能传递到电机,电机将电能转化为机械能,传递给驱动轴,驱动轴带动车轮转动。下面分两部分介绍电动汽车的储能系统和充电技术。

1)电动汽车储能系统

动力蓄电池按材料来分,可分为铅酸蓄电池、镍镉蓄电池、镍氢蓄电池和锂离子蓄电池,如图 5-2所示。

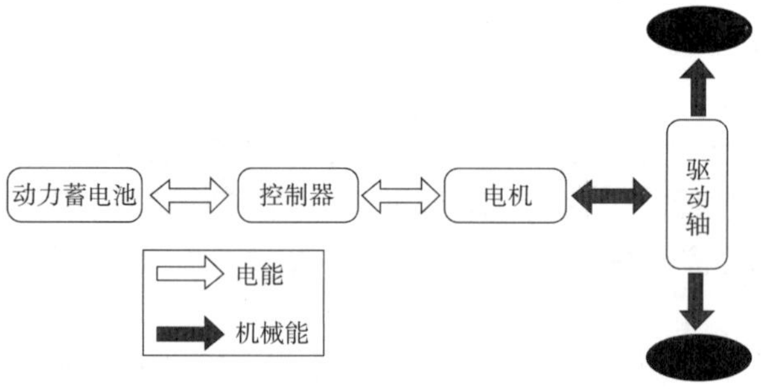

图 5-1　电动汽车能量传递路线

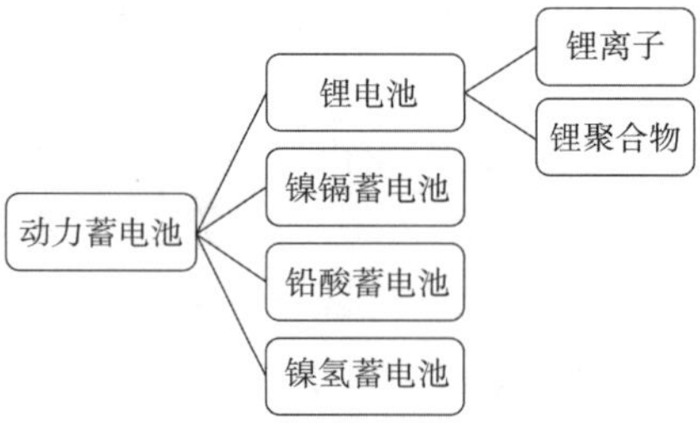

图 5-2　动力蓄电池的分类

铅酸蓄电池由于自身性能限制了动力电源的发展且存在铅污染,逐渐退出市场;镍镉蓄电池存在镉污染,记忆效应严重,也基本退出动力蓄电池市场;镍氢蓄电池是镍镉蓄电池的改进,具有比能量高、充电速度快、基本无记忆效应、无环境污染,安全性高等特点,但是镍氢蓄电池制造成本较高,大量推广遇到很大困难。锂离子蓄电池技术发展很快,近 10 年来比能量已经从 100W · h/kg 增加到了 180W · h/kg,比功率可达 2kW/kg,循环寿命达 1000 次以上,工作温度范围达 -40 ~ 55℃。近年由于磷酸铁锂离子蓄电池的研发有重大突破,又大大提高了锂离子蓄电池的安全性,因此目前已有许多发达国家将锂离子蓄电池作为电动汽车用动力蓄电池的主攻方向。

动力蓄电池决定了电动汽车的行驶里程、加速能力和充电时间。电动汽车的动力蓄电池由很多节电池单体组成,一节电池单体通常包含 4 个主要部分:正极、负极、电解液和隔膜。当电池放电的时候,正极从外电路接收电子,负极向外电路提供电子,隔膜动力蓄电池是一种特殊的复合膜，它的功能是隔离正、负极，阻止电子穿过。

一节电池单体的电量是固定的，但它的容量取决于包含的活性材料的多少，单个电芯的电量从几安培到几千安培不等，电池的电量就是它所能提供的电子数目，电流是单位时间内通过导体的电子数目，那么容量就是电流乘以时间，单位为安培时（A·h）。

2）电动汽车充电技术

（1）恒压充电。恒定电压加在电池上，从图5-3可以看出，开始电池电量很低时，电流降到最小值。恒压充电所需要的电子装置相对简单，因此价格低廉。

（2）恒流/恒压充电。如图5-4所示，在一个充电循环的开始使用恒定高电流，当电池电压达到一定值时，改为恒压控制，这种充电方式可以通过减少充电过程中的热量来延长电池寿命，提高电池性能。

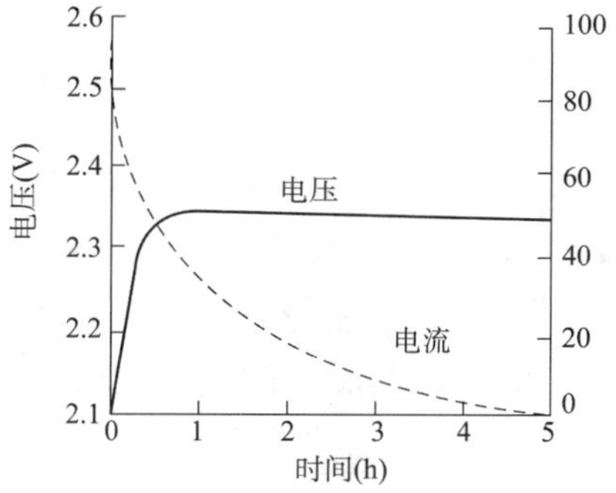

图5-3　恒压充电

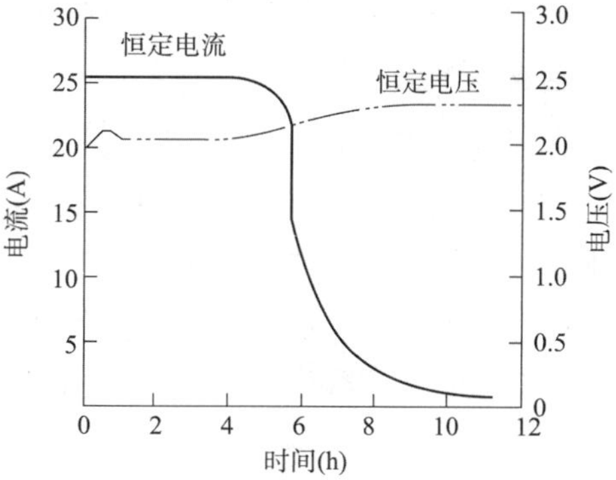

图5-4　恒流/恒压充电

（3）脉冲充电。脉冲充电使用“脉冲电压”来取代恒压或者恒流，如图5-5所示，这种方法是对电池施加一系列的高电流和高电压脉冲直到电池电压达到设定值。这种充电方法最主要的优点是能够极大地减少发热，使充电器在电池接近充满的时候还能够以高电压运行，此外，降低热量意味着减少了能量损失，所以脉冲充电能够极大地减少充电时间，提高效率。

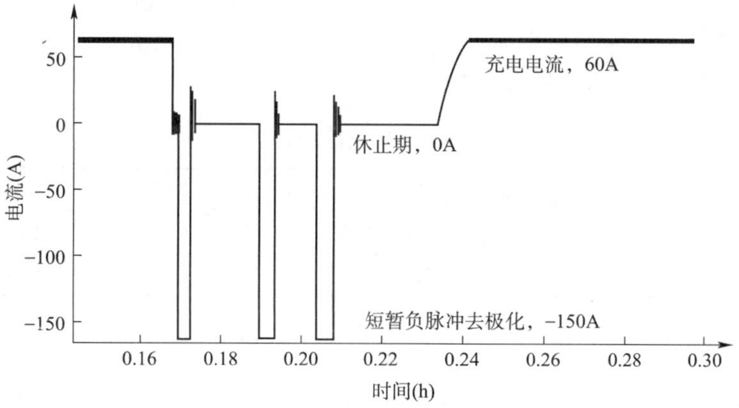

图5-5　脉冲充电波形

充电方式有很多选择，电动汽车厂家会根据所配置的动力蓄电池情况提供最合适的充电方式。

3)电动汽车制动能量回收技术

在电动汽车中,作为动力装置的电动机同时也具有发电功能,利用这一功能,可以实现电动机的再生制动。

在制动过程中,整车的惯性能量可以传递到电动机,从而带动电动机转动,此时,电动机转化为发电机,向动力蓄电池充电,将制动能量转化为电能,存储在动力蓄电池中,实现了能量的再生利用。同时,电动机产生的制动力矩还可以作用于车轮,对车轮施加制动力,从而达到使车辆减速的效果。

二、电压等级

电压按照幅值和对人体的伤害程度划分了三个等级:安全用电、低压和高压。本节分别介绍这三个电压等级和电动汽车的工作电压等级划分。

1. 工业电压等级

1)工业用电电压标准

按照《电业安全工作规程》(DL 408—1991)第1.4条的规定,电气设备分为高压和低压两种。高压:设备对地电压在250V以上;低压:设备对地电压在250V及以下。一般都是按照250V(对地电压)来区分高低压的,随着生产制造和科技的发展,越来越多的大功率、高电压的电气设备和电气系统投入市场,我国高低压应以2011版的lkV来区分。将额定对地电压1kV以上电压称为"高电压",额定电压在lkV以下电压称为"低电压"。

目前,我国常用的交流供电电压等级:220V、380V、6kV、10kV、35kV、110kV、220kV、330kV、500kV、1000kV。电力系统一般是由发电厂、输电线路、变电所、配电线路及用电设备构成。通常将35kV以上的电压线路称为送电线路。35kV及其以下的电压线路称为配电线路。将额定1kV以上电压称为"高电压",额定电压在1kV以下电压称为"低电压"。交流电压等级中,通常将1kV及以下称为低压,1kV以上、20kV及以下称为中压,20kV以上、330kV以下称为高压,330kV及以上、1000kV以下称为超高压,1000kV及以上称为特高压。

直流电压等级中,±800kV直流以下称为高压,±800kV及以上称为特高压,两种不同电压合适的输送电距离和功率见表5-1。

电压工作等级　　表5-1

电压等级(kV)	送电距离(km)	送电功率(kW)
0.4	0.6以下	100以下
6.6	4~15	100~1200
10	6~20	200~2000
35	20~70	1000~10000
66	30~100	3500~30000
110	50~150	10~50MW
220	100~300	100~500MW
330	200~600	200~800MW(西北)

续上表

电压等级(kV)	送电距离(km)	送电功率(kW)
500	150～850	1000～1500
750	550 以上	2000～2500
1100	1000～1500	3000 以上

2)安全电压/电流

(1)安全电压。安全电压是指不致使人直接致死或致残的电压。一般环境条件下允许持续接触的"安全特低电压"是 36V。我国规定的为了防止触电事故而由特定电源供电所采用的安全电压系列包括 42V、36V、24V、12V、6V 五种。

安全电压应满足以下三个条件:

①标称电压不超过交流 50V、直流 120V(欧盟安全标准)。

②由安全隔离变压器供电。

③安全电压电路与供电电路及大地隔离。

根据电流通过人体路径的不同,人体电阻值介于 500～1000Ω 之间。

在汽车工业中,规定最大接触电压不超过 30V。

(2)安全电流。能引起人感觉到的最小电流值称为感知电流,交流大约为 1mA,直流大约为 50mA;人触电后能自己摆脱的最大电流称为摆脱电流,交流大约为 10mA,直流大约为 50mA;在较短的时间内危及生命的电流称为致命电流,如 100mA 的电流通过人体 1s,足以使人致命,因此致命电流大约为 50mA。在有防止触电保护装置的情况下,人体允许通过的电流一般可按 30mA 考虑。

根据欧姆定律($I=U/R$)可以得知流经人体电流的大小与外加电压和人体电阻有关。人体电阻除人的自身电阻外,还应附加上人体以外的衣服、鞋、裤等电阻,虽然人体电阻一般可达 5000Ω,但是,影响人体电阻的因素很多,如皮肤潮湿出汗、带有导电性粉尘、加大与带电体的接触面积和压力以及衣服、鞋、袜的潮湿油污等情况,均能使人体电阻降低,所以通常流经人体电流的大小是无法事先计算出来的。因此,为确定安全条件,往往不采用安全电流,而是采用安全电压来进行估算:一般情况下,也就是干燥而触电危险性不大的环境下,安全电压规定为 36V,对于潮湿而触电危险性较大的环境(如金属容器、管道内施焊检修),安全电压规定为 12V,这样,触电时通过人体的电流,可被限制在较小范围内,可在一定的程度上保障人身安全。

2. 电动汽车电压等级

《电动汽车安全要求第 3 部分:人员触电防护》(GB/T 18384.3—2015)中"4. 电路的电压分级"明确规定:根据最大工作电压 U,将电气元件或电路分为以下等级,见表 5-2。

电动汽车的工作电压 表 5-2

电压等级	最大工作电压(V)	
	直流	交流
A	$0<U\leqslant 60$	$0<U\leqslant 30$
B	$60<U\leqslant 1500$	$30<U\leqslant 1000$

三、电的危害

1.人体过电电阻与电流

1)人体各部位的皮肤电阻

人体阻抗不是纯电阻,主要由人体电阻决定。人体电阻也不是一个固定的数值。一般认为干燥的皮肤在低电压下具有相当高的电阻,约为10万Ω。当电压在500~1000V时,人体电阻便下降为1000Ω。表皮具有这样高的电阻是因为它没有毛细血管。手指某部位的皮肤还有角质层,角质层的电阻值更高,而不经常摩擦部位的皮肤的电阻值是最小的。皮肤电阻还同人体与带电体的接触面积及压力有关。

人体电阻的大小是影响触电后人体受到伤害程度的重要物理因素。人体电阻由体内电阻和皮肤电阻组成,体内电阻基本稳定,约为5000Ω。接触电压为220V时,人体电阻的平均值为1900Ω;接触电压为380V时,人体电阻降为1200Ω。经过对大量实验数据的分析研究确定,人体电阻的平均值一般为2000Ω左右,而在计算和分析时,通常取下限值1700Ω。

一般在干燥环境中,人体电阻在2kΩ~20MΩ范围内;皮肤出汗时,为1kΩ左右;皮肤有伤口时,为800Ω左右。人体触电时,皮肤与带电体的接触面积越大,人体电阻越小。当人体接触带电体时,人体就被当作一电路元件接入回路。人体阻抗通常包括外部阻抗(与触电当时所穿衣服、鞋袜以及身体的潮湿情况有关,从几千欧到几十兆欧不等)和内部阻抗(与触电者的皮肤阻抗和体内阻抗有关)。

一般认为,接触到真皮里,一只手臂或一条腿的电阻大约为500Ω。因此,由一只手臂到另一只手臂或由一条腿到另一条腿的通路相当于一只1000Ω的电阻。假定一个人用双手紧握带电体,双脚站在水坑里而形成导电回路,这时人体电阻基本上就是体内电阻,约为500Ω。

一般情况下,人体电阻可按1000~2000Ω考虑,常见测试部位电阻见表5-3。

常见测试部位电阻 表5-3

测试部位	测试环境		人体电阻 (Ω)
	相对湿度(%)	温度(℃)	
手腕到手腕	82	28	6300
	66	23	14600
手腕到脚踝	82	28.5	7400
	66	23	24500
手腕到大地	湿度较大		6000
	比较干燥		300000

2)皮下的内部电阻

一般人体的电阻分为皮肤的电阻和内部组织的电阻两部分,由于人体皮肤的角质外层具有一定的绝缘性能,因此,决定人体电阻的主要是皮肤的角质外层。当表皮受损暴露出真皮,人体内因布满了输送盐溶液的血管而具有很低电阻。

体内电阻基本稳定,约为500Ω。人体内部组织的电阻不稳定,不同的人内部组织的电阻也不同,但有一个共同的特点就是,人体内部组织的电阻与外加的电压大小基本没有关系。

行业规定安全电压不高于36V,持续接触安全电压为24V,安全电流为10mA,人体电阻最大是5000Ω,最小是200Ω,多数决定于环境因素。

3)环境因素对人体电阻的影响

有人认为人体电阻最小时只有几百欧,正常情况下有几千欧,但偶尔电阻较大时也会达到几万欧甚至几十万欧。为什么人体的电阻在不同情况下会有如此大的差别呢?研究表明,一些因素影响了人体电阻的大小。

(1)人的皮肤的干燥程度。当人体在皮肤干燥,且无损伤的情况下,人体的电阻就要比皮肤潮湿时的大些。

(2)人体两端的电压。人体的电阻事实上可以看出是电解质的电阻,而电解质的电阻会随两端电压的变化而变化,一般来说加在人体两端的电压越大,人体的电阻就越小。如果较大的电压使人体皮肤的角质层被击穿,人体的电阻就会降为几百欧。

(3)电源的类型。如果加在人体两端的是交流电,相比于在同等电压的直流电,人体的电阻就是显得稍小些。

(4)通过人体的电流越大,人体的生理反应就越明显,感应就越强烈,引起心室颤动所需的时间就越短,致命的危害就越大,见表5-4。

人体被伤害程度与通过电流大小的关系　　表5-4

名称	成年男性		成年女性
感知电流	工频 直流	1.1mA 5.2mA	0.7mA 3.5mA
摆脱电流	工频 直流	16mA 76mA	10.5mA 51mA
致命电流	工频 直流	30~50mA 1300mA(0.3s)　500mA(3s)	

(5)其他因素。人体电阻大小还与人的年龄、健康状况(包括皮肤是否有损伤)、情绪、通电时间等诸多因素有关。当然也有36V的电压而致人死亡的报道。人体电阻会受到很多因素的影响,它并没有一个确定的值。

4)人体通过电流的分级

对于工频交流电,按照通过人体的电流大小而使人体呈现不同的状态,可将电流划分为三级。

(1)感知电流。引起人的感觉的最小电流。人接触这样的电流会有轻微麻痹。实验表明,成年男性平均感知电流有效值为1.1mA;成年女性约为0.7mA。

感知电流一般不会对人造成伤害,但是接触时间长,表皮被电解而电流增大时,感觉增强,反应变大,可能造成坠落等间接事故。

(2)摆脱电流。电流超过感知电流并不断增大时,触电者会因肌肉收缩,发生痉挛而紧握带电体,不能自行摆脱电源。人触电后能自行摆脱电源的最大电流称为摆脱电流。一般成年男性平均摆脱电流为16mA,成年女性约为10.5mA,儿童较成年人小。

摆脱电流是人体可以忍受而一般不会造成危险的电流。若通过人体的电流超过摆脱电流且时间过长,会造成昏迷、窒息,甚至死亡。因此,人摆脱电流的能力随着触电时间的延长而降低。

(3)致命电流。在较短时间内危及生命的电流为致命电流。电流达到50mA以上,就会引起心室颤动,有生命危险,100mA以上的电流,则足以致死。而接触30mA以下的电流通常不会有生命危险。

5)决定人体通过电流所造成危害程度的因素

电流通过人体后,能使肌肉收缩产生运动、造成机体损伤。电流产生的热效应和化学效应可引起一系列急骤的病理变化,使机体遭受严重的损害。特别是电流流经心脏,对心脏的损害极为严重。极小的电流可引起心室纤维性颤动,导致死亡。电击伤对人体的伤害程度与电流的种类、大小、途径、接触部位、持续时间、人体健康状态、精神状态等都有关系。

(1)通过人体的电流越大,对人体的影响也越大;因此,接触的电压越高,对人体的损伤也就越大。

电流通过人体所产生的热效应和化学效应与电流强度成正比关系。几十微安的电流可以丝毫感觉不到,而几十毫安的电流可引起生命危险。从欧姆定律可知,当人体触及较高电压的带电体时,流过人体的电流也较大,因而受到的损伤也就严重。一般将36V以下的电压为安全电压,但在特别潮湿的环境中即使接触36V的电源也有生命危险,所以在这种场所,要用12V安全电压或更低的电压。

(2)交流电对人体的损害作用比直流电大,不同频率的交流电对人体影响也不同。

人体对工频交流电要比直流电敏感得多。接触直流电时,其强度250mA有时也不引起特殊的损伤,而接触50Hz交流电时只要有50mA的电流通过人体,如持续数十秒,便可引起心脏心室纤维性颤动,而导致死亡。

交流电中28~300Hz的电流对人体损害最大,极易引起心室纤维性颤动。20000Hz以上的交流电对人体影响较小,故可用来作为理疗之用。我们平时采用的工频交流电源为50Hz,从设计电气设备角度考虑是比较合理的,然而50Hz的电流对人体损害是较严重的,因此,一定要提高警惕,搞好安全用电工作。

(3)电流持续时间与损伤程度有密切关系。通电时间短,对机体的影响小,通电时间长,对机体损伤就大,危险性也增大。特别是电流持续流过人体的时间超过人的心脏搏动周期时,这对心脏的威胁很大,极易产生心室纤维性颤动。据统计,触电1~5min内急救,90%有良好的效果,10min内60%救生率,超过15min希望甚微。

(4)通过人体的电流途径不同时,对人体的伤害情况也不同。通过心脏、肺和中枢神经系统的电流强度越大,其后果也就越严重。由于身体的不同部位触及带电体,所以通过人体的电流途径均不相同。因此,流经身体各部分的电流强度也不同,对人的损害程度也不一样。所以通过人体的总电流,强度虽然相等,当电流途径不同其后果也不同。

(5)电流对心脏影响最大,常会产生心室纤维颤动,导致死亡。发生触电事故时造成触电死亡的原因比较多,但常常由于心颤动而死亡。

生物体的细胞在进行活动时,会产生生物电现象。人体器官活动时,均受到生物电流的控制。人体的心脏是一个使血液在身体里进行循环的泵,它把养料和氧气送到身体各部分组织内,供它们代谢之需,维持人体的生命。心脏的工作不需要接受大脑的信息,大脑可影响心脏的活动,但不起根本性的影响,许多人身上植入起搏器后,照样很好地生活,充分说明了这一点。

心脏由一些特殊的肌肉组成。电信息在心肌的细胞中传递,使心机能协调地顺序动作,心肌规律性地收缩和舒张,使心脏产生了泵的作用。如果心肌细胞收缩顺序受到通过心脏的电流干涉,那么心脏协调的顺序动作值就会丧失,这种情况便称为心室纤维性颤动。心脏发生颤动时无血搏出,如不立即抢救,人体就会很快死亡。引起心室纤维性颤动的通过心脏电流有人已证明可以抵达 20mA,对患有某些疾病的病人,还可能大大地低于此值。

2. 触电危害

触电是人体触及带电体、带电体与人体之间电弧放电时,电流经过人体流入大地或是进入其他导体构成回路的现象。触电事故时常发生,产生的危害也有很多。触电事故基本分类如图 5-6 所示。

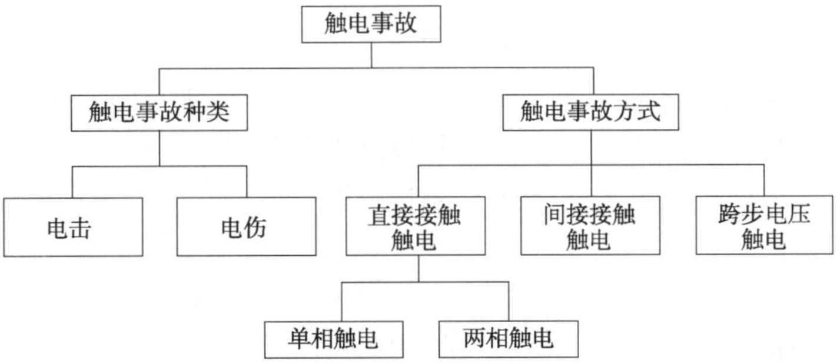

电流对人体的伤害类型

图 5-6　触电事故基本分类

1)电击与电伤

电击是由于电流通过人体时造成的内部器官在生理上的反应和病变,如破坏人的心脏、神经系统、肺部的正常工作造成的伤害。电击对人体的危害程度,主要取决于通过人体电流的大小和通电时间长短。随着电流的大小不同,人体的反应也不同,如针刺感、击痛感、昏迷、心室颤动、呼吸困难或停止现象。由于人体触及带电的导线、漏电设备的外壳或其他带电体,以及由于雷击或电容放电,都可能导致电击。电伤是电流的热效应、化学效应或机械效应对人体造成的局部伤害,包括电弧烧伤、烫伤、电烙印、皮肤金属化、电气机械性伤害、电光眼等不同形式的伤害,如图 5-7 所示。

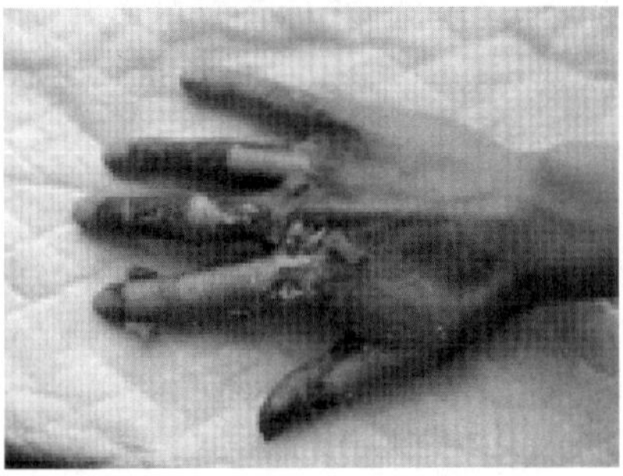

图 5-7　电弧烧伤

电击和电伤会引起人体的一系列生理反应。电流通过人体,会引起麻感、针刺感、压迫感、打击感、痉挛、疼痛、呼吸困难、血压升高、昏迷、心律不齐、心室颤动等症状。电流对人体的作用主要表现为生物学效应,包括复杂的理化过程。电流的生物学效应表现为使人体产生刺激和兴奋行为,使人体活的组织发生变异,从一种状态变为另外一种状态。电流通过肌肉组织,引起肌肉收缩。电流对肌体除直接起作用外,还可能通过中枢神经系统起作用,由于电流引起细胞运动,产生脉冲形式的神经兴奋波,当这种兴奋波迅速地传到中枢神经系统时,中枢神经系统即发生不同的指令,使人体各部作出相应的反应。因此,当人体触及带电体时,有些没有电流通过的部分也可能受到刺激,发生强烈的反应。

而且,当中枢神经得到的兴奋波很强烈时,人体可能出现不适当的反应,重要器官的工作可能受到破坏。在活的肌体上,特别是肌肉和神经系统,有微弱的生物电存在。如果引入局外电源,微弱的生物电的正常工作规律将被破坏,人体也将受到不同程度的伤害。电流通过人体还有热作用。电流经过血管、神经、心脏、大脑等器官,可使其热量增加而导致功能障碍。电流通过人体,还会引起肌体内液体物质发生离解、分解而导致破坏。电流通过人体,还会使肌体各种组织产生蒸汽,乃至发生剥离、断裂等严重破坏。

2)触电方式

触电方式主要有直接触电和间接触电,通常跨步电压触电属于间接接触触电。同时还有其他一些方式的触电,如雷电、感应电等。

(1)直接触电。直接触电是指人体直接接触正常工作时的带电体而发生的触电,除了隔离和加强绝缘外,一般来说较难进行其他保护,特别是两相触电,更是不可能进行保护,如图5-8所示。

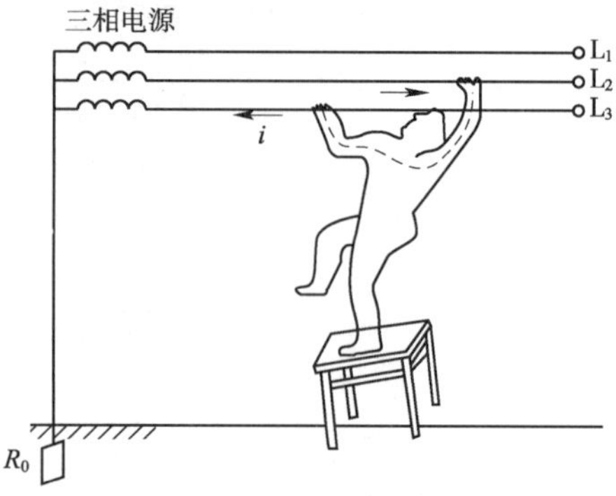

图5-8 两相直接触电

直接接触电击:直接接触电击是触及设备和线路正常运行时的带电体发生的电击(如误触接线端子发生的电击),也称为正常状态下的电击。

直接触电通常分为单相触电和两相触电。

单相触电是指当人站在地面上,人体的某一部位触到某相线而发生的触电现象。在低压供电系统中发生单相触电,人体所承受的电压几乎就是电源的相电压220V。

两相触电指人体同时接触设备或线路中的两相导体而发生的触电现象。若人体触及一相线、一零线,人体承受的电压为220V;若人体触及两根相线,则人体承受的电压为线电压380V。两相触电对人体的危害更大。

直接接触触电有以下特点:人体的接触电压就是全部工作电压。电路中的故障电流就是人体的触电电流。直接接触时,通过人体的电流较大,危险性也较大,往往导致触电伤亡事故。因此,应想方设法防止直接接触触电。造成直接接触触电的原因及防护措施除了误触电气设备的带电部分外,已停电的设备突然来电,也是造成直接触电的主要原因。尤其在停电检修时,由于作业人员心理准备不足,一旦停电后设备突然来电,就可能造成群伤事故。因此,即使在停电检修时,作业人员也必须清楚地认识到,已停电的设备有突然来电的危险。

应认真采取预防措施，并做好个人的防护工作。

直接接触触电的防护措施主要有以下几种：

①远离（间距）防护。

②屏护（障碍）防护。

③绝缘防护。

④采用安全特低电压。

⑤装漏电保护装置（如剩余电流动作装置保护器或漏电开关等）。

⑥电气连锁防护。

⑦限制能耗防护。

为了防止人体触及或过分接近带电体，或防止车辆和其他物体碰撞带电体，以及避免发生各种短路、火灾和爆炸事故，在人体与带电体之间、带电体与地面之间、带电体与带电体之间、带电体与其他物体和设施之间，都必须保持一定的距离，这种距离称为电气安全距离。电气安全距离的大小，应符合有关电气安全规程的规定。

在实际中，通常要进行安全距离防护，采取必要措施，使人体与带电体之间保持一定的距离（即安全距离），以防止人体偶然触及或过分接近带电体而触电。

在具体条件下，确定防护间距的大小，应考虑日常工作或生活的安全需要。如在有人经常工作或经常停留的场所，应将带电体装在伸臂范围以外，而且伸臂时手臂的最外点（伸直的手指）与带电体之间应有一定距离。如果作业中使用长而大的工具，间距应适当加大。

（2）间接触电。间接触电是指由于绝缘损坏导致碰壳故障，使本来不带电的物体带电，因人体接触到这些物体而导致的触电，如图 5-9 所示。

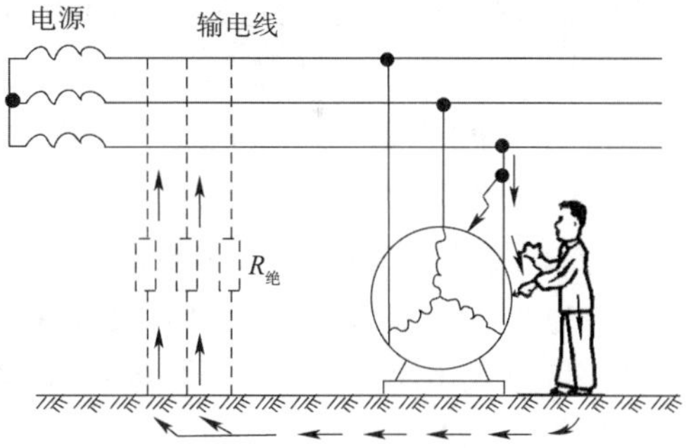

图 5-9 保护搭铁

间接触电大都发生在大风刮断架空线或接户线后，搭落在金属物或广播线上，相线和电杆拉线搭连，电动机等用电设备的线圈绝缘损坏而引起外壳带电等情况下。

间接接触电击：间接接触电击是触及正常状态下不带电，而当设备或线路故障时意外带电的导体发生的电击（如触及漏电设备的外壳发生的电击），也称为故障状态下的电击。

间接接触电防护措施有以下几种：

①自动切断供电电源（接地故障保护）。

②采用双重绝缘或加强绝缘的电气设备（即Ⅱ级电工产品）。

③将有触电危险的场所绝缘，构成不导电环境。

④采用不搭铁的局部等电位连接保护，或采取等电位均压措施。

（3）静电。静电是一种处于静止状态的电荷。在干燥和多风的秋天，在日常生活中，人们常常会碰到这种现象：晚上脱衣服睡觉时，黑暗中常听到“噼啪”的声响，而且伴有蓝光；见面握手时，手指刚一接触到对方，会突然感到指尖针刺般刺痛，令人大惊失色；早上起来梳头时,头发会经常“飘”起来,越理越乱;拉门把手、开水龙头时都会“触电”,时常发出“啪、啪、啪”的声响,这就是发生在人体的静电。

静电是通过摩擦引起电荷的重新分布而形成的,也有由于电荷的相互吸引引起电荷的重新分布形成。

静电的危害很多,它的第一种危害来源于带电体的相互作用。在印刷厂,纸页之间的静电会使纸页黏合在一起,难以分开,给印刷带来麻烦;在制药厂,由于静电吸引尘埃,会使药品达不到标准的纯度;在放电视时荧屏表面的静电容易吸附灰尘和油污,形成一层尘埃的薄膜,使图像的清晰程度和亮度降低;在混纺衣服上常见而又不易拍掉的灰尘,也是静电引起的。

静电的第二大危害,是有可能因静电火花点燃某些易燃物体爆炸。漆黑的夜晚,人们穿脱尼龙、毛料衣服时,会发出火花和“叭叭”的响声,这对人体基本无害。但在手术台上,电火花会引起麻醉剂的爆炸,伤害医生和病人;在煤矿,则会引起瓦斯爆炸,会导致工人死伤,矿井报废。总之,静电危害起因于用静电火花,导致静电放电引起可燃物的起火和爆炸。

人们常说,防患于未然,防止产生静电的措施最简单又最可靠的办法是用导线把设备搭铁,这样可以把电荷引入大地,避免静电积累。我们经常看到油罐车的尾部拖一条铁链,这就是车的搭铁线。适当增加工作环境的湿度,让电荷随时放出,也可以有效地消除静电。清洗电视屏幕可消除静电影响。

在房屋内,地毯与鞋底摩擦后可能产生静电,在屋外也可能由于刮风导致身上带电。这时进出要触碰铁门应小心,手可能挨电打。反复遇到这样的情况后,可采取如下办法避免电击:在触碰铁门时,不要用手直接接触铁门,而是用手先大面积抓紧一串钥匙,然后,用一个钥匙的尖端去接触铁门,这样,身上的电就会被放掉,而且不会遭电击。

手上放电的疼痛是由于高压放电,由于放电时手与铁门突然接触时是极小面积的接触,因而产生瞬间高压。如果拿出口袋里的钥匙,先大面积握住钥匙(一串钥匙本身不能传走多少电荷因而这时也不会有电击),再用一把钥匙的尖端去接触大的导体,这时,放电的接触点就不是手皮肤上的某个点,而是钥匙尖端,因此手不会感到疼痛。

(4)感应电。感应电为导电设备外部带的一种电。一般研究表明,人体对高压电场下的静电感应电流的反应更加灵敏,0.1~0.2mA的感应电流通过人体时,即使未触及被感应物体,人也会有明显的针刺感。

一般来说,感应电对人体没有危害,但对于比较敏感的电子设备影响较大,比如心脏起搏器等,因此装备此类仪器的人一定要注意。

日常生活中防感应电人们往往存在这样一种意识:只有接触到高压线路才会触电,因而对高压输电线路附近没有接触高压线却发生了触电事故的现象迷惑不解。这实际上是一种认识误区。因为在高压输电线和高压配电装置周围存在着强大的电场,处在此电场内的导体会因静电感应作用而出现感应电压,当人们触及这些带有感应电压的物体时,就会有感应电流通过人体流向大地而使人受到电伤害。

因此,大家在下雨天尽量使用没有金属部件的雨伞。如果雨伞有金属部件,当打伞路过高压线下时,千万别碰雨伞金属部件,以免发生“麻电”情况。离开线路区域后,也别急着碰金属部分最好先让雨伞金属部分和地面接触一下,再用手触摸。平日里,路过高压线路下时，也最好别举金属物品。

（5）雷电。雷电是伴有闪电和雷鸣的一种雄伟壮观而又有点令人生畏的放电现象。闪电的平均电流是3万A，最大电流可达30万A。闪电的电压很高，为1亿～10亿V。一个中等强度雷暴的功率可达1000万W，相当于一座小型核电站的输出功率。放电过程中，由于闪电通道中温度骤增，使空气体积急剧膨胀，从而产生冲击波，导致强烈的雷鸣。带有电荷的雷云与地面的突起物接近时，它们之间就发生激烈的放电。在雷电放电地点会出现强烈的闪光和爆炸的轰鸣声，这就是人们见到和听到的闪电雷鸣。

闪电的受害者有2/3以上是在户外受到袭击，受害者以在树下避雷雨的最多。雷电对人体的伤害，有电流的直接作用和超压或动力作用，以及高温作用。当人遭受雷击的一瞬间，电流迅速通过人体，重者可导致心跳、呼吸停止，脑组织缺氧而死亡。另外，雷击时产生的火花，也会造成不同程度的皮肤烧灼伤。雷电击伤，也可使人体出现树枝状雷击纹，表皮剥脱，皮内出血，也能造成耳鼓膜或内脏破裂等。

雷电发生时产生的雷电流是主要的破坏源，其危害有直接雷击、感应雷击和由架空线引导的侵入雷电波。如各种照明、电信等设施使用的架空线都可能把雷电引入室内，所以应严加防范。常见预防雷电的方法有：

①注意关闭门窗，室内人员应远离门窗、水管、煤气管等金属物体。

②关闭家用电器，拔掉电源插头，防止雷电从电源线入侵。

③在室外时，要及时躲避，不要在空旷的野外停留。在空旷的野外无处躲避时，应尽量寻找低洼之处（如土坑）藏身，或者立即下蹲，降低身体高度。

④远离孤立的大树、高塔、电线杆、广告牌。

⑤立即停止室外游泳、划船、钓鱼等水上活动。

⑥如多人共处室外，相互之间不要挤靠，以防雷击中后电流互相传导。

（6）剩余电荷。电气设备的相间绝缘和对地绝缘都存在电容效应。由于电容器具有储存电荷的性能，因此，在刚断开电源的停电设备上，都会保留一定量的电荷，称为剩余电荷。如果此时有人触及停电设备，就可能遭受剩余电荷电击。另外，如大容量电力设备和电力电缆、并联电容器等在遥测绝缘电阻后或耐压试验后都会有剩余电荷的存在。设备容量最越大、电缆线路越长，这种剩余电荷的积累电压越高。因此，在遥测绝缘电阻或耐压试验工作结束后，必须注意充分放电，以防剩余电荷电击。

3. 短路危害

短路是指电路或电路中的一部分被短接。短路时电源提供的电流将比通路时提供的电流大得多。一般情况下不允许短路，如果短路，严重时会烧坏电源或设备。

1）常见类型

（1）电源短路。如图5-10所示，电流不经过任何用电器，直接由正极经过导线流回负极，特别容易烧坏电源。根据欧姆定律知道，由于导线的电阻很小，电源短路时电路上的电流会非常大。这样大的电流，电池或者其他电源都不能承受，会造成电源损坏；更为严重的是，因为电流太大，会使导线的温度升高，严重时有可能造成火灾。

（2）用电器短路。用电器短路又称部分电路短路，即一根导线接在用电器的两端，容易产生烧毁其他用电器的情况,如图 5-11 所示。

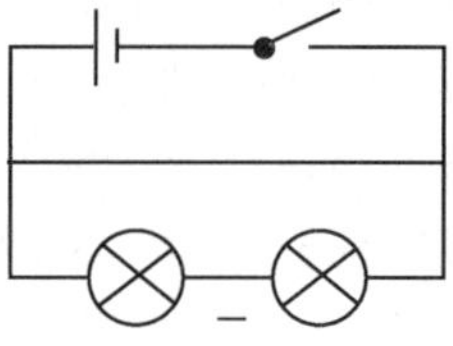

图 5-10　电源短路

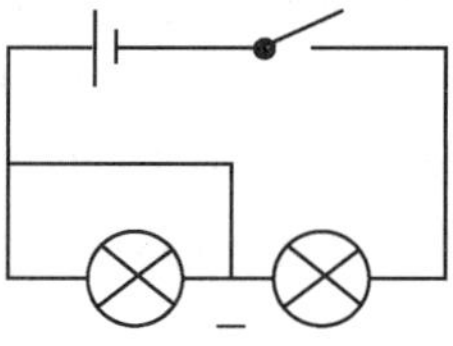

图 5-11　用电器短路

2)短路原因

(1)元件损坏短路往往是由于绝缘损坏或接线不慎所引起的。例如设备绝缘材料老化,设计、制造、安装、维护不良等造成的设备缺陷发展成为短路。

(2)气象条件影响。例如,雷击过后造成的闪烁放电,由于风灾引起架空线断线和导线覆冰引起电线杆倒塌等。

(3)人为因素。例如,在雨季,未查明前方水情、冒险涉水,导致电路短路。

3)短路后果

(1)产生大电流。短路有时会产生大电流,因此会产生大量的热量,损毁设备,电弧会将许多元件短时间熔化。

(2)造成低电压。短路会使电气设备无法正常工作。在医院、矿山等地方,这种危害会引发生命危险。

(3)干扰、抑制与破坏系统的稳定运行,线损、热损、无功功率等增大,影响通信等。

(4)防护措施。经常检查电气设备和线路的绝缘情况是一项很重要的安全措施。此外,为了防止短路事故所引起的后果,通常在电路中接入熔断器或空气短路器,以便短路发生时,能迅速将故障电路自动切除。

4)电磁辐射

电磁辐射又称电子烟雾,是由空间共同移送的电能量和磁能量,是由电荷移动所产生。例如,正在发射信号的射频天线所发出的移动电荷,便会产生电磁能量。

电磁辐射基本原理:电场和磁场的交互变化产生了电磁波,电磁波向空中发射或泄漏的现象,称为电磁辐射。电磁辐射是一种看不见、摸不着的场。人类生存的地球本身就是一个大磁场,它表面的热辐射和雷电都可产生电磁辐射,太阳及其他星球也从外层空间源源不断地产生电磁辐射。围绕在人类身边的天然磁场、太阳光、家用电器等都会发出强度不同的辐射。

电磁辐射分两个级别,工频段辐射和射频电磁波。

工频段国家标准电场强度为 4000V/m,磁感应强度为 0.1mT;射频电磁波的单位是 $\mu W/cm^2$,国家标准限值为 40,对于一般公众取值为 20%。

所谓的电磁辐射就是能量以电磁波形式发射到空间的现象。电流在导体内的流动会产生电场,电流在导体内变化会产生磁场,因此辐射出去的称为电磁波。稳恒的直流电由于只产生电场不产生交变磁场,即使是超高压直流电,它也只是电场强到使空气电离而发光,此时的光辐射是空气电离发出的,并不是导线,不产生电磁波。

坐在电动汽车内会受到电磁辐射的影响吗？对于这个问题，可采用来自意大利 Narda 的电磁场强测量仪来进行实验，如图 5-12 所示。

经过测量，车内的电磁辐射的确存在，而且各个角落辐射值相差较大，辐射值最高的地方一般是中控台的触摸屏，为安全限值的 3%。

电机机舱内部辐射值仅为安全值的 2%，几乎可以忽略不计。事实上，经过工程师们的努力，如今坐在电动汽车内受到的电磁辐射同普通汽车已经没有区别。

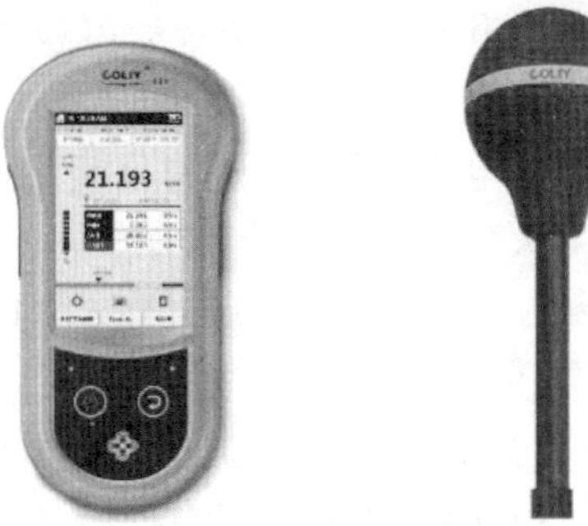

图 5-12 电磁场测量仪

5）电弧危害

电弧是一种气体放电现象，是电流通过某些绝缘介质（例如空气）所产生的瞬间火花。电弧是一种自持气体导电（电离气体中的电传导），其大多数载流子为一次电子发射所产生的电子。触头金属表面因一次电子发射（热离子发射、场致发射或光电发射）导致电子逸出，间隙中气体原子或分子会因电子（碰撞电离、光电离合热电离）而产生电子和离子（图 5-13）。

开关电器的基本功能就是能够在所要求的短时间内分合电路，即起所谓开关的作用，如图 5-14 所示。机械式开关设备是用触头来开断电路电流的，在大气中开断电路时，只要电压超过 12V，被开断的电流超过 0.25A，在触头间隙（也称弧隙）中通常产生一团温度极高、发出强光且能够导电的近似圆柱形的气体，这就是电弧。一直到电弧熄灭，触头间隙成为绝缘介质后，电流才被开断。发生在开关设备中的电弧简称为开关电弧。

图 5-13 电弧现象

图 5-14 开关电器

开关电弧的主要外部特征有：

（1）电弧是强功率的放电现象。在有的开关中，电弧燃烧时间比正常情况只多 10 ~ 20ms，开关就会出现严重烧损甚至爆炸。在用灭弧能力很弱的隔离开关开断负荷电路时（属于误操作），电弧能使操作者大面积烧伤。

（2）电弧是一种自持放电现象。不用很高的电压就能维持相当长的电弧稳定燃烧而不熄灭。

（3）电弧是等离子体，质量极轻、极容易改变形状电弧区内气体的流动，包括自燃对流以及外界甚至电弧电流本身产生的磁场都会使电弧受力，改变形状，有的时候运动速度可达每秒几百米。设计人员可以利用这一特点来快速熄弧并预防电弧的不利影响及破坏作用。

在电力系统中,开关分断电路时会出现电弧放电。为此,专门设计出各种各样的灭弧室。灭弧室的基本类型有:

(1)采用六氟化硫、真空和油等介质。

(2)采用气吹、磁吹等方式快速从电弧中导出能量。

(3)迅速拉长电弧等。直流电弧要比交流电弧难以熄灭。

电弧放电可用于焊接、冶炼、照明、喷涂等。这些场合主要是利用电弧的高温、高能量密度、易控制等特点。在这些应用中,都需使电弧稳定放电。目前的电子产品,如等离子电视、等离子显示器的显示原理也是依赖电弧放电。

电弧不单单只是对人有坏处,某些大型舞台的灯光师利用电弧放电原理而制造成七彩斑斓的电弧花,以装饰舞台。

任务实施

一、任务准备

1. 组织方式

(1)场地设施:绝缘手套、绝缘鞋帽、绝缘木棍等。

(2)情景模拟:一名同学模拟电动汽车维修过程中意外高压触电,另一位同学立刻组织触电急救。

(3)学生组织:教师指导,按各实例知识讲解及实训进行自评、互评。

(4)检查实训任务:真实、完整、有效。

2. 触电急救相关知识

1)触电急救的原则和方法

(1)触电急救的原则。触电急救的基本原则(八字原则):迅速、就地、准确、坚持。

触电急救的原则和方法

时间就是生命,早一分钟抢救就多一分生的希望。触电1min后开始救治者,90%有良好效果,6min后开始救治者,10%有良好效果,而从12min后开始救治者,救活的可能性就很小了。因此,触电急救必须分秒必争,立即就地迅速用心肺复苏法进行抢救,并坚持不断地进行,同时及早与医疗部门联系,争取医务人员接替救治。在医务人员未接替救治前,不应放弃现场抢救,更不能只根据没有呼吸或脉搏擅自判定伤员死亡,放弃抢救,只有医生有权做出伤员死亡的诊断。

(2)触电急救基本方法。脱离电源触电急救,首先要使触电者迅速脱离电源,越快越好。因为电流作用的时间越长,伤害越重。

脱离电源就是要把触电者接触的那一部分带电设备的开关、刀闸或其他断路设备断开,或设法将触电者与带电设备脱离。在脱离电源时,救护人员既要救人,也要注意保护自己。触电者未脱离电源前,救护人员不准直接用手触及伤员,因为有触电的危险。如触电者处于高处，触脱电源后会自高处坠落，因此，要采取预防措施防止二次伤害。

对各种电压设备的触电场合，脱离电源的措施有所不同，具体操作如下：

①脱离低压线路的电源。触电者触及低压带电设备，救护人员应想办法迅速切断电源，如拉幵电源开关或刀闸、拔除电源插头等，或使用绝缘工具，如干燥的木棒、木板、绳索等解脱触电者。也可捉住触电者干燥而不贴身的衣服，将其拖开，切记要避免碰到金属物体和触电者的裸露身躯；也可戴绝缘手套或将手用干燥衣物等包起绝缘后解脱触电者；但因触电者身体带电，其鞋的绝缘可能遭到破坏，救护人员不得接触带电者的皮肤和鞋；救护人员也可站在绝缘垫上或干木板上，绝缘自己进行救护。

为使触电者与导电体解脱，最好用一只手进行。假如电流通过触电者接地，并且紧握电线，可想法用干木板塞到其身下，与地隔离，也可用干木把斧子或有绝缘柄的钳子将电线剪断。剪断电线要分相，一根一根地剪断，并尽可能站在绝缘物体或干木板上进行。总之，脱离低压电源的方法一般有：挑、拉、切、曳、垫。

②脱离高压线路的电源。触电者触及高压带电设备，救护人员应迅速切断电源，或用适合该电压等级的绝缘工具（戴绝缘手套、穿绝缘靴并用绝缘棒）解脱触电者，如图5-15所示。救护人员在抢救过程中应留意保持自身与四周带电部分必要的安全间隔。抛掷裸金属线使线路搭铁，迫使保护装置动作，断开电源。

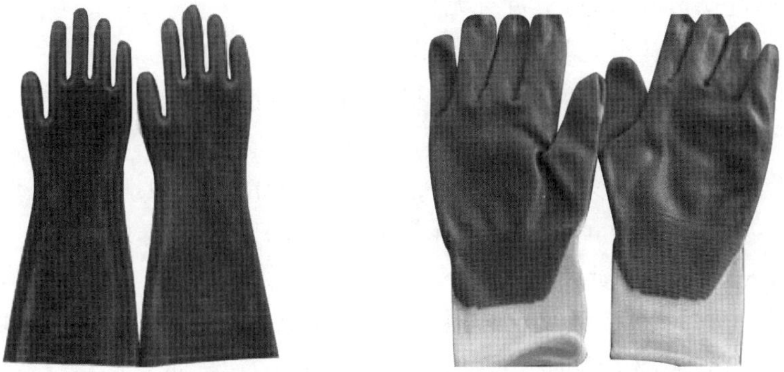

图5-15　绝缘保护工具

注意：抛掷金属线时，先将金属线的一端可靠搭铁，然后抛掷另一端，并且抛掷的一端不可触及触电者和其他人。

③脱离架空塔杆线路的触电电源。对触电发生在排挤线杆塔上，如系低压带电线路，能立即切断线路电源的，应迅速切断电源，或者由救护职员迅速蹬杆，束好自己的安全皮带后，用带绝缘胶柄的钢丝钳、干燥的不导电物体或绝缘物体将触电者拉离电源。如系高压带电线路，又不可能迅速切断开关的，可采用抛挂足够截面的适当长度的金属短路线方法，使电源开关跳闸。抛挂前，将短路线一端固定在铁塔或搭铁引线上，另一端系重物，但抛掷短路线时，应留意防止电弧伤人或断线危及人身安全。

注意：不论是何种电压线路上触电，救护人员在使触电者脱离电源时要留意防止发生高处坠落的可能和再次触及其他有电线路的可能。

④脱离断落在地的高压导线上的触电电源。假如触电者触及断落在地上的带电高压导

线,如尚未确认线路有无电时,救护人员在未做好安全措施(如穿绝缘靴)前,不能接近断线点 8～10m 范围内,以防止跨步电压伤人。触电者脱离带电导线后也应迅速带至 8～10m 以外,并立即开始触电急救。只有在确定线路已经无电时,才可在触电者离开触电导线立即就地进行急救。

(3)抢救措施。抢救触电者使其脱离电源后,应立即就近移至干燥通风场所,进行如下抢救措施:

首先,判断触电者意识。

①拍:轻拍伤员肩部,高声呼叫伤员。

②按:无反应时,立即用手指甲掐压人中穴、合谷穴约 5s。

③叫:大声呼叫"来人啊,救命啊!"

④放:放好伤员体位,使伤员仰卧在硬板上或地上,头、颈、躯干平卧无扭曲,双手放于两侧躯干旁,解开上衣,暴露胸部。

其次,通畅气道。采用仰头举颌法疏通气道:用一只手置于伤员前额,另一只手的食指与中指置于下颌骨近下颏处,两手协同使头部后仰 90°,迅速清除口腔异物,2s 内完成。

再次,判断伤员呼吸。

一看:看伤员的胸部、腹部有无起伏动作。

二听:用耳贴近伤员的口鼻处,听有无呼气声音。

三试:用手指测试口鼻有无呼气的气流。

在此过程中始终保持气道开放位置,观察时间不超过 5s。

最后,判断伤员心跳。

一只手置于伤员前额,使头部保持后仰,另一只手的食指及中指指尖靠近救护者一侧轻轻触摸喉结旁 2～3cm 凹陷处的颈动脉有无搏动,检查时间不超过 10s。

2)触电急救安全注意事项

(1)动作要快,尽量缩短触电者带电时间,缩短触电者心脏停止跳动和呼吸终止时间。

(2)在帮助触电者脱离电源时,应注意防止触电者被摔伤,或自己触电等二次事故发生。

(3)运用正确的口对口(鼻)人工呼吸和胸外心脏挤压法对触电者进行抢救,不得轻易终止抢救,即使在将触电者送医院途中也不得中止抢救。

(4)不可对触电者轻易注射肾上腺素(强心针)。人工呼吸和胸外心脏按压是第一位的,也是最基本的急救方法。肾上腺素虽有使停止跳动的心脏恢复跳动的作用,但肾上腺素也可导致心脏停止跳动而死亡。因此,对尚有心脏跳动的触电者不得使用肾上腺素。只有当触电者经过人工呼吸和胸外心脏按压急救无效,并用心电图仪鉴定心脏确已停止跳动,又备有心脏除颤装置的条件下,才可以注射肾上腺素。

(5)对于触电者在触电同时发生的外伤,应根据不同情况酌情处理。对不危及生命的轻度外伤,可以放在触电急救之后处理;对严重外伤,应与人工呼吸和胸外心脏按压同时处理;对严重出血性外伤,优先处理。

3)二次伤害

二次伤害是指已经受到了伤害后,由于各种原因在已经受伤的情况下,再次受到了伤害：例如：在高处发生触电，触电后从高处坠落造成的伤害；在触电急救中，给受伤人员做胸外按压，用力过猛，把肋骨压断，刺伤心脏。

4）外伤与出血

由于外伤引起的大出血，如不及时予以止血与包扎，会严重地威胁人的生命。

（1）外伤出血的分类。外伤出血，按血管的种类分动脉出血、静脉出血和毛细血管出血三种。按出血部位分为：外出血、内出血和皮下出血三种。所谓的外出血是指身体表面受伤引起的出血，血液从伤口流出；内出血是指体内的脏器和组织受损伤而引起的内出血，血液流入体腔内，外表看不见。如肝破裂，胸腔受伤引起的血胸等。皮下出血是指皮肤未破，只在皮下软组织内出血，如挫伤、瘀斑等。

（2）外伤出血的临床表现。

①动脉出血。由于动脉血管内压力较高，所以出血时呈泉涌、搏动性，尤其是大的动脉血管破裂，血液呈喷射状，颜色鲜红，常在短时内造成大量失血，易引起生命危险。

②静脉出血。出血时缓缓不断地外流，呈紫红色。如大静脉出血，往往受呼吸运动的影响，吸气时流出较缓，呼气时流出较快。

③毛细血管出血。出血时，血液成水珠样流出，多能自动凝固止血。

（3）外伤出血的急救方法。止血的四种常见方法：一般止血法、指压临时止血法、加压包扎止血法、止血带包扎法。

①指压临时止血法。在伤口的上方，即近心端，找到跳动的血管，用手指紧紧压住。这是紧急的临时止血法，与此同时，应准备材料换用其他止血方法。采用此法，救护人必须熟悉各部位血管出血的压迫点。

②加压包扎止血法。用消毒的纱布、棉花作成软垫放在伤口上，再用力加以包扎，以增大压力达到止血的目的。伤口有碎骨存在时，禁用此法。此法常用于小动脉、静脉及毛细血管止血。

③止血带止血。该方法用于四肢较大动脉的出血。用其他方法不能止血或伤肢无法再复原时，才可用止血带。因止血带易造成肢体残疾，故使用时要特别小心。

3. 触电急救心肺复苏

触电伤员呼吸和心跳均停止时，应立即按心肺复苏法支持生命的三项基本措施，正确进行就地抢救。施行心肺复苏术时应将患（伤）者的衣扣及裤带解松，以免引起内脏损伤。心肺复苏法支持生命的三项基本措施：通畅气道；口对口（鼻）人工呼吸；胸外按压（人工循环）。

1）急救前对伤情的判断

（1）检查意识、呼吸及脉搏。如果触电者伤势不重，神志清醒，但有些心慌、四肢发麻全身无力，或者触电者曾一度昏迷但已经清醒过来，应使其就地躺平，这时应使触电者安静休息，不要走动，严密观察并请医生前来诊治或送往医院。

触电伤员如神志不清者，应就地仰面躺平，且确保气道通畅，并用5s时间，呼叫伤员或轻拍其肩部，以判定伤员是否意识丧失。禁止摇动伤员头部呼叫伤员。

如果触电者已失去知觉，但心脏跳动和呼吸还存在，应使触电者舒适、安静地平卧，周围不要围人，使空气流通，解开他的衣服以利呼吸。如天气寒冷，要注意保温，防止感冒或冻伤。同时，要速请医生救治或送往医院。如果发现触电者呼吸困难、稀少，或发生痉挛，应准备心跳或呼吸停止后立即做进一步的抢救。

触电伤员如意识丧失,应在10s内,用“看、听、试”的方法,判定伤员呼吸情况;用“探”的方法判断触电者的心跳情况,具体步骤见前面触电急救部分。

如果触电者伤势严重,呼吸停止或心脏跳动停止或都停止,应立即施行人工呼吸和胸外按压,并速请医生诊治或送往医院。应当注意急救要尽快地不失时机地进行,不能等候医生到来,在送往医院途中,也不能终止急救。

(2)抢救过程中的再判定。按压吹气1min后,应用“看、听、试”的方法在5~7s时间内完成对伤员呼吸和心跳是否恢复的再判定。

若判定颈动脉已有搏动但无呼吸,则暂停胸外按压,而再进行2次口对口人工呼吸,接着每5s吹气一次(12次/min)。如脉搏和呼吸均未恢复,则继续坚持心肺复苏法抢救。

在抢救过程中,要每隔数分钟再判定一次,每次判定时间均不得超过7s。在医务人员未接替抢救前,现场抢救人员不得放弃现场抢救。

(3)施救前对出血性外伤的处理。触电者同时发生外伤时,应区别情况酌情处理。对不危及生命的轻度外伤,可放在急救后处理;对于严重出血性外伤,应优先处理。如伤口出血应予以止血,为了防止伤口感染应尽可能地用消毒纱布予以包扎。对于因触电摔跌四肢骨折的触电者,应首先止血、包扎,然后用木板、竹竿、木棍等物品将骨折肢体临时固定并尽快送医院处理。

2)人工呼吸

人工呼吸法是在触电者呼吸停止后应立即采用的急救方法。各种人工呼吸法,以口对口(鼻)人工呼吸效果最好而且简单易学,容易掌握。

(1)口对口(鼻)人工呼吸法的操作要领。保持气道通畅,采用仰头举颌法疏通气道:用一只手置于伤员前额,另一只手的食指与中指置于下颌骨近下颏处,两手协同使头部后仰90°。如患者口鼻内有呕吐物、泥沙、血块、义齿等异物时,抢救者用纱布包住食指伸入口腔进行清除。松开衣领、裤带、内衣等。舌后坠者用纱布或手帕包住拉出或用别针固定在嘴唇上。

(2)先吹两口气清洗病伤者口鼻异物后,口对口呼吸前先向患者口中吹两口气,以扩张已萎缩的肺,以利气体交换。

(3)姿势:患者仰卧位,头后仰,颈部用枕头或衣物垫起。口盖两层纱布,急救者用一只手按于前额,另一只手的拇指与食指捏紧病者鼻翼下端,深吸一口气屏住并用自己的嘴唇包住伤员微张的嘴。接着做捏鼻动作,快而深地向病者口内吹气,并观察病者胸廓有无上抬下陷活动。一次吹完后,脱离病者之口,捏鼻翼的手同时松开,慢慢抬头再吸一口新鲜空气,准备下次口对口呼吸。

口对口(鼻)人工呼吸具体操作要领如图5-16所示。

(4)口对口人工呼吸注意事项。尽快保持伤、病者呼吸道通畅。有假牙托应予取出,有呕吐物等应予清除。

每次吹气量不宜过大,超过1200mL会导致胃扩张,对儿童的吹气量为800mL。

成人口对口呼吸的频率为16~20次/min。单人急救时,每按压胸部15次后,吹气两口,即15:2;双人急救时,每按压胸部5次后,吹气1口,即5:1。有脉搏无呼吸者,每5s

吹一口气(12～16 次/min)。每次吹气循环需连续吹气两次,每次吹气 2s,手放松 3s,5s 内完成。

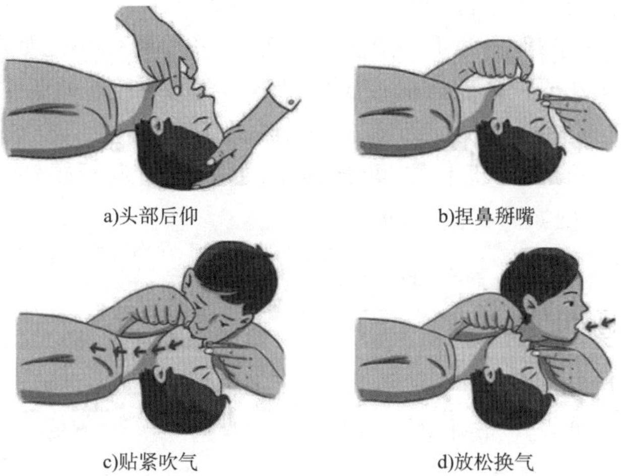

a)头部后仰　b)捏鼻掰嘴　c)贴紧吹气　d)放松换气

图 5-16　口对口(鼻)人工呼吸具体操作要领

呼吸停止者常同时有心脏停搏,需同时进行人工呼吸和心脏按压术。

有心跳而无呼吸者,则可每 5s 吹气一次,即 12～16 次/min。施救者可在进行吹气动作的同时,在心中默数:1s、2s、3s、4s,使呼气动作不疾不徐,以达到最高的效率。

如果伤、病者牙关紧闭而不能张口,或口腔有严重损伤而无法进行口对口呼吸法时,可改用口对鼻人工呼吸法,即向伤、病者的鼻孔吹气。

不时注意伤、病者的状况:每隔 5s、10s,施救者必须触摸伤、病者的颈动脉有无脉搏,如果其心搏、呼吸全无,则必须立即加做心肺复苏术;如果有脉搏而无呼吸,则持续进行人工呼吸,直至救护车到达或伤、病者能自行呼吸为止。

如果在室外进行人工呼吸,必要时应给予伤、病者毛毯或衣物保暖,如果伤者逐渐清醒,也不要让他起身,等待医护人员的处理。

停止急救标准:①患者的呼吸、心搏已恢复后可以停止;②有经验的大夫检查证实患者脑死亡可以停止。因为脑组织各部分对缺氧的耐受力不一样,一般大脑只能支持 4min 左右,小脑可以维持 10～15min,管辖呼吸、心搏中枢的延髓能坚持 20～30min。这就提醒急救者分秒必争,越早越好,抢救持续的时间尽可能延长些,还有救活患者的希望。

实行人工呼吸和胸外心脏按压抢救要坚持不断,切不可轻率终止。运送途中也不能终止抢救。在抢救过程中,如果发现触电者皮肤由紫变红,瞳孔由大变小,则说明抢救收到了效果。如果发现触电者嘴唇稍微开合,或眼皮活动,或嗓子有咽东西的动作,则应注意其是否有自动心脏跳动和自动呼吸。触电者能自己开始呼吸,即可停止人工呼吸。否则,应立即再作人工呼吸。

3)胸外按压

胸外按压是采用人工方法帮助心脏跳动,维持血液循环,最后使病人恢复心跳的一种急救技术,适用于触电、溺水、心脏病等引起的心跳骤停。

(1)胸外按压位置。正确的按压位置是保证胸外按压效果的重要前提。

确定按压位置的方法:食指及中指沿触电者肋弓下缘向中间滑移,在两侧肋弓交点处寻胸骨下切迹,食指及中指并拢横放在胸骨下切迹上方,以另一手的掌根紧贴食指上方置于骨正中部,重叠将掌根放于另一手背上,两手手指交叉抬起,使手指脱离胸壁,如图5-17所示。

(2)胸外按压的操作要领。正确的按压姿势是达到胸外按压效果的基本保证。

正确的按压姿势:使触电伤员仰面躺在平硬的地方,救护人员立或跪在伤员一侧肩旁,救护人员的两肩位于伤员胸骨正上方,两臂伸直,肘关节固定不屈,两手掌根相叠,手指翘起,不接触伤员胸壁,手型如图5-18所示。

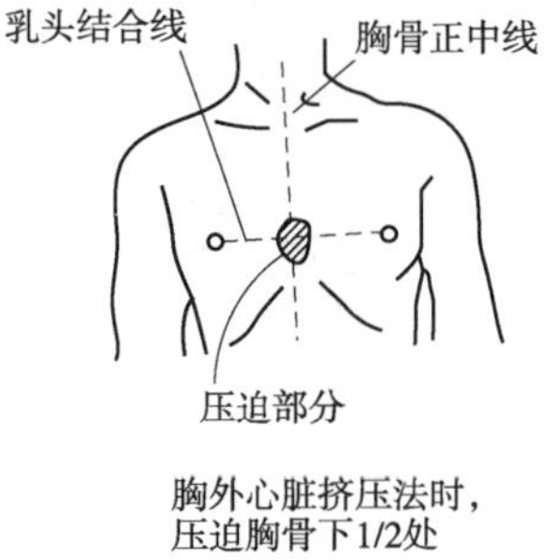

图5-17　胸外按压位置

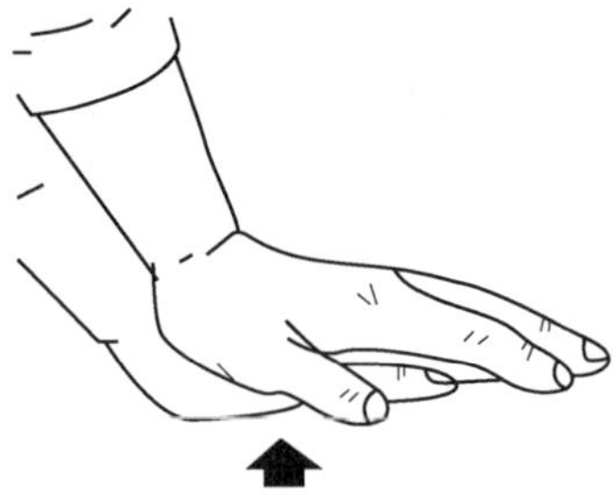

图5-18　胸外按压的手形

(3)胸外按压的具体操作要领。以髋关节为支点,利用上身的重力,垂直将正常成人胸骨压陷3~5cm(儿童和瘦弱者酌减)。

按压至要求程度后,立即全部放松,但放松时救护人员的掌根不得离开胸壁。

按压必须有效,有效的标志是按压过程中以触及颈动脉搏动。

(4)胸外按压的操作频率。胸外心脏按压只能在患(伤)者心脏停止跳动下才能施行。

胸外心脏按压的位置必须准确。不准确容易损伤其他脏器。按压的力度要适宜,过大、过猛容易使胸骨骨折,引起气胸、血胸;按压的力度过轻,胸腔压力小,不足以推动血液循环。

胸外按压与口对口(鼻)人工呼吸同时进行,严格按吹气和按压的比例操作,吹气和按压的次数过多和过少均会影响复苏的成败。

胸外按压要以均匀速度进行,约80次/min,每次按压和放松的时间相等。

(5)心肺复苏有效指征和终止复苏。观察颈动脉搏动,有效时每次按压后就可触到一次搏动。若停止按压后搏动停止,表明应继续进行按压。如停止按压后搏动继续存在,说明病人自主心搏已恢复,可以停止胸外心脏按压。

若无自主呼吸,人工呼吸应继续进行,或自主呼吸很微弱时仍应坚持人工呼吸。复苏有效时,可见病人有眼球活动,口唇、甲床转红,甚至脚可动;观察瞳孔时,可见瞳孔由大变小,并有对光反射。

(6)当有下列情况可考虑终止复苏。心肺复苏持续30min以上,仍无心搏及自主呼吸,现场又无进一步救治和送治条件。

二、操作步骤

根据学习工作页,结合实训指导书,按下列步骤完成实施。

(1)认识安全标识。

(2)触电的急救演练。

任务小结

(1)电力系统是由发电、变电、输电、配电和用电等环节组成的电能生产与消费系统;直流电压等级中,±800kV 直流以下称为高压,±800kV 及以上称为特高压,交流电压等级中,1000kV 以下称为超高压,1000kV 及以上称为特高压;

(2)纯电动汽车由动力蓄电池、控制器、电机和驱动轴等部分组成,完全是由动力蓄电池提供高压电力驱动。

(3)触电就是电流流过人体,造成伤害;电伤包括电弧烧伤等。

(4)电磁辐射就是能量以电磁波形式发射到空间的现象。

(5)触电后急救措施及方法有人工呼吸、心肺复苏等方法。

拓展阅读

技术狂人——王传福

比亚迪股份有限公司的掌舵人王传福,被称为"技术狂人"。他带领这家深圳公司白手起家,13 年中建立了涉及电池制造、手机配套、汽车等领域产值约 200 亿的高端制造企业。通过把可充电电池和电动汽车两个主业结合,比亚迪股份有限公司的目标是在 2025 年成为全球第一大商用车制造企业。王传福获得过物理化学学士。1995 年,他从做房地产的表哥手中借到 250 万元,一头扎进手机电池行业。从镍电池到锂电池,比亚迪股份有限公司不断地赶超,一度令索尼、三洋等行业巨头恐惧。正当人们为王传福在电池行业的快速发展态势惊叹时,他又一头挤进竞争白热化的汽车制造业。如今,已有人认为比亚迪股份有限公司是丰田汽车未来的真正对手。

习题

一、判断题

1. 电压按照幅值和对人体的伤害程度划分了三个等级:低压、高压与特高压。 (　　)
2. 人体阻抗不是纯电阻,主要由人体电阻决定,人体电阻也不是一个固定的数值。 (　　)
3. 电流对头部影响最大,常会使人产生心室纤维颤动,导致死亡。 (　　)
4. 电击对人体的危害程度,主要取决于通过人体电流的大小和通电时间长短。 (　　)
5. 一般来说,感应电对人体没有危害,但对于比较敏感的电子设备影响较大。 (　　)

二、单选题

1. 在汽车工业中,规定最大接触电压不超过(　　)。

A. 12V　　B. 24V　　C. 36V　　D. 30V

2. 人触电后能自己摆脱的最大电流称为摆脱电流,交流大约为 10mA,直流大约为(　　)。

A. 50mA　　B. 40mA　　C. 30mA　　D. 20mA

3. 干燥而触电危险性不大的环境下,安全电压规定为36V,对于潮湿而触电危险性较大的环境,安全电压规定为(　　)。

A. 12V　　B. 24V　　C. 48V　　D. 20V

4. (　　)是人体可以忍受而一般不会造成危险的电流。

A. 感知电流　　B. 摆脱电流　　C. 安全电流　　D. 以上都不对

5. 我国规定的为了防止触电事故而由特定电源供电所采用的安全电压系列包括(　　)种。

A. 五　　B. 四　　C. 三　　D. 二

三、多选题

1. 对于工频交流电,按照通过人体的电流大小而使人体呈现不同的状态,可将电流划分为三级,包括:(　　)。

A. 感知电流　　B. 摆脱电流　　C. 致命电流　　D. 以上都不对

2. 触电事故种类包括:(　　)。

A. 电击　　B. 电伤　　C. 单相触电　　D. 双相触电

学习任务2　高压电安全符号说明

任务描述

混合动力电动汽车和纯电动汽车的电驱动系统,给汽车维修人员的操作带来一些技术挑战,其中之一是高压电路,部分纯电动汽车,甚至有600V或者以上的电路,高压电流对维修人员生命安全的威胁是无影无踪的,能够识别汽车制造商的高压安全警告,遵守厂家要求的操作程序,就可以避免引起触电、电灼伤或化学灼伤,甚至死亡等事故。

建议学时:2学时。

知识准备

一、新能源汽车高压用电系统结构简介

电动汽车电气系统另一个重要组成部分就是汽车高低压电气系统。高压电气系统主要功用是根据车辆行驶的功率需求完成从动力蓄电池或燃料电池到驱动电动机的能量变化与运输过程。在传统的燃油汽车中,电动助力转向系统、制动系统等主要由低压电气系统供电,而在电动汽车中,为了节约能源,对于功率较大的子系统,如制动气泵电动机、电动助力转向系统和电动空调等,一般采用高压供电。

通常纯电动汽车高压用电系统主要由动力蓄电池、高压配电箱(高压控制盒)、电机控制器、车载充电机、高压线束等组成,如图5-19所示。

动力蓄电池为纯电动汽车主要动力源,为汽车所有部件提供能量,动力蓄电池由许多电

池模组构成，放置在密封并且屏蔽的动力蓄电池箱里面，动力蓄电池靠高低压插头与整车进行连接，如图 5-20 所示。

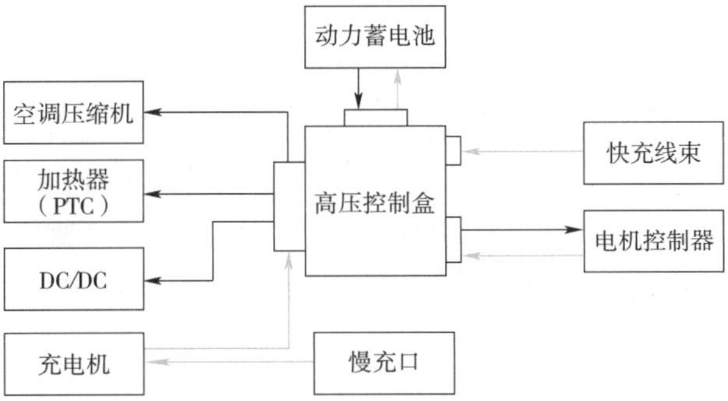

图 5-19 典型的纯电动汽车高压部件及其他主要部件连接

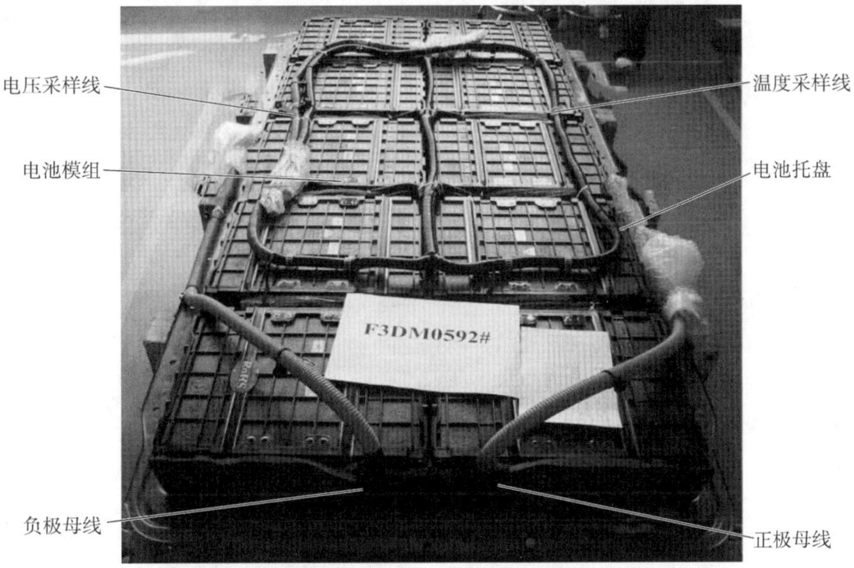

图 5-20 典型动力蓄电池实物图

高压控制盒是“配电枢纽”，能够完成动力蓄电池高压电源的输出及分配，实现对支路用电器的保护及切断，图 5-21 所示为内部基本器件构成。

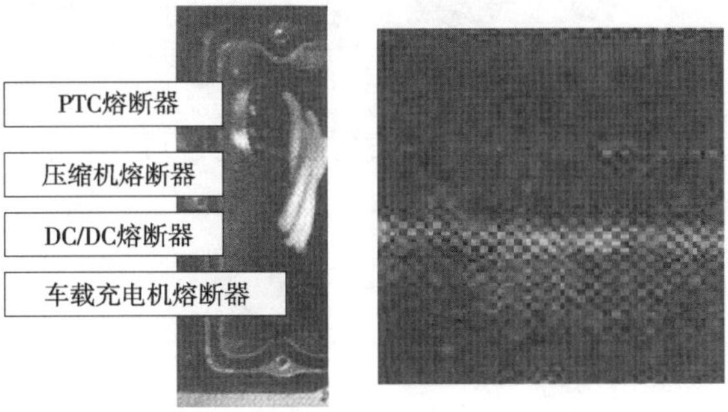

图 5-21 高压配电箱

车载充电机是慢充系统的一部分,作用是将交流电转化为动力蓄电池高压直流电。

二、高压安全标识

1. 高压警示标识

高压警示标识通常采用黄色底色或红色底色,图形上布置有高压触电国家标准,如图5-22所示。每个新能源汽车的高电压组件壳体上都会标识有一个安全警示符号,售后服务人员或每位车主均可通过标记直观看出高压可能带来的危险,所用警示牌基于国际标准危险电压警告标志。通常,纯电动汽车作业前,要进行场地及其他安全警示,其中涉及这些常用安全标识。

车辆防触电技术

图5-22 高压警示标识

2. 车辆高压线束及插件标识

由于高压导线可能有几米长,因此在一处或两处通过警示牌标记意义不大。维修人员可能会忽视这些标牌。因此,通常使用橙色警示色标记出所有高压导线,高电压导线的某些插头以及高电压安全插头也采用橙色设计,如图5-23所示。

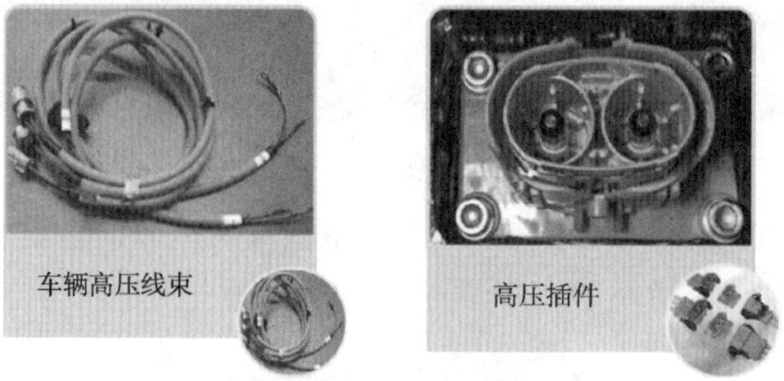

图5-23 高压导线及插接器

整车中通常共分为以下几段高压线束,使用橙色:动力蓄电池高压电缆、电机控制器电缆、快充线束、高压附件线束等。

三、高压区域识别

1. 镍氢蓄电池

如果按规定使用镍氢蓄电池(NiMH)且蓄电池本身无损坏,则不会产生直接危险。镍氢蓄电池壳体设计要求是在整个使用寿命期内液体(如电解液)不会泄漏。发生事故或未按规定使用等情况下造成壳体损坏时,镍氢蓄电池可能引起腐蚀(电解液),危害人身健康(电解液和冷却液),或导致失火/爆炸等。

镍氢蓄电池以氢氧化钾溶液作为电解液。这种碱液具有腐蚀性和刺激性。电解液从镍氢蓄电池中流出时,不得接触电解液。接触或吞食电解液后,必须立即到医院治疗,并让消防队清除流出的电解液。镍氢蓄电池充电或放电过程中有化学反应,因此会产生气体(氧气或氢气)。这些气体通过镍氢蓄电池壳体内的阀门排出。按规定运行时,气体浓度较低,没有危险(制造商会说明)。

为提示可能存在的危险,镍氢蓄电池带有危险符号标记,如图5-24所示。

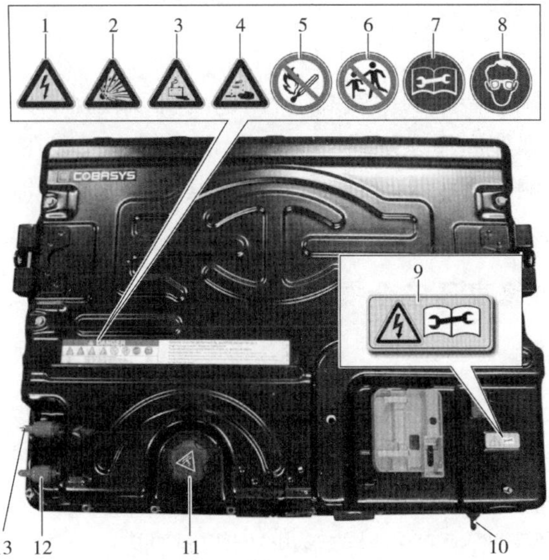

图5-24 镍氢电池结构及危险符号标记

1-危险电压警告;2-易爆物品警告;3-电池危险警告;4-腐蚀性物品警告;5-禁止明火、火焰和吸烟;6-禁止儿童接触;7-注意操作说明和维修说明;8-戴防护眼镜;9-高电压组件的安全标签;10-氢气流出口;11-冷却循环回路补液罐;12-冷却液管路接口(入口);13-冷却液管路接口(出口)

2. 锂离子蓄电池

新能源汽车使用的锂离子蓄电池在按规定运行且处于无损状态时无危险。其按规定运行时有严格的限制。不允许锂离子蓄电池过载且不得处于温度过高的环境中。过载可能导致金属锂沉积在正电极上,负电极可能分解。这种情况下会产生高温,锂离子蓄电池可能着火。在新能源汽车中,锂离子蓄电池控制单元负责在规定边界条件下的充电和放电过程。控制单元借助传感器监控电解槽温度和电解槽电压。必要时控制单元干预充电和放电过程。这不仅适用于行驶模式,也用于通过充电器在12V系统上为高电压蓄电池充电的情况。

锂离子蓄电池的运行温度约为50℃,超过该温度时会导致使用寿命缩短。电解槽温度达到100℃或更高时,可能导致电解槽短路。此后的高电流使温度继续提高,因此可能出现连锁反应。这会毁坏整个锂离子蓄电池,也可能导致火灾。锂离子蓄电池失火时很难扑灭。但是其本身没有直接爆炸的危险。锂离子蓄电池失火时产生的高温可能引燃周围物品,最

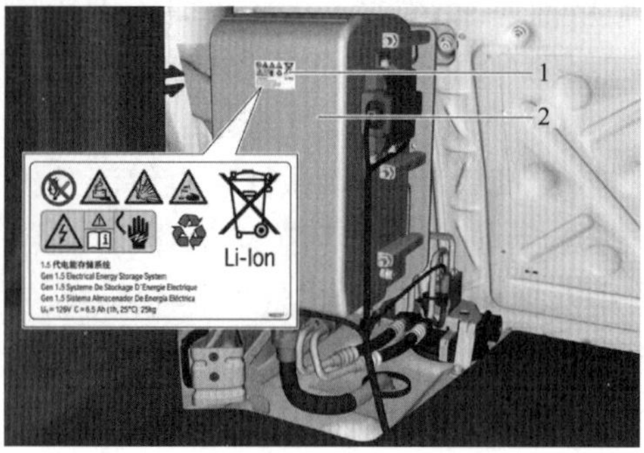

图 5-25　高压导线及插接器
1-安全标记;2-壳体

终可能导致爆炸。

因为运行温度的上限很低,所以新能源汽车中的锂离子蓄电池需进行冷却。因此,维修锂离子蓄电池时必须遵守维修说明和安全数据表。

新能源汽车所用锂离子蓄电池的壳体采用密闭封装结构,仅通过高电压接口和冷却液管路与外界连接。尽管如此,处置这类高电压蓄电池时仍需遵守特殊的预防措施。必须注意锂离子蓄电池安全标签上的安全数据表、警告标志及禁止标志,如图 5-25 所示。

3. 电动机

新能源汽车中的电驱动装置功率较高,所用电动机以较强的磁场工作。这种磁场由永久磁铁或电磁铁产生。即使高压系统或电动机关闭,磁场也会存在,尤其是永久磁铁产生的磁场。这些磁场可能影响医疗电子设备的功能,尤其是心脏起搏器的功能。为指明这类危害,组件上带有禁止标志。

四、新能源汽车维修高压安全操作要求

1. 操作人员执业资格

电动汽车维修操作人员必须持证上岗,并经过培训,才能进行操作。

(1)必须执有国家安监局颁发的《特种作业操作证(低压电工证)》才能上岗。

(2)必须经过汽车企业专业技术培训,并通过考核。

(3)掌握新能源汽车构造原理和维修诊断知识与技能。

(4)掌握新能源汽车售后服务知识与技能。

(5)具有安全、文明生产和环境保护的相关知识和技能。

人员防触电措施

2. 操作人员编制

维修新能源汽车高压器件时,在维修现场至少配备 2 名人员。

(1)维修操作人员 1 人。

(2)专职监护人 1 人。

3. 安全操作环境的建立

(1)新能源汽车维修车间场地与设施要求。

①工作环境。工作环境的好坏将直接影响是否发生事故,新能源汽车维修车间的场地与设施比普通汽车维修车间要求要高。高压维修车间的使用面积根据实际要求确定,并符合国家相关规定。

②采光。明亮的车间可以让车辆维修人员能够更加清楚地观察到周围的部件及物体,避免因为视线不好意外触碰到高压而发生事故,同时也能够有利于其他人员及时观察到可能存在的隐患。

维修车间的采光应按照《建筑采光设计标准》(GB 50033—2013)的有关规定执行。采光设计应注意光的方向性,应避免对工作产生遮挡和不利的阴影。对于需要识别颜色的场所,应采用不改变自然光光色的采光材料。

③照明。当自然光线不足时,应配置人工照明。人工照明光源应选择接近自然光色的光源。维修车间的照明要求应符合《建筑照明设计标准》(GB 50034—2013)的有关规定。进行精细操作(划线、金属精加工、间隙调整等)的工作台、仪器、设备等的工作区域的照度不应低于500lx。照度不足时应增加局部补充照明,补充照明不应产生有害炫光。

④干燥。干燥是为了降低维修区域人员的触电风险。因为当湿度增加时,人体和空气的绝缘电阻就会增加,那么在相同的电压下,人体触电的风险也就增加了。因此高电压维修车间必须保持干燥。

⑤通风。通风有利于在维修车辆期间产生的有害物排出。在发生触电事故的情况下,通风的环境能够更加有利于伤者呼吸到更多的氧气。

通风应符合《建筑设计防火规范》(GB 50016—2014)和工业企业通风的有关要求。

⑥防火。应符合《建筑设计防火规范》(GB 50016—2014)中有关厂房、仓库防火的规定以及《汽车库、修车库、停车场设计防火规范》(GB 50067—2014)的有关规定。

⑦卫生。卫生应符合《工业企业设计卫生标准》(GBZ 1—2010)、《生产过程安全卫生要求总则》(GB/T 12801—2008)的有关要求。

⑧安全标志。安全标志应符合《安全标志与其使用导则》(GB 2894—2008)、《安全色》(GB 2893—2008)的有关要求。当工位上有高电压车辆进行维修时,要求在工位周围必须布置有明显的警示标识,避免他人未经允许进入高电压工位而发生危险,图5-26所示为一些特定的高压警示标识。

(2)新能源汽车维修工位布置。新能源汽车维修工位的布置应满足以下要求:

①专用的维修工位。

②清洁,干燥,通风良好。

③维修作业前应设置安全隔离警示。

④维修工位上必须配有防护用具。

⑤避免无关人员靠近。

图5-26 高压警示标识

4. 安全操作规范

新能源汽车涉及高压电,在维修过程中保证按照工作流程进行,才能保护人们自身安全和车辆、设备安全。

(1)新能源汽车维修流程。新能源汽车维修时必须严格按照流程进行,其维修的合理流程如图5-27所示。

(2)新能源汽车维修规范。维修新能源汽车时,必须遵循高电压操作规范和机动车维修操作规范。

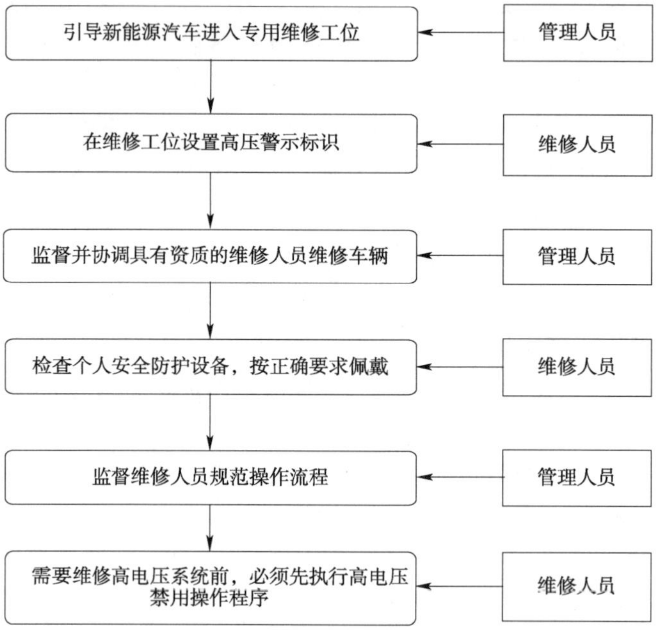

图5-27　新能源汽车维修流程图

在高压安全操作规范中要求：

①对于车辆维修过程中的高压配件必须立即标识明显的高压勿动警示,并禁止将带有高压电的部件放置在无人看管的环境下。

②高电压修理与维护过程中,维修人员禁止将手表、金属笔等金属物品随身携带。

③严禁非专业人员对高压部件进行移除及安装。

④未经高压安全培训并取得许可证的维修人员,不允许对高压部件进行维修等操作。

⑤车辆在充电过程中不允许对高压部件进行拆装、维修等操作。

⑥维修前必须进行高压电禁用操作,维修完毕后上电前,确认车辆无人操作。

⑦更换高压部件后,测量搭铁是否良好。电缆接口必须按照标准力矩拧紧。

⑧在执行车辆维修期间,必须同时有两名持有上岗证的人员进行工作,其中一名人员作为工作的监护人员,工作职责为监督维修的全过程。如当发生触电事故时,监护人应该立即采取有效措施执行急救。

⑨对高压部件进行作业前,必须确认车辆钥匙处于LOCK挡位并将12V电源断开。

⑩高压部件打开后或插头断开后,使用万用表对其电压进行测量,电压在36V以下才可以进行下一步的操作。

(3)高压禁用操作程序。拆卸维修高压系统前,必须首先执行高压禁用流程。

高压禁用操作程序如下：

①移。移除车辆上所有外部电源,包括12V蓄电池充电器。

②拔。拔出充电枪(仅针对插电式混合动力电动汽车或电动汽车)。

③关。关闭点火开关,把钥匙放到安全区域。

④断。断开12V蓄电池负极,并远离负极区域。

⑤取。取下维修开关,放到安全区域。

⑥等。等待 5min,以保证高压能量全部释放。

⑦查。佩戴个人安全防护设备,拆卸高压连接器,开始下一步的电压验证。

(4)新能源汽车维修安全规程。维修作业时:

高压防护服的作用

①必须穿戴齐全个人安全防护用品。

②开始作业前必须设置安全隔离,并放置安全警示牌。

③开始作业前必须对工位铺设的绝缘垫进行绝缘检测。

④必须用干净的布或塑料罩对车辆进行保护,以免损坏车辆。

⑤工作要由两名或更多工作人员完成时,尽可能经常相互沟通。

⑥高压断电、验电和放电完成之前必须佩戴绝缘手套。

⑦举升车辆之前必须按操作规程进行相应的检查,车辆举升高度原则上不超过 1.7m。

⑧在进行动力蓄电池拆装过程中,必须严格注意动力蓄电池举升车的举升高度和与动力蓄电池的接触情况。

⑨在拆装各类线束(缆)时,一定要注意各插接件按要求进行断开与接合。

⑩任何设备工具的操作必须符合操作安全规程。

(5)新能源汽车作业十不准。

①非持证电工不准装接电动汽车高压电气设备。

②任何人不准玩弄电气设备和开关。

③破损的电气设备应及时调换,不准使用绝缘损坏的电气设备。

④不准利用车身电源对电动汽车以外部的用电设备供电。

⑤检修切断电源时,任何人不准起动挂有警告牌的电气设备,或合上拔去的熔断器。

⑥不准用水冲洗揩擦电气设备。

⑦熔断丝熔断时,不准调换容量不符的熔断丝。

⑧不经技术部门或主管部门审批,不准私自改动和加装。

⑨发现有人触电,应立即切断电源进行抢救,未脱离电源前不准直接接触触电者。

⑩雷雨天气,不准在室外对车辆充电和维修维护。

(6)新能源涉电作业安全操作规范。为切实加强电动汽车维修作业管理,确保维修服务人员人身安全,结合电动汽车产品特点,要遵守以下操作规范。

①服务人员进行高压系统检修时,必须佩戴相应的防护用品:高压绝缘防护手套、护目镜,并使用高压绝缘工具。

②电控单元及高压系统部件的高压线束不可带电断开回路或插拔端子,防止造成电控单元及高压系统部件损坏或影响人身安全。

③拆卸维修高压部件时,首先断开蓄电池低压负极,等待 5min 后,使用专用万用表进行电压测量,如所测量值大于 0V 时应使用专用放电工装对该部件进行放电,当电压完全消失后方可进行下一步。

④高压系统的检测检查应使用专用的诊断和检测仪器设备、万用表测量高压系统,应两人配合使用单手,万用表检测时应注意量程,原则上,不得使用电流挡检测回路电流(使用钳

流表)。

⑤动力蓄电池、控制器、高压盒开盖检修时应注意防止工具、螺栓、螺母掉入水等液体中造成电路短路,引发事故。

⑥车辆完成维修后,应对高压低压电器部件、系统及接插件进行检查,确认无误后,方可上电。

任务实施

一、任务准备

1. 组织方式

(1)场地设施:电动汽车、举升架、防护用具等。

(2)检测工具:绝缘表、绝缘工具等。

(3)学生组织:教师指导,按各实例知识讲解及实训进行自评、互评。

(4)检查实训任务:真实、完整、有效。

2. 注意事项

(1)遵守场地安全规定,注意用电安全。

(2)使用绝缘手套前要仔细检查,不能有破损和漏气现象。

(3)需选用规范的护目镜、安全帽和绝缘鞋,不能拿一半的同类物品替代。

(4)防护用具使用完毕要进行正确清洁,放置在储物柜中。

二、操作步骤

根据学习工作页,结合实训指导书,按下列步骤完成实施。

(1)认识高压警示标识及工具。

(2)认识新能源汽车的可视安全标识和高压设备。

任务小结

(1)电动汽车电气系统重要组成部分就是汽车高低压电气系统,高压系统的安全用电气系统安全警示符号,通常采用黄色底色或红色底色,图形上布置有高压触电国家标准。

(2)纯电动汽车高压用电系统主要由动力蓄电池、高压配电箱(高压控制盒)、电机控制器、车载充电机、高压线束等组成。

(3)新能源汽车维修操作人员必须持证上岗,并经过培训,才能进行操作。

(4)新能源涉电作业安全操作规范。

拓展阅读

比亚迪核心技术——刀片电池

刀片电池是比亚迪股份有限公司于 2020 年 3 月 29 日发布的电池产品。刀片电池采用磷酸铁锂技术，通过结构创新，在成组时可以跳过“模组”，大幅提高了体积利用率，最终达成在同样的空间内装入更多电芯的设计目标，安全系数比磷酸铁锂电池高。

习题

一、判断题

1. 新能源汽车的高电压组件壳体上都会标识有一个安全警示符号，售后服务人员或每位车主均可通过标记直观看出高压可能带来的危险。（　　）

2. 新能源汽车通常使用红色警示色标记出所有高压导线。（　　）

3. 因为新能源汽车运行温度的上限很低，所以新能源汽车中的锂离子蓄电池需进行冷却。（　　）

4. 电动汽车维修操作人员必须持证上岗，必须执有应急管理部颁发的《特种作业操作证(低压电工证)》并经过培训，才能操作。（　　）

5. 工位上有高电压车辆进行维修时，要求在工位周围必须布置有明显的警示标识，避免他人未经允许进入高电压工位而发生危险。（　　）

二、单选题

1. 新能源汽车的高电压组件壳体上都会标识有安全警示符号，高压警示标识底色采用（　　）。

A. 黄色或红色　　B. 黄色或白色　　C. 红色或白色　　D. 白色或黑色

2. 锂离子蓄电池的运行温度约为（　　），超过该温度时会导致使用寿命缩短。

A. 40℃　　B. 50℃　　C. 80℃　　D. 90℃

3. 对高压部件进行作业前，必须确认车辆钥匙处于 LOCK 挡位并将（　　）电源断开。

A. 12V　　B. 24V　　C. 低压　　D. 高压

4. 维修新能源汽车高压器件时，在维修现场至少配备（　　）名人员。

A. 2　　B. 3　　C. 4　　D. 8

5. 拆卸维修高压部件时，首先断开蓄电池低压负极，等待（　　）后，使用专用万用表进行电压测量，如所测量值大于 0V 时，应使用专用放电工具对该部件进行放电，当电压完全消失后方可进行下一步。

A. 3min　　B. 15min　　C. 5min　　D. 10min

三、多选题

1. 新能源汽车维修工位的布置应满足以下要求：（　　）。

A. 普通的维修工位　　B. 清洁、干燥、通风良好

C. 维修作业前应设置安全隔离警示　　D. 维修工位上必须配有防护用具

2. 维修新能源汽车时，必须遵循高电压操作规范，在高压安全操作规范中要求：（　　）。

A. 对于车辆维修过程中的高压配件必须立即标识明显的高压勿动警示

B. 维修人员禁止将手表、金属笔等金属物品随身携带

C. 严禁非专业人员对高压部件进行移除及安装

D. 未经高压安全培训并取得许可证的维修人员，允许对高压部件进行维修等操作

项目六　晶体二极管及晶体三极管电路控制

任务概述

分析二极管、三极管的特性并使用万用表测量二极管、三极管极性。知道常用二极管的种类及用途，分析三极管的基本放大电路和功率放大电路。汽车上许多的电子控制器件与二极管、三极管都有关联，分析三极管的开关特性在汽车上的应用。

知识目标

(1)分析二极管和三极管的特性曲线；
(2)知道二极管和三极管在电路的作用；
(3)分析二极管和三极管内部结构与工作原理；
(4)分析三极管放大电路及功率放大电路；
(5)分析三极管的开关特性。

技能目标

(1)会分析二极管的特性曲线；
(2)知道二极管在电路的作用；
(3)能用万用表对二极管进行检测；
(4)分析三极管的开关特性。

素养目标

(1)规范课堂6S管理，展示中国工匠良好形象；
(2)培养团队协作精神，能够协同配合、系统学习；
(3)养成独立思考问题的习惯；
(4)培养敬业奉献、服务人民的意识；
(5)培养节约生产成本的意识，弘扬勤俭节约精神。

学习任务1 晶体二极管特性分析及检测

任务描述

分析二极管的特性并使用万用表测量二极管的极性。知道常用二极管的种类及用途;分析 LED 在汽车上的应用。

建议学时:2 学时。

知识准备

一、二极管的结构、特性

1. PN 结的构成与原理

1)本征半导体

天然的硅和锗是不能制作成半导体器件的,只有经过高度提纯,形成不含其他杂质且具有晶体结构的半导体,可称为本征半导体,如图 6-1 所示。

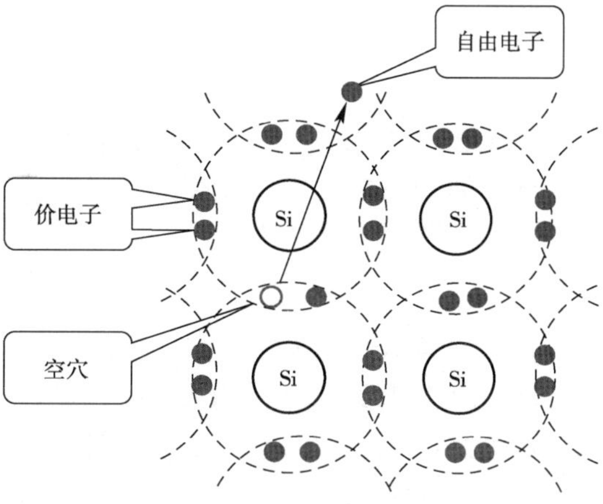

图 6-1 半导体的结构

(1)半导体的导电机理与金属导体导电机理有本质上的区别。金属导体中只有自由电子一种载流子参与导电;而半导体中则是本征激发下的自由电子和复合运动形成的空穴两种载流子同时参与导电。两种载流子电量相等、符号相反,即自由电子载流子和空穴载流子的运动方向相反。

(2)本征半导体中载流子数目极少,其导电性能很差。

(3)温度越高,载流子的数目越多,半导体的导电性能也就越好,所以,温度对半导体器件性能影响很大。

2)杂质半导体

(1)掺入杂质的浓度决定多数载流子浓度,温度决定少数载流子的浓度。

(2)杂质半导体载流子的数目要远远高于本征半导体,因而其导电能力大大改善。一般情况下,杂质半导体中的多数载流子的数量可达到少数载流子数量的上千倍或更多,因此,杂质半导体比本征半导体的导电能力可增强几十万倍。

(3)杂质半导体总体上保持电中性。

(4)杂质半导体分为 P 型半导体和 N 型半导体,在半导体里掺入三价的元素形成 P 型半导体,在半导体里掺入五价的元素形成 N 型半导体。

3)PN 结的形成

如图 6-2 所示,当 P 型半导体和 N 型半导体结合在一起时,N 区的自由电子向 P 区扩散,形成空间电荷区,扩散和漂移这一对相反的运动最终达到动态平衡,形成 PN 结,空间电荷区的厚度固定不变。

PN 结

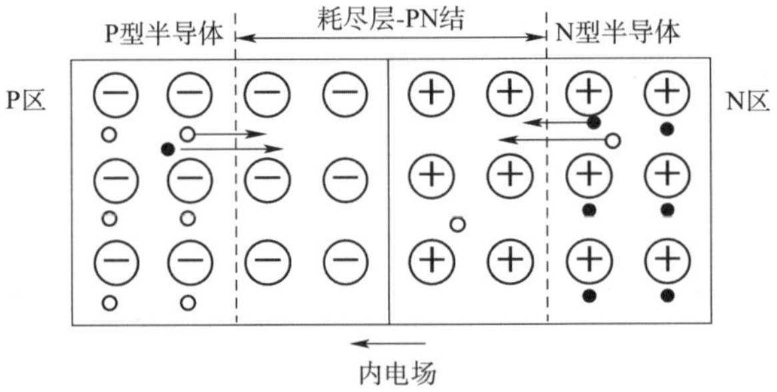

图 6-2　PN 结的形成

4)PN 结的单向导电性

PN 结加正向电压,即 P 区接正,N 区接负,内电场被削弱,电子的扩散加强,形成较大的扩散电流,PN 结正向导通。PN 结加反向电压时,PN 结变宽,反向电流较小,反向电阻较大,PN 结处于截止状态。也即 PN 结具有单向导电性。

2. 二极管的构成

一块 P 型半导体和一块 N 型半导体有机地结合在一起,形成一个 PN 结,用两块金属导体将这块半导体分别引出,用绝缘物质封装起来便构成一个二极管,如图 6-3 所示。

二极管按制造材料可分为硅二极管、锗二极管。二极管可以看作电流的单向阀,它只允许电流以一个方向流动,即从二极管的正极流向负极,这就是二极管的单向导电性。

3. 二极管的伏安特性

流过二极管的电流随着加在二极管上电压的变化而变化的性质称为二极管的伏安特性。图 6-4 所示为二极管伏安特性曲线。

1)正向特性

从图 6-4 可看出,当在二极管上加上的正向电压小于某一数值 U_{th}时,正向电流很小,几乎为零,二极管呈现出较大的电阻,这段区域称为“死区”。U_{th}称为死区电压或门槛电压。硅管 $U_{th}=0.5V$,锗管 $U_{th}=0.1V$。当正向电压超过 U_{th}后,正向电流按指数曲线规律增长,二极管处于导通状态。硅管的导通压降为 0.7V,锗管的导通压降为 0.3V。

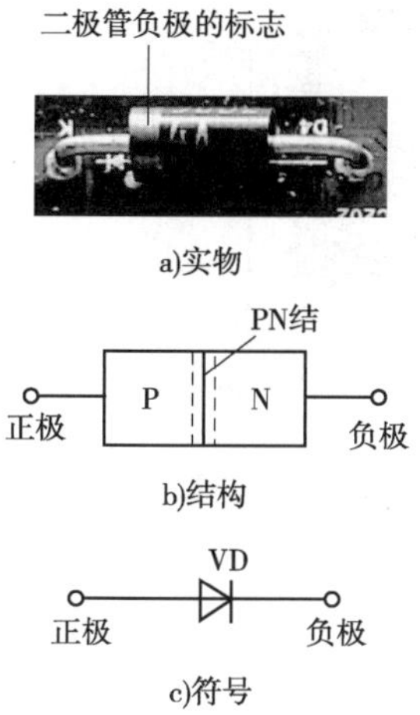

图 6-3 二极管的实物、结构及其符号

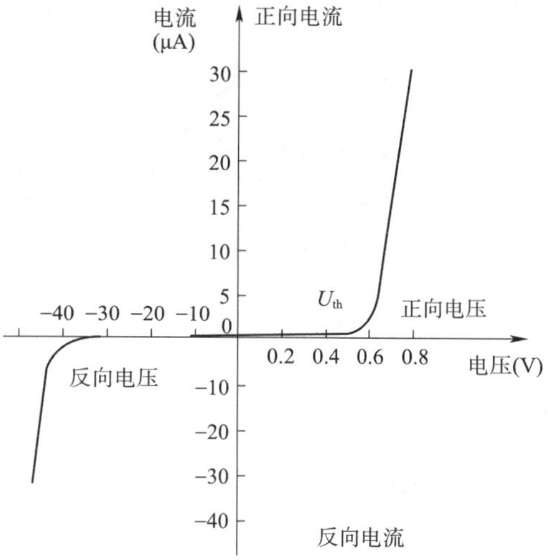

图 6-4 二极管伏安特性

2)反向特性

当二极管被加上反向电压时,流过二极管的电流很小,称为反向饱和电流 I_S,硅管 I_S 为小于 0.1μA,锗管 I_S 为几十微安。

3)反向击穿特性

当反向电压增加到某个数值 U_R 时,流过二极管的反向电流将急剧增大,这种现象称为反向击穿。U_R 称为反向击穿电压。使用二极管时,应避免反向电压超过击穿电压,以防止二极管损坏。

4. 二极管的主要参数

1)最大电流 I_F

最大电流是指二极管长期运行时,允许通过的最大正向平均电流。实际使用时的工作电流应小于 I_F,如果超过此值,将引起 PN 结过热而烧坏。

2)最高反向电压 U_{RM}

最高反向电压是指二极管工作时两端所允许加的最大反向电压。通常 U_{RM} 约为反向击穿电压 U_R 的一半,以保证二极管安全工作,防止击穿。

二、二极管的极性判断与好坏检测

一般情况下,二极管都有一定的标注,塑料封装二极管有标记环的一侧是负极;国产二极管带色点的一端为正极。

二极管的极性判断

无标记的二极管,如果要检测二极管的好坏,可以用万用表电阻挡来判断二极管的正、负极和好坏。根据二极管正向电阻小、反向电阻大的特点,将万用表拨到 R×1k 挡(不能用 R×1 挡和 R×10k 挡。R×1 挡电流太大,可能烧坏二极管;R×10k 电压太高,可能击穿二极管)。用表笔分别与二极管的两极相接,测出两个电阻值。在所测得阻值较小的一次,与黑表笔相接的一端为二

二极管的好坏检测

极管正极。同理,在所测得电阻值较大的一次,与黑表笔相接的是二极管负极,如图6-5所示。

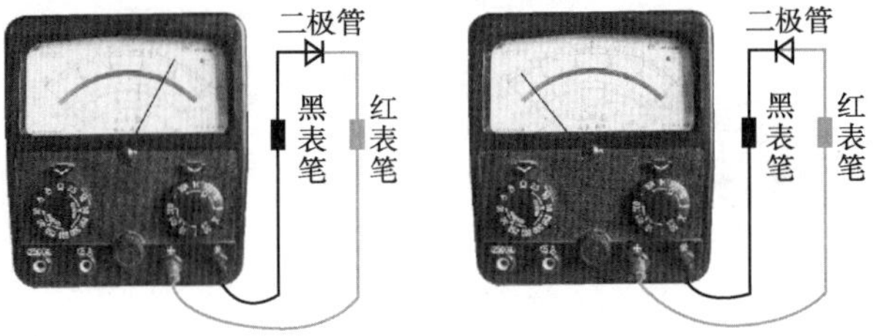

a)测二极管正向电阻　　b)测二极管反向电阻

图6-5　二极管的测试

操作:按照上述方法,用指针式万用表判断二极管的正、负极。

三、二极管在电路中的作用

1. 整流

汽车电器正常工作需要直流电,而发电机输出的是交流电,这就需要通过二极管整流电路对交流电进行整流,转换成脉动直流电。因此,利用二极管单向导电性,图6-6所示为整流电路,可以把方向交替变化的交流电变换成单一方向的脉冲直流电。

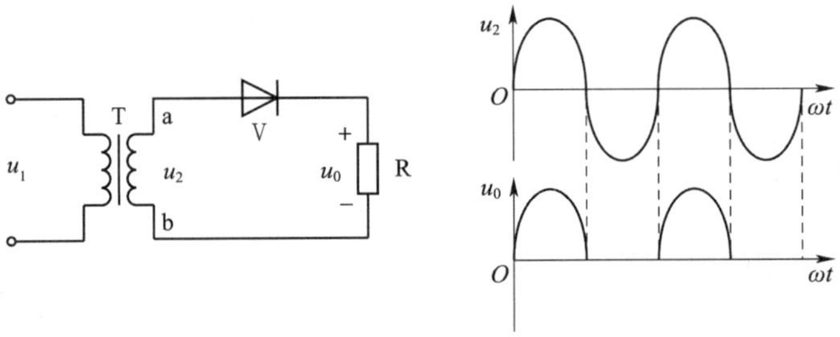

图6-6　二极管的整流电路

常用的整流二极管有1N4000、1N5300、1N5400系列,二极管耐压值均在50V以上,最大整流电流分别为1A、1.5A、3A,正向压降分别为1V、1.5V、1V。

2. 开关

二极管在正向电压作用下电阻很小,处于导通状态,相当于一只接通的开关;在反向电压作用下,电阻很大,处于截止状态,如同一只断开的开关。利用二极管的开关特性,可以组成各种逻辑电路。

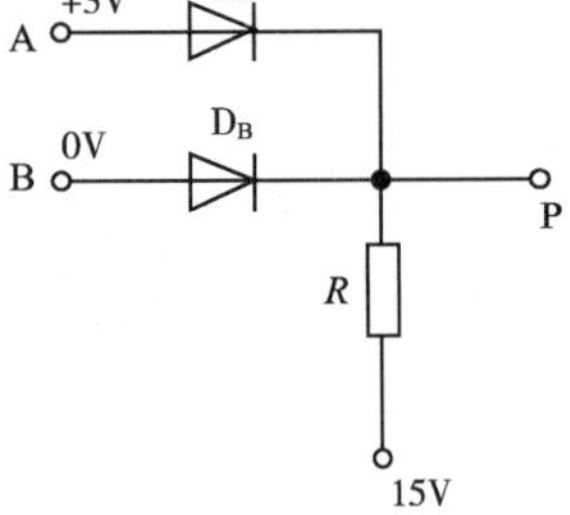

图6-7　二极管的钳位

3. 钳位

如图6-7所示电路,输入端A的电位 $U_A = +3V$,B点的电位 $U_B = 0V$,电阻 R 接电源电压为 $-15V$,因为 D_A 和 D_B 为共阴极连接,A、B两端为它们的阳极,因此 U_A、U_B 中的高电位对应的管子将会优先导通。由 $U_A > U_B$ 可知,D_A 将会优先导通。如果 D_A 为硅二极管,其正向压降约为0.7V,则此时 $U_F = +3 - 0.7 = +2.3(V)$。当 D_A 导通后,D_B 因承受反向电压而截止。

在此处，D_A起的就是钳位作用，把F端的电位钳置在输出端，F的电位U_{F}。 = +2.3V；D_B起隔离作用，把输入端B和输出端F隔离开。

4. 稳压

1）稳压二极管特性

汽车电控系统中需要稳定的12V或5V直流电压供电，而发电机输出是14V左右的脉动直流电，需要稳压电路稳压。稳压二极管实质上是一个面结型硅二极管，稳压二极管工作在反向击穿状态。在二极管的制造工艺上，使它有低压击穿特性。稳压二极管的反向击穿电压恒定，在稳压电路中串入限流电阻，使稳压管击穿后电流不超过允许值，因此击穿状态可以长期持续并不会损坏。

2）常用稳压二极管的型号及稳压值

（1）型号：1N4730、1N4733、1N4734、1N4735、1N4744。

（2）稳压值：3.0V、5.1V、5.6V、6.2V、15V。

5. 触发

触发二极管又称双向触发二极管（DIAC）属三层结构，具有对称性的二端半导体器件。常用来触发双向晶闸管，在电路中作过电压保护等用途。

四、发光二极管（LED）

1. 发光二极管的结构

LED（Light Emitting Diode），即发光二极管，是一种固态的半导体器件，它可以直接把电能转化为光能，如图6-8所示。LED的心脏是一个半导体的晶体，晶体的一端附着在一个支架上，是负极，另一端连接电源的正极，整个晶片被环氧树脂封装起来。半导体晶片由两部分组成，一部分是P型半导体，在它里面空穴主导地位，另一端是N型半导体，在这边主要是电子。但这两种半导体连接起来的时候，它们之间就形成一个“P-N结”。当电流通过导线作用于这个晶片的时候，电子就会被推向P区，在P区里电子与空穴复合，然后就会以光子的形式发出能量，这就是LED发光的原理。而光的波长决定光的颜色，是由形成P-N结材料决定的。

发光二极管的结构

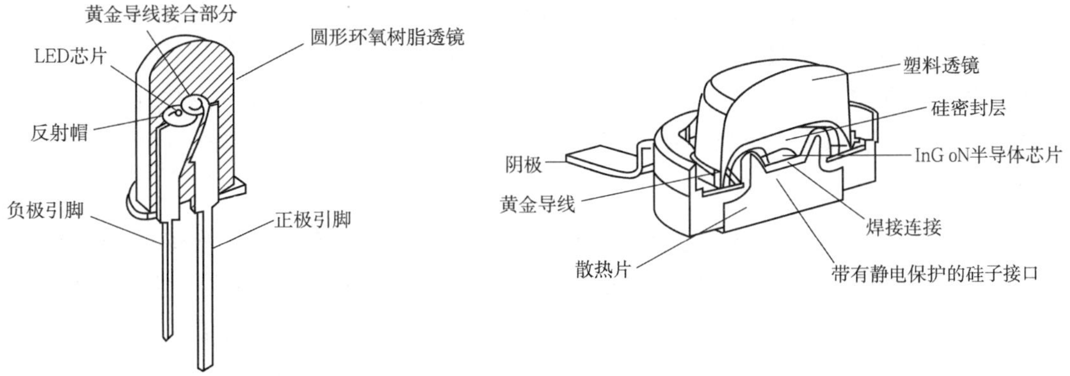

a)LED灯珠　　b)贴片LED

图6-8　发光二极管（LED）

2. LED 驱动方法

如图6-9 所示,根据电路图,在“ +12V”接口上接入直流12V 电源,电源电流经过发光二极管正极引脚,发光二极管负极引脚串联 330Ω 电阻(限流),然后电流回到电源负极(图中“白-绿”接口接入电源负极)形成回路,使发光二极管导通发光。

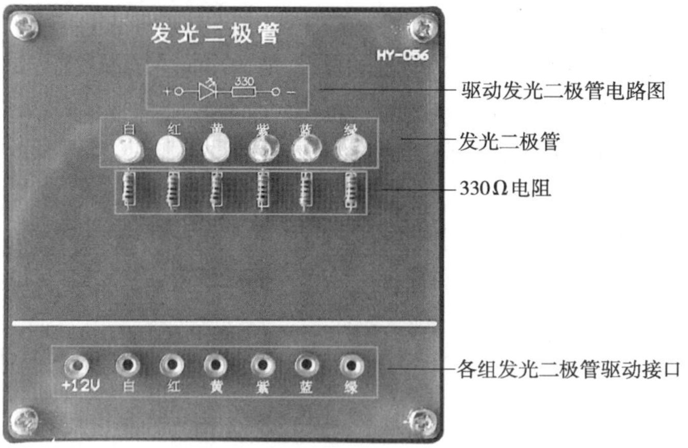

图6-9　发光二极管电子积木板

3. LED 的优点

LED 的内在特征决定了它具有很多优点,具体如下。

(1)体积小:LED 是一块很小的、被封装在环氧树脂里面的晶片,所以它非常小、非常轻。

(2)耗电量低:LED 耗电相当低,直流驱动,超低功耗(单管 0.03 ~0.06W),电光功率转换接近 30%。一般来说 LED 的工作电压是 2 ~3.6V,工作电流是 0.02 ~0.03A;也就是说,它消耗的电能不超过 0.1W,相同照明效果比传统光源节能近 80%。

(3)使用寿命长:有人称 LED 光源为长寿灯。它为固体冷光源,环氧树脂封装,灯体内也没有松动的部分,不存在灯丝发光易烧、热沉积、光衰等缺点,在恰当的电流和电压下,使用寿命可达6 万 ~10 万 h,比传统光源寿命长 10 倍以上。

(4)高亮度、低热量:LED 使用冷发光技术,发热量比普通照明灯具低很多。

(5)环保:LED 是由无毒的材料制成,不像荧光灯含汞会造成污染,同时 LED 也可以回收再利用。光谱中没有紫外线和红外线,既没有热量,也没有辐射,眩光小,冷光源,可以安全触摸,属于典型的绿色照明光源。

(6)坚固耐用:LED 被完全封装在环氧树脂里面,比灯泡和荧光灯管都坚固,灯体内也没有松动的部分,所以 LED 不易损坏。

4. LED 在汽车上的应用

汽车用灯包含汽车内部的仪表板、音响指示灯、开关的背光源、阅读灯和外部的制动灯、尾灯、侧灯以及前照灯等。汽车用白炽灯不耐振动撞击、易损坏、寿命短,需要经常更换。1987 年,我国开始在汽车上安装高位制动灯。由于 LED 响应速度快,可以及早提醒驾驶员制动,减少汽车追尾事故,在发达国家,使用 LED 制造的中央后置高位制动灯已成为汽车的标准件,美国 HP 公司在 1996 年推出的 LED 汽车尾灯模组可以随意组合成各种汽车尾灯。

此外,在汽车仪表板及其他各种照明部分的光源,都可用超高亮度发光灯来担当,所以均在逐步采用 LED 显示。

任务实施

一、任务准备

1. 组织方式

(1)场地设施:每小组对应一套电器实验设施、一张实训工作台。

(2)检测工具:万用表、线束、锂离子蓄电池一块,二极管及桥式整流电路板。

(3)学生组织:教师指导,按各实例知识讲解及实训进行自评、互评。

(4)检查实训任务:真实、完整、有效。

2. 注意事项

(1)遵守场地安全规定,注意用电安全。

(2)插拔电气元件时一定要断电操作。

(3)正确使用万用表。

(4)在接线、拆线时,严禁用力拉扯线束。

二、操作步骤

根据学习工作页,结合实训指导书,按下列步骤完成实施。

(1)使用万用表测量二极管的单相导电性。

(2)按照图 6-10 所示,连接实训电路。

(3)测量 LED 的发光特性。

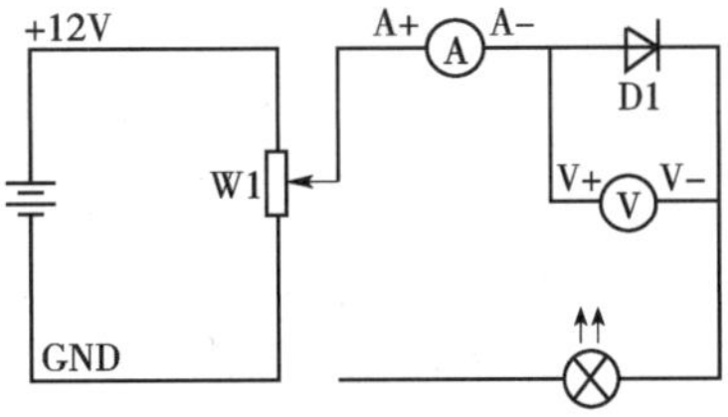

图 6-10 光二极管特性测量电路

任务小结

(1)不含其他杂质且具有晶体结构的半导体,称为本征半导体。在半导体里,掺入三价的元素形成 P 型半导体,掺入五价的元素形成 N 型半导体。

(2)一块 P 型半导体和一块 N 型半导体有机地结合在一起,形成一个 PN 结,用两块金属导体将这块半导体分别引出,用绝缘物质封装起来便构成一个二极管。

(3)晶体二极管具有单向导电性。

(4)晶体二极管具有整流、开关、钳位、稳压、触发的作用。

(5)LED 发光二极管应用在汽车上,包括仪表板、音响指示灯、开关的背光源、阅读灯和外部的制动灯、尾灯、侧灯以及前照灯等。

习题

一、判断题

1. P 型半导体中不能移动的杂质离子带负电,说明 P 型半导体呈负电性。 ( )

2. N 型半导体的多子是电子,少子是空穴。电子带负电,空穴带正电。 ( )

3. PN 结正向偏置是指 P 区接正极,N 区接负极,这时 PN 结导通。 ( )

4. 锗二极管比硅二极管的温度稳定性好。 ( )

5. 硅二极管导通后的正向电压约为 0.3V。 ( )

二、单选题

1. PN 结加正向电压时,其正向电流是( )。

A. 多子扩散而成 B. 少子扩散而成 C. 少子漂移而成 D. 多子漂移而成

2. 导体二极管当用万用表测量其电阻时,应当是( )。

A. 正向电阻大,反向电阻小 B. 正向电阻小,反向电阻大

C. 正向电阻大,反向电阻大 D. 正向电阻小,反向电阻小

3. 稳压二极管的正常工作状态是( )。

A. 导通状态 B. 截止状态 C. 反向击穿状态 D. 任意状态

4. 用指针式万用表 R×1kΩ 的电阻挡检测某一个二极管时,发现其正、反电阻值均约等于 100kΩ,这说明该二极管是属于( )。

A. 短路状态 B. 完好状态 C. 极性搞错 D. 断路状态

5. 当温度升高时,二极管的反向饱和电流将要( )。

A. 增加 B. 减少 C. 不变 D. 温度与电流无关

三、多选题

1. 关于稳压二极管描述正确的是( )。

A. 和普通二极管一样,具有正向导通,反向截止特性

B. 当外加反向电压超过稳压二极管的击穿电压时,稳压二极管不会损坏

C. 在有合适的限流电阻的情况下,稳压二极管击穿后,二极管两端电压基本保持不变,具有稳压作用

D. 稳压电路中的稳压二极管一般工作在反向击穿状态

2. 对于光敏二极管,下面说法正确的是( )。

A. 其管芯是一个具有光敏特性的 PN 结,具有单相导电性,工作时需要加正向电压

B. 无光照时,有很小的饱和反向漏电流,此时光敏二极管截止

C. 有光线照射 PN 结时,饱和反向漏电流大大增加,形成光电流,其大小随入射光强度变化

D. 家用电视机中的遥控信号接收器件主要用的是红外光敏二极管

学习任务2 晶体三极管特性分析及检测

任务描述

三极管是电子电路中最基本的元件,大多数电子电路都与其相关,本学习任务将学习三

极管的结构与原理,分析三极管的特性,并使用万用表测量三极管的极性。

建议学时:2 学时。

知识准备

一、晶体三极管

晶体三极管是一种利用输入电流控制输出电流的电流控制型器件,它由两个 PN 结构成,在电路中主要作为放大和开关元件使用。是内部含有两个 PN 结、外部具有三个电极的半导体器件。

继电器、三极管

二、晶体三极管内部结构

1. 晶体三极管的结构

晶体三极管(简称三极管,下同)结构如图 6-11 所示。

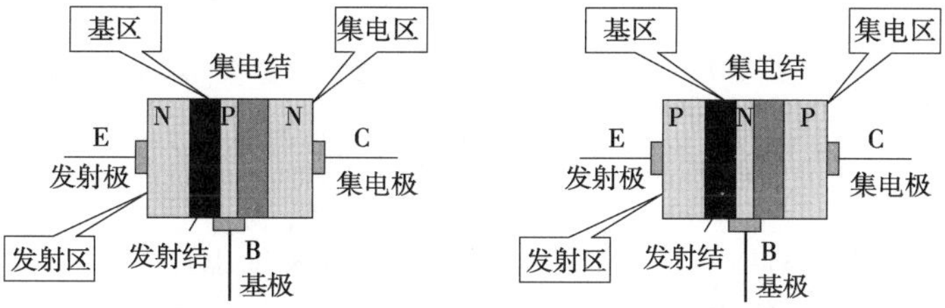

a)NPN型　　b)PNP型

图 6-11　三极管结构示意图

从图 6-11 中我们可以知道:三极管内部有发射区、基区和集电区;引出电极分别为发射极 e、基极 b、集电极 c。发射区与基区之间的 PN 结称为发射结,集电区与基区之间的 PN 结称为集电结。

三个电区的特点:

(1)使发射区的掺杂浓度最高,以有效地发射载流子。

(2)使基区掺杂浓度最小,且最薄,以有效地传输载流子。

(3)使集电区面积最大,且掺杂浓度小于发射区,以有效地收集载流子。

2. 电路符号

图 6-12 所示三极管的电路符号。

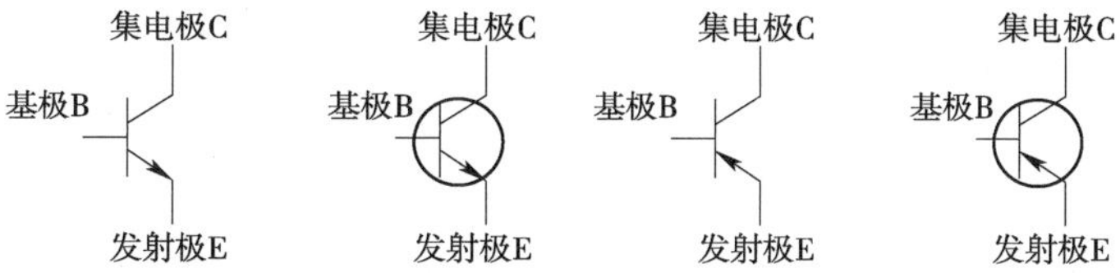

a)NPN　　b)NPN　　c)PNP　　d)PNP

图 6-12　三极管的电路符号

三、晶体三极管的分类

三极管的种类很多,通常按以下方法进行分类:

(1)按半体制造材料分类,可分为硅管和锗管。硅管受温度影响较小、工作稳定,因此在自动控制设备中常用硅管。

(2)按三极管内部基本结构分类,可分为 NPN 型和 PNP 型两类。目前我国制造的硅管多为 NPN 型(也有少量 PNP 型),锗管多为 PNP 型。

(3)按工作频率分类,可分为高频管和低频管。工作频率高于 3MHz 为高频管,工作频率在 3MHz 以下为低频管。

(4)按功率分类,可分为小功率管和大功率管。耗散功率小于 1W 为小功率管,耗散功率大于 1W 为大功率管。

(5)按用途分类,可分为普通放大三极管和开关三极管等。

任务实施

一、任务准备

1. 组织方式

(1)场地设施:每小组对应一套电器实验设施、一张实训工作台。

(2)检测工具:万用表、线束、锂离子蓄电池一块,三极管电路板。

(3)学生组织:教师指导,按各实例知识讲解及实训进行自评、互评。

(4)检查实训任务:真实、完整、有效。

2. 注意事项

(1)遵守场地安全规定,注意用电安全。

(2)插拔电气元件时一定要断电操作。

(3)正确使用万用表。

(4)在接线、拆线时,严禁用力拉扯线束。

二、操作步骤

根据学习工作页,结合实训指导书,按下列步骤完成实施。

(1)用万用表二极管挡分别测量三极管三个电极的导通情况。

(2)判断三极管的极性。

任务小结

(1)晶体三极管是一种利用输入电流控制输出电流的电流控制型器件,它由两个 PN 结构成,在电路中主要作为放大和开关元件使用。是内部含有两个 PN 结、外部具有三个电极的半导体器件。

(2)晶体三极管是电流放大管。

(3)晶体三极管按半体制造材料分类,可分为硅管和锗管;按工作频率分类,可分为高频管和低频管;按功率分类,可分为小功率管和大功率管;按用途分类可分为普通放大三极管和开关三极管。

(4)晶体三极管可用万用表检查判断极性。

拓展阅读

中国半导体科学奠基人之一——中科院院士王守武先生

中国半导体科学奠基人之一、半导体器件物理学家、中科院院士王守武先生被誉为我国半导体研究的“拓荒者”。1919 年 3 月 15 日,王守武出生于江苏苏州的书香世家。20 世纪 50 年代初,王守武领导应用物理所电学组开展半导体研究,他组织筹建了中国第一个半导体研究室和全国半导体测试中心,创建了中国科学院半导体研究所和微电子研究所,在研究与开拓中国半导体材料、半导体器件、光电子器件及大规模集成电路等方面作出了重要贡献。

习题

一、判断题

1. 三极管共发射极放大电路中,发射极支路接入电阻 RE 的目的是为了稳定静态工作点。( )

2. 锗三极管受温度影响较小、工作稳定,因此在自动控制设备中常用锗三极管。( )

3. 三极管既具有电流放大作用,也具有电压放大作用。( )

4. 三极管可以用较小的电流控制大电流。( )

5. 在三极管放大电路中,三极管工作在放大状态时,若发射结的直流电压约为 0.3V,则该管采用的是锗材料。( )

二、单选题

1. 按( )分类,三极管可分为高频管和低频管,工作频率高于 3MHz 为高频管,工作频率在 3MHz 以下为低频管。

A. 材料　B. 功率　C. 工作频率　D. 用途

2. ( )是有发射结、集电结两个 PN 结,外部具有三个电极的半导体器件。

A. 二极管　B. 三极管

C. 达林顿管　D. 场效应管

3. 三极管是电流控制器件,三个电极的电流关系为( )。

A. $I_C = I_B + I_E$　B. $I_B = I_C + I_E$　C. $I_C = I_B - I_E$　D. $I_E = I_B + I_C$

4. 常用三极管,根据材料的不同分为硅和锗三极管,而根据结构的不同有两种( )。

A. PPN 型和 NNP 型　B. NPN 型和 PNP 型　C. PNN 型和 PPN 型　D. NPP 型和 PNN 型

5. 按功率分类,三极管可分为小功率管和大功率管,耗散功率小于( )为小功率管。

A. 1W　B. 2W　C. 3W　D. 4W

三、多选题

1. 三极管内部有发射区、基区和集电区,引出电极分别为发射极 e、基极 b、集电极 c,三个电区的特点是(　　)。

A. 使发射区的掺杂浓度最高,以有效地发射载流子

B. 使基区掺杂浓度最小,且最薄,以有效地传输载流子

C. 使集电区面积最大,且掺杂浓度小于发射区,以有效地收集载流子

D. 三个区域都具备导电性

2. 三极管是有(　　)两个 PN 结、外部具有三个电极的半导体器件。

A. 发射结　　　　B. 基极　　　　C. 发射极　　　　D. 集电结

学习任务3　三极管放大电路分析及检测

任务描述

三极管最重要的作用是电流放大,汽车上很多地方用到了三极管的放大电路,本学习任务分析三极管的放大电路和特性曲线,并使用万用表测量三极管的极性。

建议学时:2 学时。

知识准备

一、三极管电流放大原理

三极管具有电流放大作用,其实质是三极管能以基极电流微小的变化量来控制集电极电流较大的变化量。这是三极管最基本的和最重要的特性。我们将 $\Delta I_c/\Delta I_b$ 的比值称为三极管的电流放大倍数,用符号"β"表示。电流放大倍数对于某一只三极管来说是一个定值,但随着三极管工作时基极电流的变化也会有一定的改变。三极管还可以作电子开关,常用在数字电路和汽车电路中。

三极管放大条件:要使三极管能够正常放大信号,发射结应加正向电压,集电结应加反向电压,如图 6-13 所示。

三极管电流
放大原理

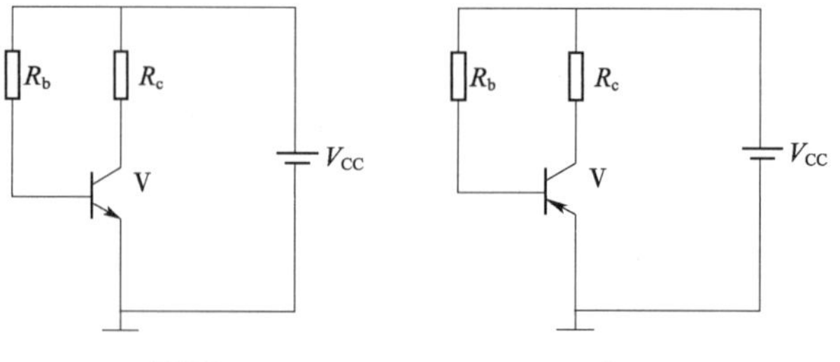

a)NPN　　　　b)PNP

图 6-13　三极管电路偏置电路

电源 V_{CC}通过偏置电阻 R_b为发射结提供正向偏置，R_C阻值小于 R_b阻值，所以集电结处于反向偏置，如图 6-14 所示。

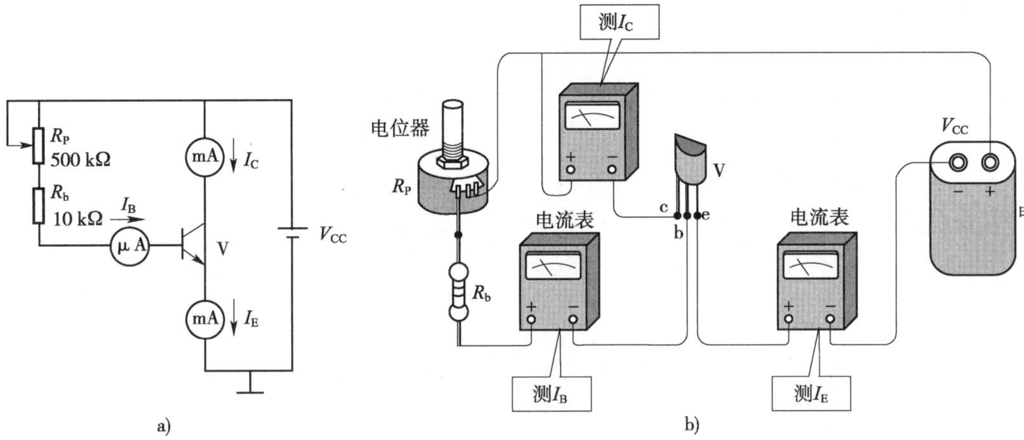

图 6-14　三极管各电极电流关系的测量电路

从实验中我们可以得出三极管电路有以下关系：

（1）三极管电流分配关系：$I_E = I_C + I_B$。

（2）三极管电流放大倍数：$\beta = \Delta I_C / \Delta I_B$，当 ΔI_B 有一微小变化，就能引起 ΔI_C 较大的变化，这种现象称为三极管的电流放大作用。

二、三极管的特性曲线

1. 输入特性曲线

输入特性曲线是反映三极管输入回路电压和电流关系的曲线，如图 6-15a）所示。它是在输出电压 U_{CE}为定值时，I_B 与 U_{BE}对应关系的曲线。当输入电压 U_{BE}较小时，基极电流 I_B很小，通常近似为零。当 U_{BE}大于三极管的死区电压 U_{th}后，I_C 开始上升。三极管正常导通时，硅管 U_{BE}约为 0.7V，锗管约为 0.3V，此时的 U_{BE}值称为三极管工作时的发射结正向压降。输入特性实质上就是二极管特性曲线。

2. 输出特性曲线

图 6-15b）所示输出特性曲线是反映三极管输出回路电压与电流关系的曲线，是基极电流 I_B 为某一定值时，集电极电流 I_C 与集电极电压 U_{CE}对应关系的曲线。

截止区：习惯把 $I_B = 0$ 曲线以下的区域称为截止区，三极管处于截止状态，相当于三极管内部各极开路。在截止区，三极管发射结反偏或零偏，集电结反偏。此时 C 极、E 极相当于开关断开。

放大区：它是三极管发射结正偏、集电结反偏时的工作区域。最主要特点是 I_C 受 I_B 控制，具有电流放大作用。

饱和区：当 U_{CE}小于 U_{BE}时，三极管的发射结和集电结都处于正偏，此时 I_C 已不再受 I_B 控制。此时管子的集电极-发射极间呈现低电阻，相当于开关闭合。

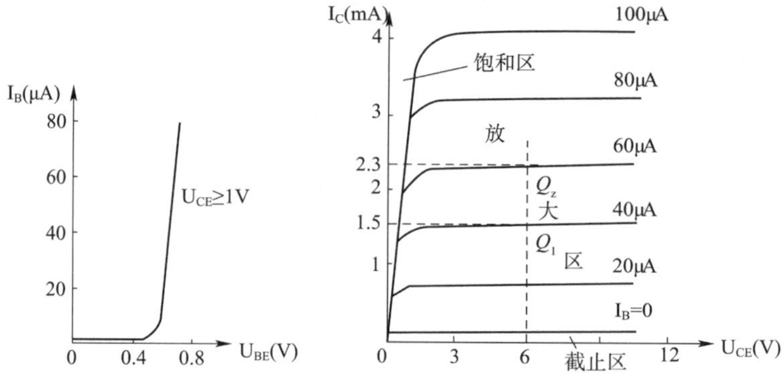

a)输入特性　　b)输出特性

图 6-15　三极管输入、输出特性曲线

三、三极管开关电路

当晶体管基射极电压($U_{BE}=0V$)低于截止电压0.5V时,晶体管的C极与E极之间相当于开关断开,输出电压为电源电压U_{CC};当晶体管基射极电压($U_{BE}=3V$)高于饱和电压0.7V时,晶体管的C极与E极之间相当于开关闭合,输出电压为0V。因此,晶体管既有放大作用又有开关作用。

在汽车电路中,三极管通常用作开关。由图6-16可知,负载电阻接在三极管的集电极与电源之间,位于三极管I_c电流回路上。

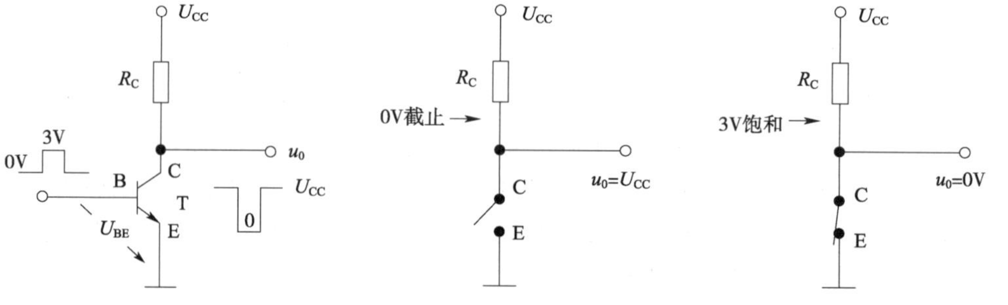

a)开关电路　　b)截止时相当于开关断开　　c)饱和时相当于开关闭合

图 6-16　三极管开关原理

输入电压U_B则控制三极管开关的断开与闭合动作,当三极管在截止状态时,C、E极间呈断开状态时,负载电流便被阻断,反之,当三极管在饱和状态时,C、E极间呈闭合状态时,电流便可以流通。

四、三极管开关和传统的机械式开关的比较

(1)无接点部分,因此不会有机械磨损,可以使用无限多次,一般的机械式开关,由于接点磨损,最多使用数百万次左右,而且其接点易受污损而影响工作,因此无法在脏乱的环境下长期运作,三极管开关既无接点又是密封的,无此顾虑。

(2)关闭的动作速度比一般的开启快,一般开关的启闭时间是以毫秒(ms)来计算的,三极管开关则以微秒(μs)计算的。

(3)关闭没有跃动现象,一般的机械式开关在导通的瞬间会有快速的连续启闭动作,然后才能逐渐达到稳定状态。

(4)三极管开关来驱动电感性负载时,在开关开启的瞬间,不致有火花产生。反之,当机械式开关开启时,由于瞬间切断了电感性负载上的电流,因此电感产生的瞬间感应电压,将在接点上引起弧光,这种电弧不但会侵蚀接点的表面,而且可能会造成干扰或危害。

五、三极管开关电路在汽车中的应用

1. NPN 三极管开关电路

当三极管在基极电流控制下,在截止与饱和两种状态中交替变换,就如同一个开关的断开与闭合状态交替变换一样。图 6-17 所示为 NPN 管的开关状态。

图 6-17 中,当基极 b 输入一个高电位控制信号时,三极管 VT 进入饱和导通状态,集电极 c 与发射极 e 之间的电位差几乎为零,相当于 c、e 之间闭合。当基极 b 高电位控制信号撤离后,三极管 VT 进入截止状态,集电极 c 与发射极 e 之间几乎没有电流流过,相当于 c、e 之间断开。利用三极管的这种特性,就构成了三极管的开关电路。如图 6-18 所示,R_b 是基极限流电阻,防止基极电流过大。R_c 是集电极电阻,在本电路中是防止三极管导通时,电源短路。在实际开关电路中,R_c 的位置由被控电子元件取代。

NPN 三极管开关电路

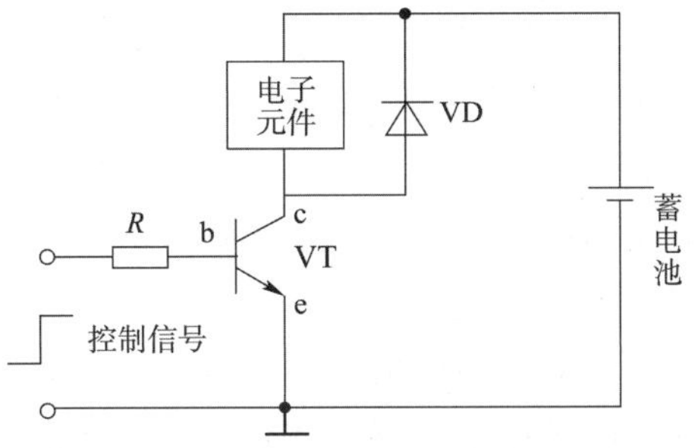

图 6-17 NPN 三极管的开关状态

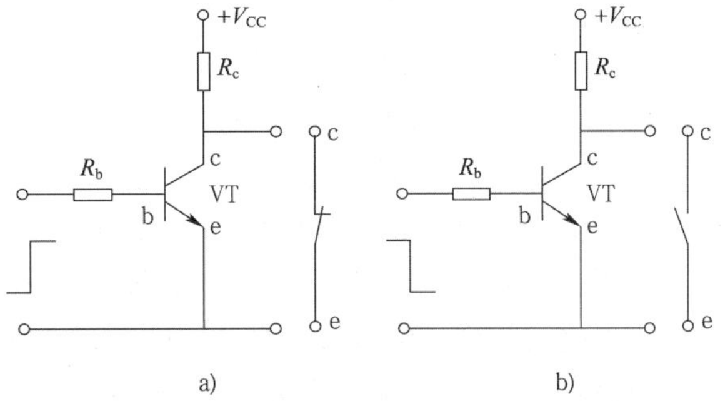

图 6-18 NPN 三极管开关电路

图 6-17 为 NPN 管开关电路。开关电路在工作时,受控制的电子元件一般接在集电极 c 上,控制信号加在基极 b 上。当基极 b 有控制信号到来时,三极管 VT 处于饱和导通状态,c、e 之间相当于开关闭合,接在集电极 c 上的电子元件得电工作;当控制信号与基极 b 断开时,三极管 VT 处于截止状态,c、e 之间相当于开关断开,电子元件的电路被切断失电,恢复初始状态。在汽车电子电路中,功率较小的控制信号经过三极管开关电路,可以控制喷油器、继电器、指示灯等大功率器件的工作。电阻 R 起到限制基极电流的作用,防止因控制信号过大损坏三极管。二极管 VD 起续流作用,保护三极管免受反向电动势的损坏。三极管开关电路在汽车电路中的应用相当广泛,主要用于电子电压调节器、电子点火器以及各种信号报警电路等。

2. 电子电压调节器

汽车交流发电机发出的电压随着发动机的转速和负荷会产生波动,发电机输出电压与发电机励磁绕组通过的励磁电流成正比,通过控制励磁线圈电路通断就可以控制流过的励磁电流的平均值的大小,从而使发电机输出电压基本稳定在一个定值。电子电压调节器就是利用三极管的开关作用来控制励磁线圈电路的通断,达到调节电压的目的。

提示:电子电压调节器虽然内部电路比较复杂,但封装后只引出 3 个或 4 个引脚,在外观测试时表现出的就是一个受发电机输出电压控制的电子开关。

JFT106 型电子电压调节器为 14V 外搭铁式,调节电压为 13.8 ~ 14.6V,可与 14V、750W 的九管外搭铁硅整流发电机配套使用,也可与 14V、1000W 的普通六管硅整流发电机配套使用,其电路如图 6-19 所示。

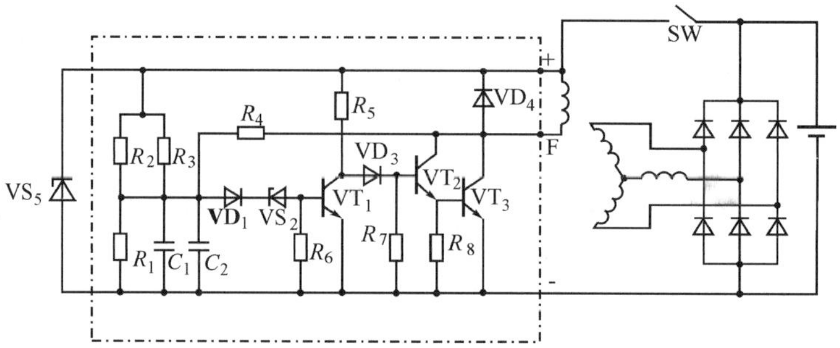

图 6-19　JFT106 型电子电压调节器电路

电阻 R_2 和 R_3 并联后与 R_1 串联构成分压电路,接通点火开关时,蓄电池电压加在该分压电路上,R_1 上的分压经二极管 VD_1 和电阻 R_6 加在稳压管 VS_2 上,此时,R_1 上的分压值低于稳压管 VS_2 的反向击穿电压,故 VS_2 截止,三极管 VT_1 因无基极电流而截止。VT_1 截止时,R_5、VD_3、R_7 构成串联电路,R_7 上的电压便加到 VT_2 的基极,使 VT_2 获得基极电流而导通。VT_2、VT_3 接成复合管形式(以提高放大倍数),因而 VT_3 也导通。VT_3 导通时,励磁绕组有电流通过而产生磁场。如发电机旋转,其输出电压便会迅速升高。

当发电机端电压超过规定值,R_1 的分压值大于稳压管 VS_2 的反向击穿电压,则 VS_2 击穿导通,VD_1 有基极电流而导通,VT_1 导通时,其集电极电位接近于零而使 VT_2、VT_3 截止,切断了发电机的励磁电路,使得发电机输出电压下降。

当发电机输出电压小于规定值时,稳压管 VS_2 重又截止,VT_1 也截止,VT_2、VT_3 重新导通,使励磁电路接通,发电机输出电压重新升高。如此反复,发电机输出电压便被稳定在规定值。

R_3 为调整电阻,根据稳压管 VS_2 反向击穿电压的不同,选装不同阻值的调整电阻。

六、三极管主要技术参数

1. 集电极最大直流耗散功率(P_{cm})

一般要求用 P_{cm} 与原管相等或较大的三极管进行置换。但经过计算或测试,如果原三极管在整机电路中实际直流耗散功率远小于其 P_{cm},则可以用 P_{cm} 较小的三极管置换。

2. 击穿电压

用于置换的三极管,必须能够在整机中安全地承受最高工作电压。

3. 集电极最大允许直流电流(I_{cm})

一般要求用 I_{cm} 与原三极管相等或较大的三极管进行置换。

4. 频率特性

三极管频率特性参数,常用的有以下两个:①特征频率 F_t:它是指在测试频率足够高时,使三极管共发射极电流放大系数时的频率;②截止频率 F_b:在置换三极管时,主要考虑 F_t 与 F_b。通常要求用于置换的三极管,其 F_t 与 F_b 应不小于原三极管对应的 F_t 与 F_b。

三极管的特征频率 F_t 也称作增益带宽积,即 $F_T = \beta F_0$,也就是说,如果已知当前三极管的工作频率 F_0 以及高频电流放大倍数,就可算出特征频率 F_t。随着工作频率的升高,放大倍数会下降,F_t 也可以定义为 $\beta = 1$ 时的频率。我们测试 30MHz 时的 β 值,F_0 与 β 的乘积就是 F_t。F_0 = 30MHz 时,$\beta = 5$,F_t 就是 150MHz。

任务实施

一、任务准备

1. 组织方式

(1)场地设施:每小组对应一套电器实验设施、一张实训工作台。

(2)检测工具:万用表、线束、锂离子蓄电池一块,三极管放大电路板。

(3)学生组织:教师指导,按各实例知识讲解及实训进行自评、互评。

(4)检查实训任务:真实、完整、有效。

2. 注意事项

(1)遵守场地安全规定,注意用电安全。

(2)插拔电气元件时一定要断电操作。

(3)正确使用万用表。

(4)在接线、拆线时,严禁用力拉扯线束。

二、操作步骤

根据学习工作页,结合实训指导书,按下列步骤完成实施。

(1)按照图 6-20 所示,接好实训电路。

(2)观察负载灯泡的光线变化。

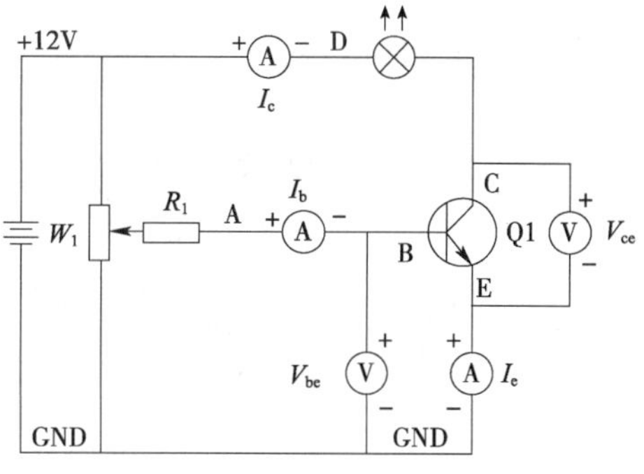

图 6-20 三极管的放大电路

任务小结

(1)三极管具有电流放大作用,其实质是三极管能以基极电流微小的变化量来控制集电极电流较大的变化量。

(2)要使三极管能够正常放大信号,发射结应加正向电压,集电结应加反向电压。

(3)三极管的输入输出特性曲线可确定三极管的工作状态。

(4)三极管有开关作用,比如用在汽车发电机的电压调节器。

拓展阅读

新技术的发展——蔚来的创新

蔚来汽车科技有限公司(以下简称“蔚来”)成立于2014年,专注于智能电动汽车的研发与制造。蔚来通过与全球顶尖技术团队合作,快速推出了多款备受市场欢迎的电动汽车。2018年,蔚来在美国成功上市,标志着中国智能电动汽车品牌在国际市场上站稳脚跟。蔚来的成功,展示了中国企业在新兴科技领域中的创新能力和国际影响力。

习题

一、判断题

1. 晶体三极管的发射结正偏时,晶体三极管一定工作在放大状态。 (　　)

2. 若晶体三极管的发射结反偏,则晶体三极管工作在截止状态。 (　　)

3. 放大电路工作时,I_B、I_C、U_{CE}中既有直流信号,又有交流信号。 (　　)

4. 塑料有良好的导电性。 (　　)

5. 共发射极放大电路的静态工作点设置得过低,易出现饱和失真。 (　　)

二、单选题

1. (　　)是反映三极管回路电压与电流关系的曲线,是基极电流 I_B 为某一定值时,集电极电流 I_C 与集电极电压 U_{CE}对应关系的曲线。

A. 输入特性曲线、输入　　B. 输出特性曲线、输出

C. 输入特性曲线、输出　　D. 输出特性曲线、输入

2. 处于截止状态的三极管,其工作条件为(　　)。

A. 发射结零偏或反偏,集电结反偏

B. 发射结正偏,集电结反偏

C. 发射结正偏,集电结正偏

D. 发射结电压大于死区电压,集电结正偏

3. 测得某电路板上晶体三极管3个电极对地的直流电位分别为 $U_E=3V$,$U_B=3.7V$,$U_C=3.3V$,则该管工作在(　　)。

A. 放大区　　B. 饱和区　　C. 截止区　　D. 击穿区

4. 当三极管在基极电流控制下,在截止与饱和两种状态中交替变换,就如同一个开关的断开与闭合状态交替变换一样,这是三极管的(　　)。

A. 单向导电性　　B. 放大特性　　C. 开关特性　　D. 功率特性

5. 用于置换的三极管,必须能够在整机中安全地承受最高工作电压,是三极管的(　　)。

A. 击穿电压　　B. 工作电压　　C. 额定电压　　D. 输入电压

三、多选题

1. 在三极管的输入特性中，当输入电压 U_{BE} 较小时，基极电流 I_B 很小，通常近似为零。当 U_{BE} 大于三极管的死区电压 U_{th} 后，I_c 开始上升。三极管正常导通时，此时的 U_{BE} 值称为三极管工作时的发射结正向压降，下列正确的是(　　)。

A. 硅管 U_{BE} 约为 0.7V　　B. 硅管 U_{BE} 约为 0.3V

C. 锗管 U_{BE} 约为 0.3V　　D. 锗管 U_{BE} 约为 0.7V

2. 在三极管的输出特性曲线中，习惯把 $I_B=0$ 曲线以下的区域称为截止区，下列说法正确的有(　　)。

A. 没有输入电流

B. 三极管处于截止状态，相当于三极管内部各极开路

C. 硅管 U_{BE} 小于 0.5V

D. 锗管 U_{BE} 小于 0.5V

学习任务 4　达林顿管及 IGBT 基础

任务描述

三极管的功率放大电路(简称“功放电路”)在汽车上广泛应用，本学习任务分析三极管的功放电路的构成原理，并对功放电路进行检测，分析三极管的功放电路在汽车上的应用。

建议学时：2 学时。

知识准备

一、功放电路的组成与分类

音频，指的是人类能够听得见的声音信号的频率范围(20Hz ~ 20kHz)，音频放大系统就是对微弱声音信号进行处理放大的电子设备。我们本次学习任务重点学习音频放大电路的基本知识。

互补对称放大电路 OCL 电路采用双电源供电。T_1、T_2 的特性一致，一个 NPN 型、一个 PNP 型，两管均接成射极输出器，如图 6-21 所示。单级放大电路一般是指由一个三极管组成的放大电路。

互补对称放大电路 OCL 电路工作原理

1. 静态时

静态时 T_1、T_2 两管发射结电压分别为二极管 D_1、D_2 的正向导通压降，致使两管均处于微弱导通状态。

2. 动态时

动态时，设 u_i 加入正弦信号。正半周 T_2 截止，由于有 D_1 的钳位作用，T_1 基极电位进一步

提高,进入良好的导通状态,i_{C1}流过负载;负半周 T_1截止,由于有 D_2 的钳位作用,T_2基极电位进一步降低,进入良好的导通状态,i_{C2}流过负载。在信号的整个周期都有电流流过负载,负载上 i_L和 U_O基本上是正弦波。

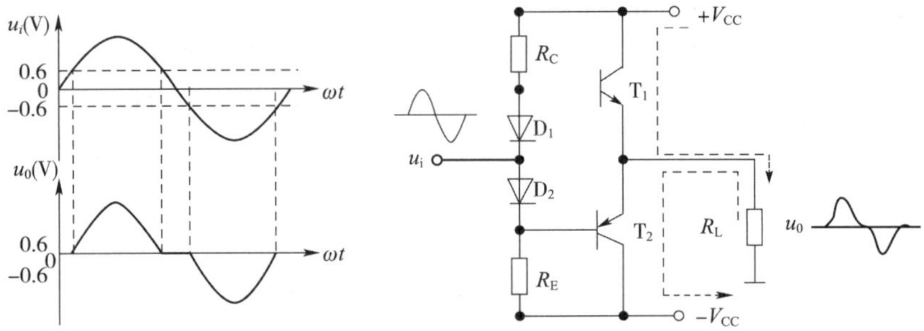

图 6-21 互补对称放大电路 OCL 电路

3. R_C、R_E、D_1、D_2的作用

R_C、R_E、D_1、D_2的作用是克服交越失真。两个管子在信号周期内交替工作,由于管子总是存在着死区电压,因此在信号零点附近不会产生基极电流,造成传输信号波形的严重失真,由于这种失真产生在过零值处,所以称为交越失真。通过 D_1和 D_2的钳位作用,能够保证在输入信号接近零时,T_1和 T_2管子的基极电位大于死区电压,使两个管子均处于微弱导通状态。避免出现交越失真。

二、三极管组成功放电路的分类

1. 按工作状态分类

1)甲类放大电路

这种功放的工作原理是输出器件三极管始终工作在传输特性曲线的线性部分,在输入信号的整个周期内输出器件始终有电流连续流动,这种功放失真小,但效率低,约为50%,功率损耗大。

2)乙类放大电路

两只三极管交替工作,每只三极管在信号的半个周期内导通,另外半个周期内截止。该功放效率高,约为78%,但缺点是容易产生交越失真(两只三极管分别导通时发生的失真)。

3)甲乙类放大电路

兼有甲类放大器音质好和乙类放大器效率高的优点,被广泛应用于家庭、专业、汽车音响系统中。

2. 按功能分类

1)前级功放

其主要作用是对信号源传输过来的节目信号进行必要的处理和电压放大后,再输出到后级放大器。

2)后级功放

其对前级放大器送出的信号进行不失真放大,以强劲的功率驱动扬声器系统。除放大电路外,还设计有各种保护电路,如短路保护、过电压保护、过热保护、过电流保护等。前级功放和后级功放一般只在高档机或专业的场合采用。

3)合并式放大器

将前级放大器和后级放大器合并为一台功放,兼有前二者的功能,通常所说的放大器都是合并式的,应用范围较广。功率放大器主要考虑获得最大的交流输出功率,而功率是电压与电流的乘积,因此功放电路不但要有足够大的输出电压,而且还应有足够大的输出电流。

3. 对功率放大电路的几点要求

1)效率尽可能高

功放是以输出功率为主要任务的放大电路。由于输出功率较大,造成直流电源消耗的功率也大,效率的问题突显。在允许的失真范围内,期望功放管除了能够满足所要求的输出功率外,应尽量减小其损耗,首先应考虑尽量提高管子的工作效率。

2)具有足够大的输出功率

为了获得尽可能大的功率输出,要求功放管工作在接近"极限运用"的状态。

3)非线性失真尽可能小

功放工作在大信号状态下,不可避免地会产生非线性失真,而且同一功放管的失真情况会随着输出功率的增大而越发严重。技术上常常对电声设备要求其非线性失真尽量小,最好不发生失真。而在控制电动机和继电器等方面,则要求以输出较大功率为主,对非线性失真的要求不是太高。由于功率管处于大信号工况,所以输出电压、电流的非线性失真不可避免。但应考虑将失真限制在允许范围内,即失真也要尽可能地小。另外,由于功率管工作在"极限运用"状态,因此有相当大的功率消耗在功放管的集电结上,从而造成功放管结温和管壳的温度升高。所以管子的散热问题及过载保护问题也应充分予以重视,并采取适当措施,使功放管能有效地散热。这种功放的工作原理是输出器件三极管始终工作在传输特性曲线的线性部分,在输入信号的整个周期内输出器件始终有电流连续流动,这种功放失真小,但效率低,约为50%,功率损耗大。

三、达林顿管电路

1. 达林顿管的构成

达林顿管就是两个三极管接在一起,极性只认前面的三极管。具体接法如下:以两个相同极性的三极管为例,前面三极管集电极与后面三极管集电极相接,前面三极管射极与后面三极管基极相接,前面三极管功率一般比后面三极管小,前面三极管基极为达林顿管基极,后面三极管射极为达林顿管射极,其用法跟三极管一样,放大倍数是两个三极管放大倍数的乘积。

2. 达林顿管的典型应用

(1)用于大功率开关电路、电动机调速、逆变电路。

(2)驱动小型继电器。

(3)驱动 LED 智能显示屏。

四、IGBT 基础

IGBT (绝缘栅双极晶体管)作为一种功率半导体器件,被广泛应用于轨道交通、智能电网、工业节能、电动汽车和新能源装备等领域,具有节能、安装方便、维护方便、散热稳定等特点。它是能量转换和传输的核心装置。简单概括,IGBT 可以说是 MOSFET(金属氧化物半导体场效应晶体管)和 BJT(双极结型晶体管)的结合体,即它结合了 MOSFET 的栅压控制晶体管(高输入阻抗),同时利用 BJT 的双载流子来达到大电流的目的(压控双极型器件)。

1. IGBT 模块

以拆解的型号为 FF1400R17IP4 的 IGBT 模块为例。模块外观及等效电路如图 6-22 所示。本模块长宽高分别为:25cm×8.9cm×3.8cm。模块包含两个 IGBT,也就是我们常说的半桥模块。每个 IGBT 的额定电压和电流分别为 1.7kV 和 1.4kA。8、9、10、11、12 为电源端子,需要接电源电路。1、2、3、4、5 为辅助控制端,需接门极驱动电路。6、7 为 NTC 热敏电阻,用于温度检测或过温保护。

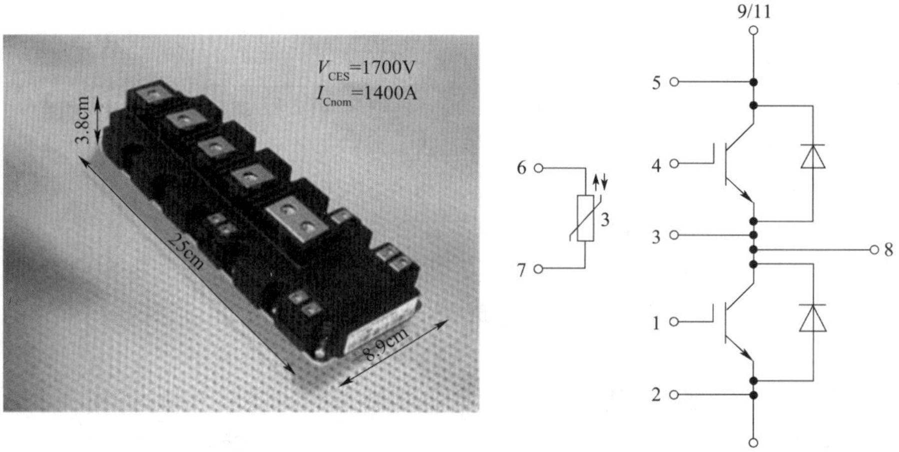

a)外观　　b)等效电路

图 6-22　IGBT 模块

2. IGBT 在汽车中的应用

IGBT 被认为是电动汽车的核心技术之一。在大致了解了它的结构之后,我们可以用这种结构的黑色模块做什么呢?举一个我们身边的例子:新型电动汽车,大家应该都不陌生了,三个这样的黑色模块可以用作三相电机驱动器。如果配备蓄电池,它就可以驱动电动公交车。当然,这个模块也出现在很多其他的应用中。在电动汽车上,IGBT 的作用是交流电和直流电的转换,同时还承担电压的高低转换功能。其将蓄电池的直流电流转换成电动机和发电机使用的交流电流,另外也将电动机回收的交流电流转换成可供蓄电池充电的直流电流。

五、操作步骤

根据学习工作页，结合实训指导书，按下列步骤完成实施。

(1)按照图6-23所示，连接达林顿管电路图。

(2)观察达林顿管控制负载灯泡的光线变化。

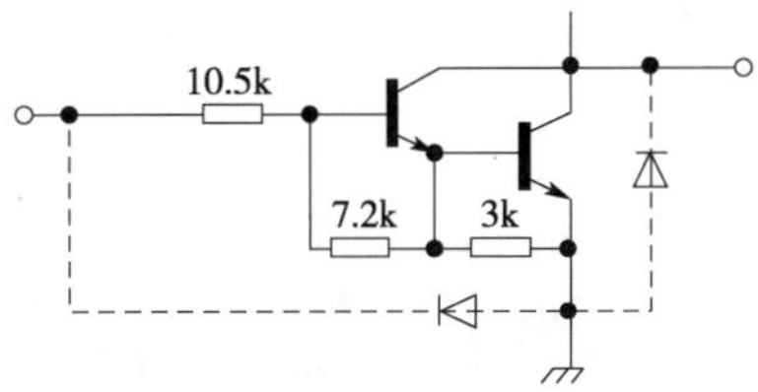

图6-23　互补对称放大电路OCL电路

任务小结

(1)利用三极管的功放电路构成音频放大系统，对微弱声音信号进行处理放大。

(2)三极管的功放电路分为甲类放大电路、乙类放大电路、甲乙类放大电路。

(3)达林顿管就是两个三极管接在一起，极性只认前面的三极管。

(4)达林顿管用于大功率开关电路、电动机调速、逆变电路。

习题

一、判断题

1. 达林顿管就是两个三极管接在一起，极性只认前面的三极管。　(　　)
2. 汽车的执行元件需要放大电路将驱动信号放大，一般用甲类功放电路。　(　　)
3. 三极管的电流放大倍数通常不等于放大电路的电压放大倍数。　(　　)

二、单选题

1. 三极管的功率放大电路，简称(　　)，在汽车上广泛应用。

A. 放大器　B. 放大机　C. 功放电路　D. 直流运放器

2. 汽车中常使用大功率放大的三极管有(　　)。

A. 光敏三极管　B. PNP管　C. NPN管　D. 达林顿管

3. 在汽车发动机电脑中，用大功率三极管作开关控制发动机喷油器的开启和关闭时，三极管工作在(　　)。

A. 放大区，饱和区　B. 截止区，放大区　C. 饱和区，击穿区　D. 饱和区，截止区

三、多选题

1. 达林顿管的典型应用有(　　)。

A. 用于大功率开关电路、电动机调速、逆变电路

B. 驱动小型继电器

C. 驱动LED智能显示屏

D. 阻抗匹配

2. 由于功率管工作在“极限运用”状态，因此有相当大的功率消耗在功放管的集电结上，从而造成功放管的(　　)升高。所以管子的散热问题及过载保护问题也应充分予以重视，并采取适当措施，使功放管能有效地散热。

A. 环境温度　B. 结温　C. 管壳的温度　D. 电路

项目七　直流稳压电源电路控制与分析

任务概述

直流稳压电源应用广泛，整流、滤波、稳压电路是构成直流稳压电源的核心部分，在汽车的应用电路中，也有交流变直流，或是直流变交流的应用，在汽车的电源中，交流发电机通过三相桥式整流把交流变直流，本学习任务将学习整流、滤波、稳压电路组成的直流稳压电源。

知识目标

(1)会分析半波整流电路、单相桥式整流电路、三相整流电路原理；

(2)会分析直流稳压电源的电路原理并检测直流稳压电源电路。

技能目标

(1)会分析整流电路波形变换过程；

(2)能分析半波、单相、三相整流电路原理；

(3)能掌握整流电路的应用及测试。

素养目标

(1)规范课堂6S管理，展示中国工匠良好形象；

(2)培养团队协作的精神，能够协同配合、系统学习；

(3)养成独立思考问题的习惯；

(4)培养敬业奉献、服务人民的意识；

(5)培养在工作中敢担当、能吃苦的好品质。

学习任务1　单相桥式整流电路控制与分析

任务描述

单相桥式整流、滤波、稳压电路是构成直流稳压电源的核心部分，本学习任务学习单相桥式整流电路的原理和检测。

建议学时:2 学时。

知识准备

一、二极管半波整流电路

1. 电路

电路如图 7-1 所示,图中各元件作用:

(1)V:整流二极管,把交流电变成脉动直流电。

(2)T:电源变压器,把 U_1 变成整流电路所需的电压值 U_2。

二极管半波整流电路工作原理

2. 工作原理

设 U_2 为正弦波,波形如图 7-2 所示。

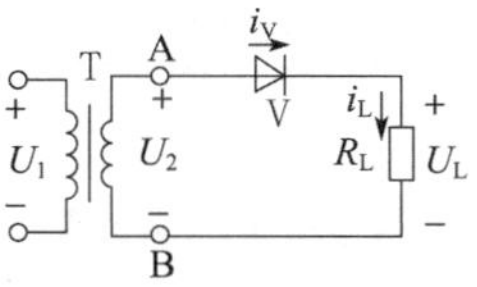

图 7-1 二极管半波整流电路

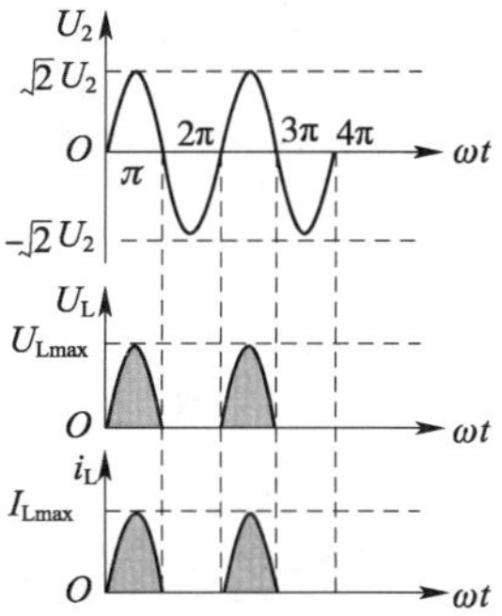

图 7-2 二极管半波整流波形

(1)U_2 正半周时,A 点电位高于 B 点电位,二极管 V 正偏导通,则 $U_L \approx U_2$;

(2)U_2 负半周时,A 点电位低于 B 点电位,二极管 V 反偏截止,则 $U_L \approx 0$。

由波形可见,U_2 一周期内,负载只用单方向的半个波形,这种大小波动、方向不变的电压或电流称为脉动直流电。上述过程说明,利用二极管单向导电性可把交流电 U_2 变成脉动直流电 U_L。由于电路仅利用 U_2 的半个波形,故称为半波整流电路。

3. 负载和整流二极管上的电压和电流

(1)负载电压 U_L:

$$U_L = 0.45U_2 \tag{7-1}$$

(2)负载电流 I_L:

$$I_L = \frac{U_L}{R_L} = \frac{0.45U_2}{R_L} \tag{7-2}$$

(3)二极管正向电流 I_V 和负载电流 I_L:

$$I_V = I_L = \frac{0.45U_2}{R_L} \tag{7-3}$$

(4)二极管反向峰值电压 U_{RM}:

$$U_{RM} = \sqrt{2U_2} \approx 1.41U_2 \tag{7-4}$$

二、单相桥式整流电路

1. 电路图

单相桥式整流电路图如图 7-3 和图 7-4 所示。

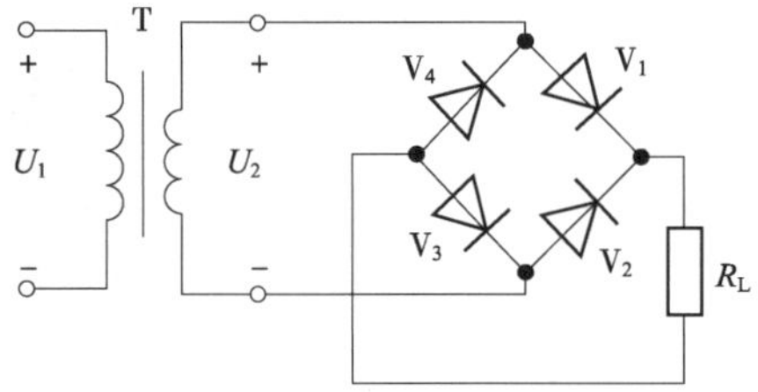

图 7-3　单相桥式整流电路

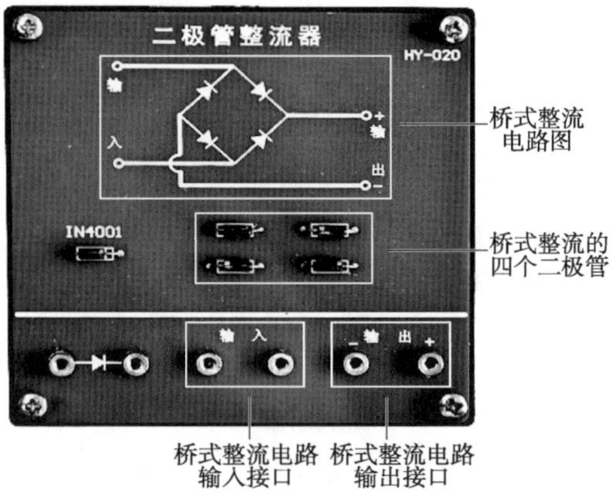

图 7-4　二极管整流器积木板

2. 工作原理

(1) U_2正半周时,如图 7-5a)所示,A 点电位高于 B 点电位,则 V_1、V_3导通(V_2、V_4截止),i_1自上而下流过负载 R_L。

(2) U_2负半周时,如图 7-5b)所示,A 点电位低于 B 点电位,则 V_2、V_4导通(V_1、V_3截止),i_2自上而下流过负载 R_L。叠加形成了 i_L。于是负载得到全波脉动直流电压 U_L。

单相桥式整流电路工作原理

由波形图 7-6 可见,U_2一周期内,两组整流二极管轮流导通产生的单方向电流 i_1 和 i_2。

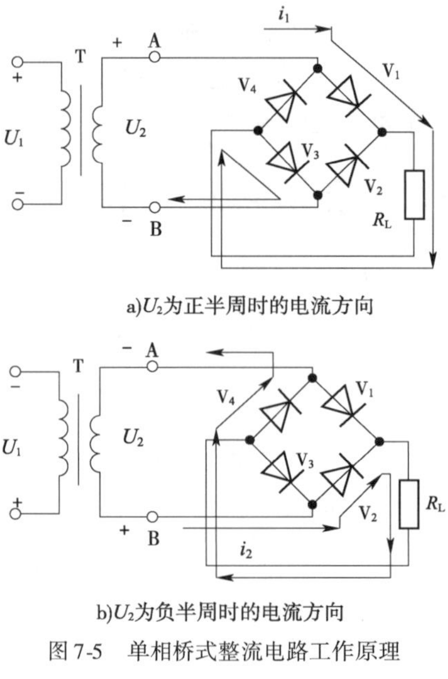

a) U_2为正半周时的电流方向

b) U_2为负半周时的电流方向

图 7-5　单相桥式整流电路工作原理

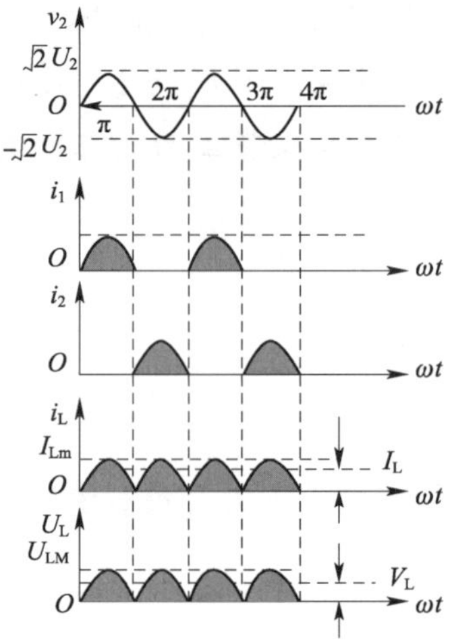

图 7-6　单向桥式整流波形

3. 电路参数

(1)负载电压 U_L:

$$U_L=0.92U_2 \tag{7-5}$$

(2)负载电流 I_L:

$$I_L=\frac{U_L}{R_L}=\frac{0.92U_2}{R_L} \tag{7-6}$$

(3)二极管的平均电流 i_V:

$$i_v=\frac{1}{2}i_L \tag{7-7}$$

(4)二极管承受反向峰值电压 U_{RM}:

$$U_{RM}=\sqrt{2}U_2 \tag{7-8}$$

任务实施

一、任务准备

1. 组织方式

(1)场地设施:每小组对应一套电器实验设施、一张实训工作台。

(2)检测工具:万用表、线束、锂离子蓄电池一块,示波表、单相整流电路板、三相交流发电机板及电流表电压表积木板。

(3)学生组织:教师指导,按各实例知识讲解及实训进行自评、互评。

(4)检查实训任务:真实、完整、有效。

2. 注意事项

(1)遵守场地安全规定,注意用电安全。

(2)插拔电器元件时一定要断电操作。

(3)正确使用万用表。

(4)在接线、拆线时,严禁用力拉扯线束。

二、操作步骤

根据学习工作页,结合实训指导书,按下列步骤完成实施。

(1)按照图 7-7 所示,接好半波整流电路。

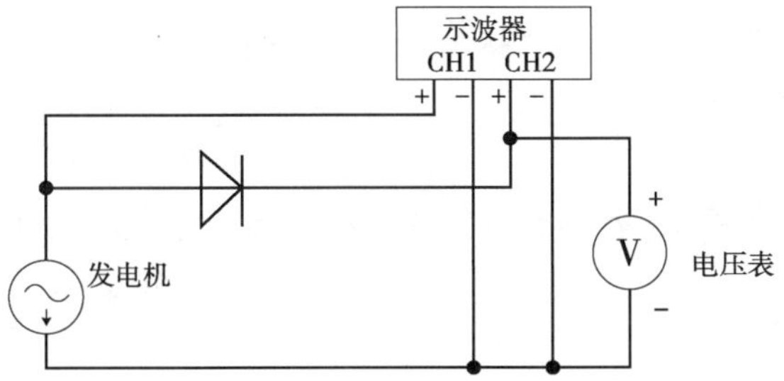

图 7-7 半波整流电路

(2)观察示波器检测波形。

(3)按照图7-8所示,接好单相桥式整流电路。

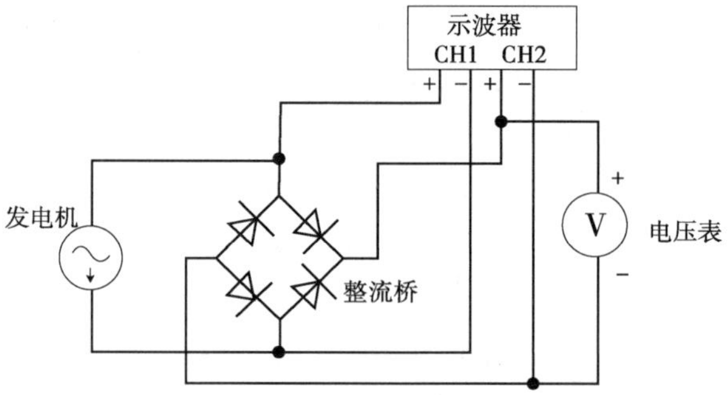

图7-8　单相桥式整流电路

(4)观察示波器检测波形。

任务小结

(1)利用一个二极管单向导电性可把交流电 U_2 变成脉动直流电 U_L。由于电路仅利用 U_2 的半个波形,故称为半波整流电路。

(2)利用4个二极管单向导电性可把交流电 U_2 变成脉动直流电 U_L,得到全波脉动直流电压 U_L,故称为单相桥式整流电路。

(3)利用示波器观察半波整流电路波形。

(4)利用示波器观察单相桥式整流电路波形。

习题

一、判断题

1. 单相桥式整流电路中,变压器的次级绕组电压有效值为 U_2,负载电压 $U_L=0.45U_2$。　(　　)

2. 单相整流滤波电路中的滤波电解电容是无极性电容。　(　　)

3. 整流电路中的滤波电容越大,滤波效果越好。　(　　)

4. 整流二极管把交流电变成脉动直流电。　(　　)

5. 在桥式整流电路中,二极管反向峰值电压 U_{RM}: $U_{RM}=U_2\approx1.4U$。　(　　)

二、单选题

1. 在单相桥式整流电路中,如果一只整流二极管接反,则(　　)。

A. 引起电源短路　　B. 成为半波整流

C. 仍为桥式整流　　D. 引起断路

2. 在单相桥式整流电路中,如果一只整流二极管击穿,则(　　)。

A. 引起电源短路　　B. 成为半波整流

C. 仍为桥式整流　　D. 引起断路

3. 桥式整流电容滤波电路的变压器副边电压为30V,则电路的输出电压为(　　)。

A. 48V　　B. 36V　　C. 24V　　D. 16V

4. 在单相桥式整流电路中接入电容滤波器后,输出电压的平均值(　　)。

A. 降低　　B. 升高　　C. 不变　　D. 无法判断

5. 在电容滤波的单相桥式整流电路中,若负载电压为 84V,则变压器副边电压是(　　)。

A. 50V　　B. 60V　　C. 70V　　D. 80V

三、多选题

1. 对于单相桥式整流电路,以下说法正确的是(　　)。

A. 可以把交流正弦波信号转换成直流正弦波信号

B. 整流桥臂断路一个后,输出的是半波整流信号

C. 单相桥式整流电路的输出电压是半波整流电路的 2 倍

D. 整流电路要用到两对二极管

2. 整流电路能把交流电变成(　　)。

A. 直流电　　B. 脉动电　　C. 交流电　　D. 高压电

学习任务 2　三相桥式整流电路控制与分析

任务描述

三相桥式整流是汽车交流发电机总成的重要组成部分,本学习任务学习三相桥式整流电路的结构原理,分析并检测整流电路的电压波形。

建议学时:2 学时。

知识准备

将交流电变成直流电的过程称为整流。在汽车交流发电机中,就是利用二极管组成的整流板将发电机发出的三相交流电整流为直流电。为了适应汽车发电机的需要,专门制作了用于汽车的整流二极管,它们分为正极管和负极管,如图 7-9 所示。

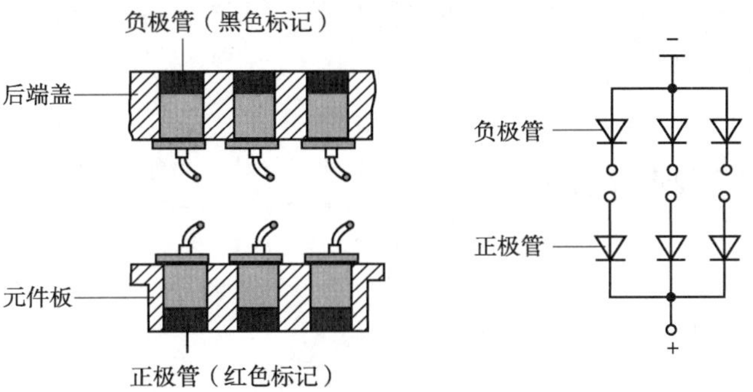

图 7-9　汽车交流发电机整流二极管的安装示意图

正极管的外壳为负极,引出极为正极,在管壳底上一般标有红色标记。在负极搭铁的硅

整流发电机中,三个正极管的外壳压装在散热板的三个座孔内,共同组成发电机的正极,由一个与发电机后端盖绝缘的整流板固定螺栓通至机壳外,作为发电机的电源线接线柱“B”(“+”“A”或“电枢”接线柱)。

负极管的外壳为正极,引出极为负极,在管壳底上一般标有黑色标记。三个负极管的外壳压装在后端盖的三个孔内,和发电机外壳一起成为发电机的负极。

三个正极管和三个负极管构成的整流电路称为三相桥式整流电路,将发电机的交流电变为12V的直流电。整流电路如图7-10所示。

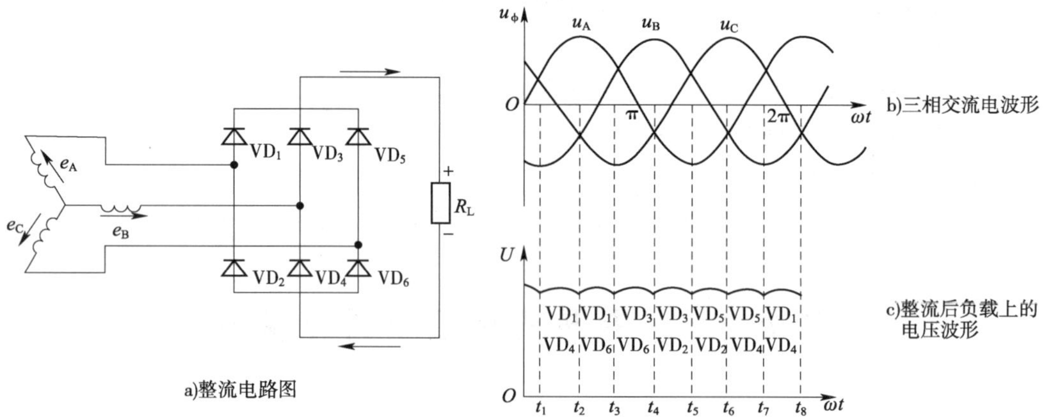

图7-10 汽车交流发电机的整流电路和电压波形

任务实施

一、任务准备

1. 组织方式

(1)场地设施:每小组对应一套电器实验设施,一张实训工作台。

(2)检测工具:万用表、线束、锂离子蓄电池一块,示波表、三相整流电路板、三相交流发电机板及电流表电压表积木板。

(3)学生组织:教师指导,按各实例知识讲解及实训进行自评、互评。

(4)检查实训任务:真实、完整、有效。

2. 注意事项

(1)遵守场地安全规定,注意用电安全。

(2)插拔电气元件时一定要断电操作。

(3)正确使用万用表。

(4)在接线、拆线时,严禁用力拉扯线束。

二、操作步骤

根据学习工作页,结合实训指导书,按下列步骤完成实施。

(1)按照图 7-11 所示,接好三相桥式整流电路。

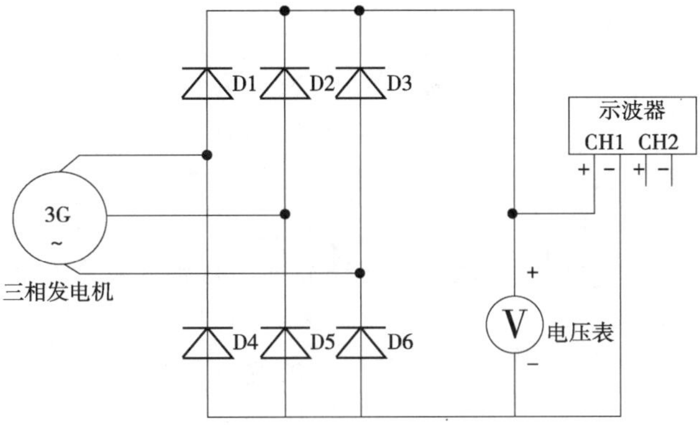

图 7-11　三相桥式整流电路

(2)观察示波器检测波形。

任务小结

(1)三相桥式整流是利用 6 个二极管组成的整流板将发电机发出的三相交流电整流为直流电。

(2)汽车的整流器由正极管和负极管构成。

(3)利用示波器观察三相桥式整流电路波形。

拓展阅读

中国自主品牌——长安汽车的自主研发

重庆长安汽车股份有限公司(以下简称“长安汽车”)的历史可追溯到 1862 年,通过多年的自主研发和技术积累,推出了多款深受市场欢迎的车型。长安汽车在坚持自主研发的同时,还积极引进国外先进技术,提升产品质量和性能。长安汽车的成功,展示了中国汽车企业在技术创新和市场开拓中的巨大潜力。

习题

一、判断题

1. 将交流电变成直流电的过程称为整流。 (　　)

2. 二个正极管和二个负极管构成的整流电路称为三相桥式整流电路,将发电机的交流电变为 12V 的直流电。 (　　)

3. 三相桥式整流电路原理与单相桥式整流电路相似,都是利用二极管的单向导电性,分期间导通的脉动直流电。 (　　)

4. 在汽车交流发电机中,就是利用二极管组成的整流板将发电机发出的三相交流电整流为直流电。 (　　)

5. 正极搭铁与负极搭铁的汽车整流器在结构上是一样的。 (　　)

二、单选题

1. 正极搭铁的汽车整流器,正极管的外壳为负极,引出极为正极,在管壳底上一般标有(　　)标记。

A. 黑色　　B. 黄色

C. 红色　　D. 蓝色

2. 汽车发动机用的三相桥式整流电路需要二极管个数是(　　)个。

A. 1　　B. 2　　C. 4　　D. 6

3. 负极搭铁的三相桥式整流器,三个负极管的外壳压装在后端盖的三个孔内,和(　　)一起成为发电机的负极。

A. 导线　　B. 发电机外壳

C. 负极　　D. 正极

4. 正极搭铁汽车整流器,其三个正极管的外壳压装在散热板的三个座孔内,共同组成发电机的正极,由一个与发电机后端盖绝缘的整流板固定螺栓通至机壳外,作为发电机的(　　)接线柱。

A. 轴　　B. 电源线

C. 壳体　　D. 固定架

5. 如下图所示电路说法正确的是(　　)。

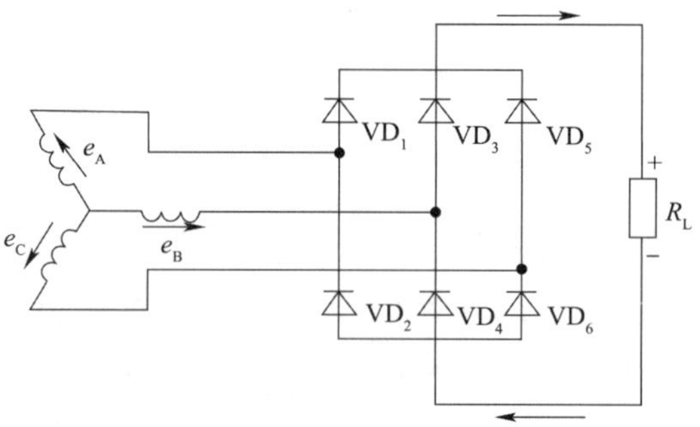

A. 半波整流电路　　B. 全波整流电路

C. 三相桥式整流电路　　D. 单相桥式整流电路

三、多选题

1. 为了适应汽车发电机的需要,专门制作了用于汽车的整流二极管,它们分为(　　)。

A. 二极管　　B. 正极管

C. 负极管　　D. 三极管

2. 关于整流电路,下面说法正确的是(　　)。

A. 单相半波整流电路虽然电源利用率低,但结构简单,所以是使用最多的整流电路

B. 要实现单相全波整流,必须采用桥式整流电路

C. 桥式整流电路中,如果有一个二极管出现断路,整流电路输出的仍然是直流电,但电压会降低

D. 汽车发电机中的整流电路,普遍采用的是三相桥式整流电路

学习任务3 滤波和稳压电路控制与分析

任务描述

汽车电控系统中需要稳定的12V或5V直流电压供电。由于汽车发电机输出是13.8V左右的三相正弦交流电，虽然整流，输出的仍是具有脉动的直流电，因此需稳压变成稳定直流电，才能供给汽车电控系统。本学习任务主要通过实例讲解，理论与实操相结合，对滤波、稳压电路作用原理进行学习。

建议学时：2学时。

知识准备

一、滤波电路基本概述

整流电路的输出电压不是纯粹的直流，交流电压经整流电路整流后输出的是脉动直流，其中既有直流成分又有交流成分，从示波器观察整流电路输出，与直流相差很大，波形中含有较大的脉动成分，称为纹波。为获得比较理想的直流电压，需要利用具有储能作用的电抗性元件（如电容、电感）组成的滤波电路来滤除整流电路输出电压中的脉动成分以获得直流电压。滤波原理：滤波电路利用储能元件电容两端的电压（或通过电感中的电流）不能突变的特性，滤掉整流电路输出电压中的交流成分，保留其直流成分，达到平滑输出电压波形的目的。

二、滤波电路的分类

常用的滤波电路有无源滤波和有源滤波两大类。无源滤波的主要形式有电容滤波、电感滤波和复式滤波（包括倒L型、LC滤波、LC-π型滤波和RC-π型滤波等）。有源滤波的主要形式是有源RC滤波，也被称作电子滤波器。直流电中脉动成分的大小用脉动系数来表示，此值越大，则滤波器的滤波效果越差。脉动系数计算公式为：

$$\text{脉动系数}(S)=\frac{\text{输出电压交流分量的基波最大值}}{\text{输出电压的直流分量}} \tag{7-9}$$

注意：半波整流输出电压的脉动系数为 $S=1.57$，全波整流和桥式整流的输出电压的脉动系数 $S\approx0.67$。对于全波和桥式整流电路采用C型滤波电路后，其脉动系数 $S=1/(4(R_LC/T-1)$，T 为整流输出的直流脉动电压的周期。

1. 电阻滤波电路

RC-π型滤波电路，实质上是在电容滤波的基础上再加一级RC滤波电路组成的。图7-12所示为RC滤波电路。若用 S 表示 C_1 两端电压的脉动系数，则输出电压两端的脉动系数 $S=(1/\omega C_2R)$。

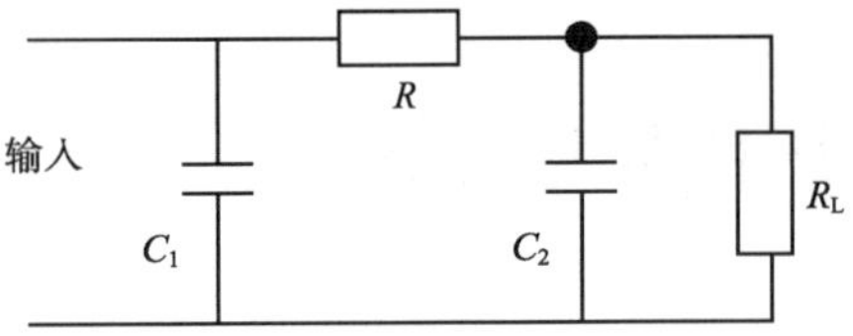

图 7-12　C-R-C 或 RC-π 型滤波电路

由分析可知,电阻 R 的作用是将残余的纹波电压降落在电阻两端,最后由 C_2 旁路掉。在 ω 值一定的情况下,R 越大,C_2 越大,则脉动系数越小,也就是滤波效果就越好。而 R 值增大时,电阻上的直流压降会增大,这样就增大了直流电源的内部损耗;若增大 C_2 的电容量,又会增大电容器的体积和质量,实现起来也不现实。这种电路一般用于负载电流比较小的场合。

2. 电感滤波电路

根据电抗性元件对交、直流阻抗的不同,由电容 C 及电感 L 所组成的滤波电路的基本形式如图 7-13 所示。因为电容器 C 对直流开路,对交流阻抗小,所以 C 并联在负载两端。电感器 L 对直流阻抗小,对交流阻抗大,因此 L 应与负载串联。

3. 电容滤波电路

电容滤波一般负载电流较小,所以输出电压波形的放电段比较平缓,纹波较小,输出脉动系数 S 小,输出平均电压 U_0 大,具有较好的滤波特性。图 7-14 所示为电容滤波电路。

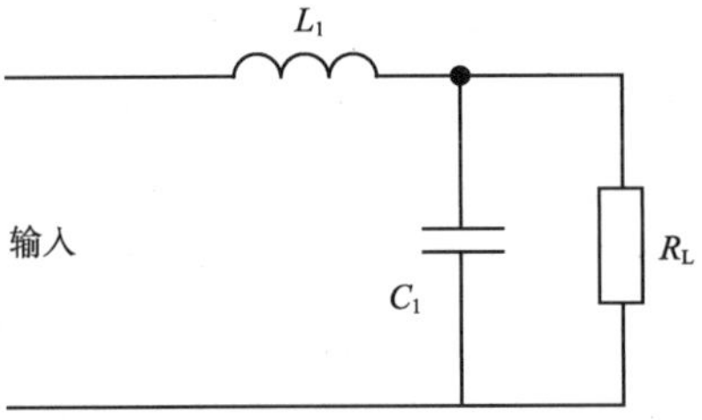

图 7-13　LC 电感滤波电路

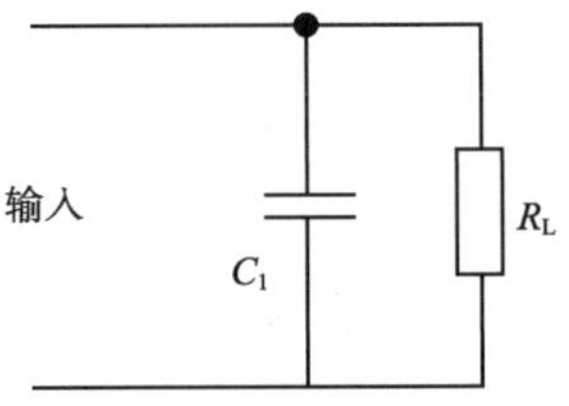

图 7-14　电容滤波电路

4. 电感电容滤波

如图 7-15 所示,当流过电感的电流发生变化时,线圈中产生自感电势阻碍电流的变化,使负载电流和电压的脉动减小,对直流分量:$X_L = 0$,L 相当于短路,电压大部分降在 R_L 上。对谐波分量:f 越高,X_L 越大,电压大部分降在 L 上。因此,在负载上得到比较平滑的直流电压。LC 滤波适合于电流较大、要求输出电压脉动较小的场合,用于高频时更为合适。

5. π 形 RC 滤波器

如图 7-16 所示,π 形 RC 滤波器的体积小、成本低。R 越大,C_2 越大,滤波效果越好。但 R 大将使直流压降增加,主要适用于负载电流较小而又要求输出电压脉动很小的场合。

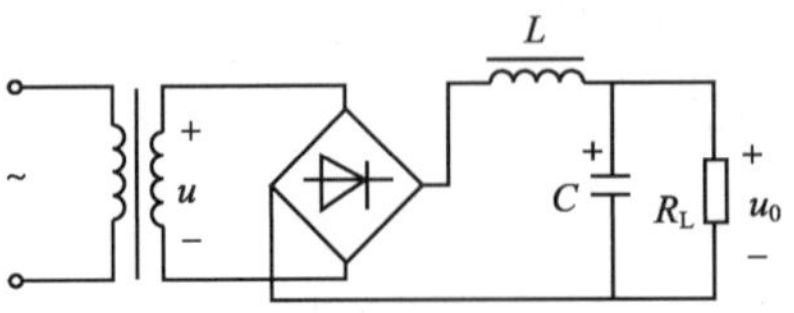

图 7-15　电容滤波电路

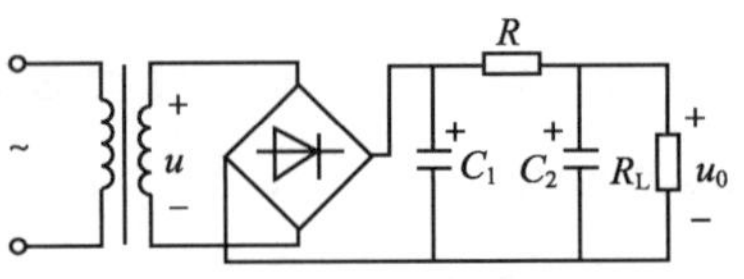

图 7-16　电容滤波电路

三、稳压调节电路

电路经过整流滤波后，虽然输出波形比较平滑，但如果输入电压不稳定的同样会造成输出电压不稳定，要是输出电压不稳定会损坏电子设备，因此需要有稳压电路，保证输出电压几乎是恒定不变的。在汽车发电机电路中，因汽车在不同工况下发电机输出电压是不稳定的，此时就需要对电压进行调节，使输出电压达到稳定状态。一般汽车发电机调节器都是集成电路，检测出坏了之后直接更换。图 7-17 所示为典型稳压电路。

典型稳压电路工作原理

1. 稳压二极管的特性及应用

稳压管是一种经过特殊工艺制造成的二极管，它与电阻配合使用，具有稳定电压的功能。普通二极管加上反向电压不导通，可是当反向电压达到一定程度（大于 U_R）时二极管会反向击穿，普通二极管就会烧毁。但是经过特殊工艺制造的稳压管就能够耐得住反向电压。稳压管的外形与普通二极管区别不大，它的符号和伏安特性如图 7-18 所示。

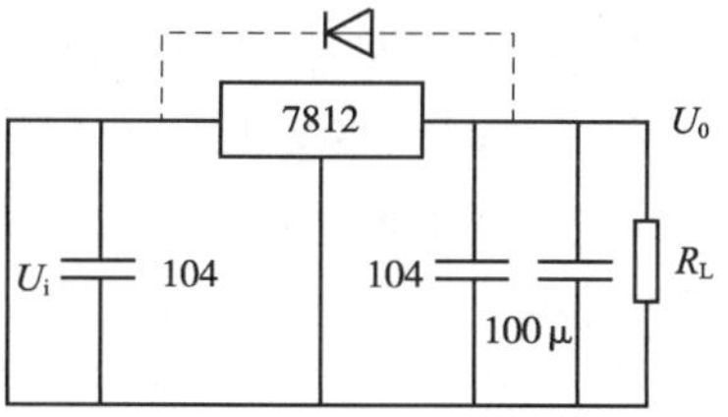

图 7-17　典型稳压电路

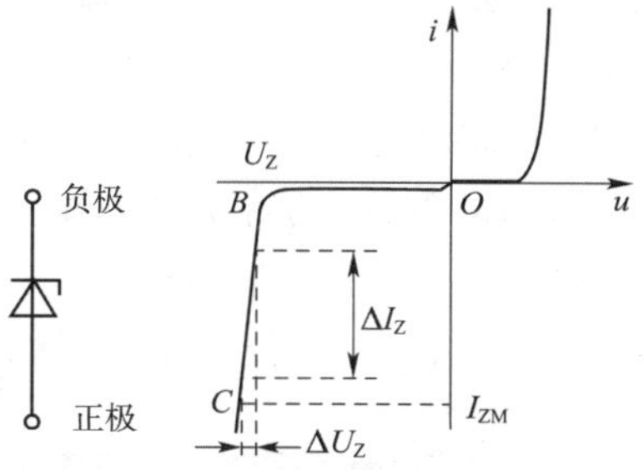

a)符号　b)伏安特性

图 7-18　稳压管符号及其伏安特性

稳压管设计成能工作在击穿区（BC 段），当反向电压达到 U_Z 时，大电流反向流过稳压管，阻止电压继续升高。这种特性使稳压管成为调节电压的电子器件。

用可调直流稳压电源验证二极管的稳压作用。如图 7-19a）所示，限流电阻的阻值为 500Ω，负载电阻阻值为 3kΩ，稳压管的稳压值为 5.3V，调整稳压电源的电压输出值从 4 ~ 12V 逐步变化，对应一个输出值，用万用表测量负载电阻两端的电压，观察电压变化。

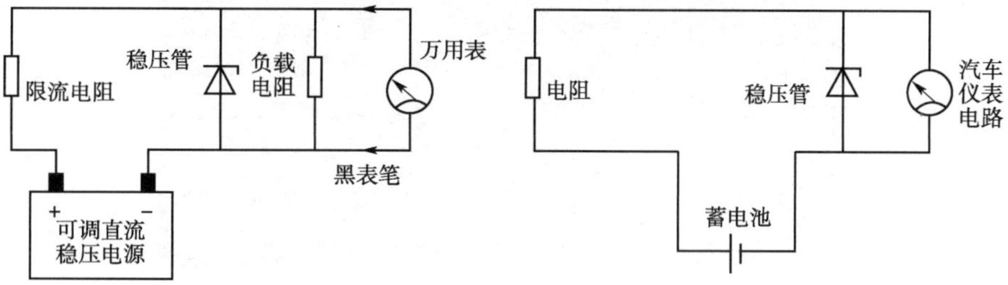

a)稳压管稳压作用实验电路　b)简化汽车仪表稳压电路

图 7-19　稳压管在汽车上的应用

稳压管在正常工作时必须与一个电阻串联,这个电阻提供了稳压管的稳定工作电流。这个电阻的阻值根据稳压管的参数而有一个取值范围。

稳压管在工作时一定是正极接低电位,负极接高电位。

在汽车电路中由于各个电器总成或元件工作电流比较大,使汽车电源系统的电压会出现波动。在汽车的仪表电路和一部分电子控制电路中,一些需要精确电压值的地方经常利用稳压管来获取所需电压。图 7-19b)所示为利用稳压管为汽车仪表提供稳定电源的电路,图 7-16 中的稳压管与电阻串联而与仪表并联。如果仪表电压必须限定在 7V,便可使用额定电压为 7V 的稳压管。汽车电源电压一部分分压在电阻上,7V 电压分压在稳压管上。即使电源电压发生变化,也只是引起不同大小的电流流过电阻和稳压管,改变分压在电阻上的电压,而稳压管 7V 电压不变。

2. 三端稳压器

三端稳压器,是一种集成电路,内部采用的是串联稳压电路形式。主要有两种,一种输出电压是固定的,称为固定输出三端稳压器;另一种输出电压是可调的,称为可调输出三端稳压器。在线性集成稳压器中,由于三端稳压器只有三个引出端子,具有外接元件少、使用方便、性能稳定、价格低廉等优点,因而得到广泛应用。

固定三端稳压器的类别:三端稳压器的通用产品有 78 系列(正电源)和 79 系列(负电源),输出电压由具体型号中的后面两个数字代表,有 5V、6V、8V、9V、12V、15V、18V、24V 等挡位。输出电流以 78(或 79)后面加字母来区分,L 表示 0.1;AM 表示 0.5A,无字母表示 1.5A,如 78L05 表示 5V 0.1A。三端稳压器外形如图 7-20 所示。

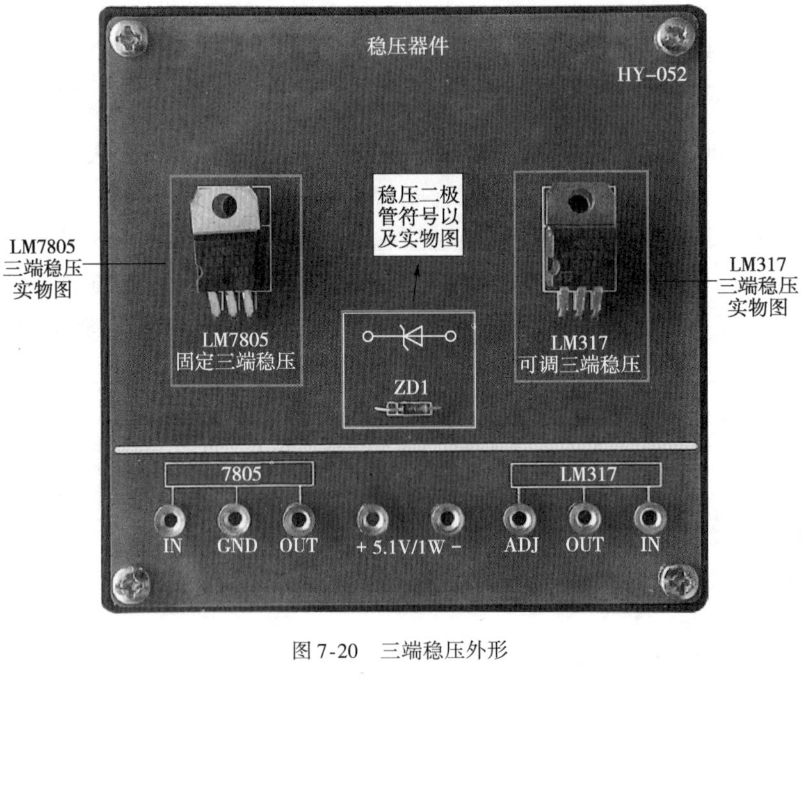

图 7-20　三端稳压外形

任务实施

一、任务准备

1. 组织方式

(1)场地设施:每小组对应一套继电器实验设施、一张实训工作台。

(2)检测工具:万用表、线束、锂离子蓄电池一块,示波器、电流表、电压表、整流滤波稳压实训板。

(3)学生组织:教师指导,按各实例知识讲解及实训进行自评、互评。

(4)检查实训任务:真实、完整、有效。

2. 注意事项

(1)遵守场地安全规定,注意用电安全。

(2)插拔电器元件时一定要断电操作。

(3)正确使用万用表。

(4)在接线、拆线时,严禁用力拉扯线束。

二、操作步骤

根据学习工作页,结合实训指导书,按下列步骤完成实施。

(1)按照图 7-21 所示,接好稳压电路。

(2)检测电压值。

(3)按照图 7-22 所示,接好直流稳压电源电路。

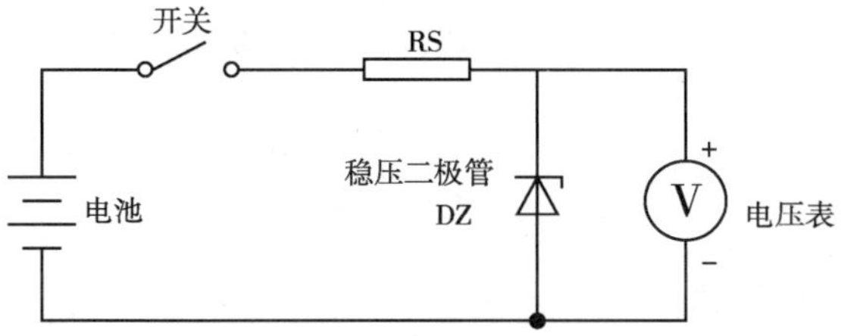

图 7-21 稳压电路

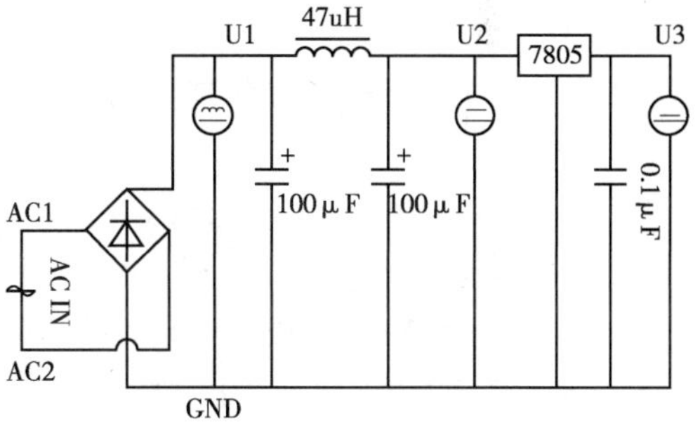

图 7-22 三直流稳压电源电路

(4)观察示波器检测波形。

任务小结

(1)滤波有电感滤波、电容滤波、π 型滤波等几大类。

(2)RC-π 型滤波电路,实质上是在电容滤波的基础上再加一级 RC 滤波电路组成的。

(3)稳压管是一种经过特殊工艺制造成的二极管,它与电阻配合使用,具有稳定电压的功能。

(4)三端稳压器,是一种集成电路,内部采用的是串联稳压电路形式,有78系列和79系列。

习题

一、判断题

1. 滤波电容耐压可以等于变压器副边电压。 (　　)

2. 电感和电容组成的π型滤波器输出电压平滑,负载性能也很好。 (　　)

3. 电感滤波适用于电阻大且不变的负载。 (　　)

4. 电容滤波器是利用电容充放电特性,把交流电变换成平稳直流电的电路。 (　　)

5. 所谓稳压电路,就是当输入电压或负载发生变化时,应使其输出电压基本保持不变的电路。 (　　)

二、单选题

1. RC-π型滤波电路,实质上是在电容滤波的基础上再加一级RC滤波电路组成的(　　)。

A. 电容　　B. 电感　　C. 电阻　　D. 半导体

2. 稳压二极管稳压电路中,若稳压管接反了会产生的后果是(　　)。

A. 电路正常工作　　B. 负载被烧坏

C. 烧坏稳压管　　D. 电路不能正常工作

3. W7800系列集成稳压器输出(　　)。

A. 正电压　　B. 负电压　　C. 正、负电压均可　　D. 无法确定

4. 在汽车的仪表电路和一部分电子控制电路中,一些需要精确电压值的地方经常利用(　　)来获取所需电压。

A. 整流器　　B. 滤波电路　　C. 稳压管　　D. 三极管

5. (　　)是一种经过特殊工艺制造成的二极管,它与电阻配合使用,具有稳定电压的功能。

A. 二极管　　B. 稳压管　　C. 三极管　　D. 半导体

三、多选题

1. 汽车电控系统中需要稳定的(　　)直流电压供电。

A. 12V　　B. 6V　　C. 5V　　D. 16V

2. 稳压电路利用储能元件(　　)两端的电压(或通过的电流)不能突变的特性,滤掉整流电路输出电压中的交流成分,保留其直流成分,达到平滑输出电压波形的目的。

A. 电容　　B. 电阻　　C. 电感　　D. 半导体

项目八　数字电路基础学习

任务概述

随着汽车电气化程度的提高，数字电子技术广泛运用于汽车的电气系统中，数字电子基础的学习包括数制、码制、基本逻辑电路、组合逻辑电路的学习。

知识目标

(1)知道数字信号的应用，数制之间的转换；
(2)能分析数字信号的波形变换；
(3)能分析与、或、非等基本逻辑电路；
(4)能分析基本触发器电路；
(5)知道组合逻辑门电路的分析与设计方法；
(6)能分析基本译码器电路。

技能目标

(1)知道数字信号的应用、能区分数字信号和模拟信号的区别；
(2)会分析并检测数字信号的波形变换；
(3)能分析与、或、非等基本逻辑电路；
(4)能分析基本触发器电路；
(5)能分析并检测基本译码器变换电路。

素养目标

(1)规范课堂6S管理，展示中国工匠良好形象；
(2)培养团队协作精神，能够协同配合、系统学习；
(3)养成独立思考问题的习惯；
(4)培养敬业奉献、服务人民的意识；
(5)养成工作注意细节的习惯，培养为客户提供精细化服务的意识。

学习任务1　数制与码制换算

任务描述

数字电路的发展与模拟电路一样经历了由电子管、半导体分立器件到集成电路等几个时代。现代汽车的检测电路、音响电路等广泛采用了数字电路技术。本学习任务主要对数字电路基本知识和简单的数制转换进行学习。

建议学时:2 学时。

知识准备

信号的分类

一、数字信号

在汽车电子电路中,电信号主要在传感器、ECU 及执行器件之间进行传递。传感器输入 ECU 的信号大体上可以分两大类:一类信号是连续变化的信号,如发动机的进气压力传感器,输出的信号是随着进气压力变化而连续变化的信号,这类信号被称为模拟信号,如图 8-1a)所示;另一类信号是电压"高""低"间隔变化的脉冲式信号,如光电式曲轴位置传感器,输出的信号是遮光盘不断通过光电耦合器而产生的"有"或"无"(透光或遮光)的规律变化的脉冲信号,这类信号被称为数字信号,如图 8-1b)所示。

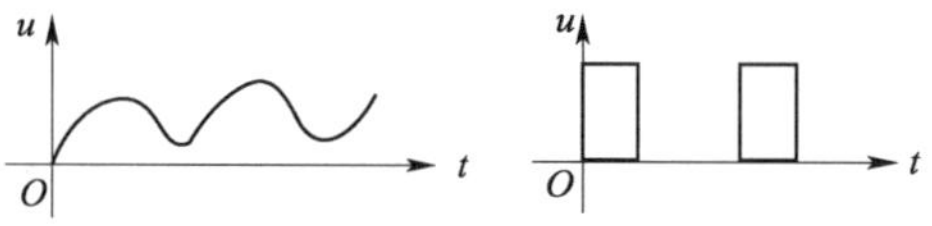

a)模拟信号　　b)数字信号

图 8-1　模拟信号和数字信号

数字信号与模拟信号不同,它的电压值本身没有什么意义,而我们关心的只是有无电压(脉冲)、间隔电压出现的次数(脉冲数量)、高电压或低电压维持的时间(脉冲宽度)等。数字信号与模拟信号的特性不同,在检测时一定要区分开,表 8-1 列出了部分汽车传感器输出信号的类型。

传感器的类型　　表 8-1

输出模拟信号的传感器	输出数字信号的传感器
可变电阻式传感器	卡门涡旋式空气流量传感器
叶片式空气流量传感器	曲轴位置传感器
热丝式空气流量传感器	各种光电式传感器
冷却液温度传感器	各种霍尔式传感器
压力传感器	各种笛簧开关式传感器
节气门位置传感器	各种报警电路的传感器
浮子可变电阻式液位传感器	—

可见汽车上传递的电信号绝大部分都是数字信号。数字信号的特点是只与电平高低的

变化有关,而与电平的具体大小关系不大,传递的信息经常是“有”或“无”,“开”或“关”等非此即彼的关系。这种关系被称为“二值逻辑”。

在二值逻辑中用数字 1 和 0 代表两个状态,与之对应的电路是晶体管的开或关,或者是电平的高或低。处理数字信号的电路就是数字电路,也称为逻辑电路。由于数字电路处理的是状态变换,所以对元件精度要求不高,易于集成,成本低廉,使用方便。组成的数字系统工作可靠,精度高,抗干扰能力强,在各个领域应用很广。在汽车电路中数字集成电路随处可见,电控单元(ECU)就是一个典型的数字系统。

二、二进制

数字电路只处理 1 和 0 两种状态,所以在数字电路中广泛采用二进制。二进制包括二进制数和二进制数码。二进制数表示电路状态和数量大小,二进制数码不仅表示数量大小,还可以表示一定的信息,称为代码。

1. 二进制数

人们日常生活中最常用的是十进制。十进制用 0 ~ 9 共 10 个数字来表示数量的大小,比如:68,个位上的 8 表示 8 个 1,而十位上的 6 表示 6 个 10,即 60。所谓“逢十进一”。

位权:6 与 8 表示的数量不同是因为它们所处的位不同,不同的位具有不同的权重,这叫位权。

十进制位权的表示方法是 10^i($i=1,2,3\cdots$)。在二值逻辑中,只存在两个状态,那么用两个数字 0 和 1 就可以表示所有状态,0 和 1 就构成了二进制。

二进制顾名思义就是“逢二进一”,位权的表示方法是 2^i($i=1,2,3\cdots$)。数字也是从右向左依次排列,如 11(读作“一一”),右边的 1 表示 1 个 1,左边的 1 表示 1 个 2。依此类推,数值 2 用 10 表示;4 用 100 表示;5 用 101 表示等。

2. 二进制码

二进制数按照一定的规律组合在一起,表示一定的信息,这样的一组二进制数称为二进制码。最常用的二进制代码是 8421BCD 码。8421 码的含义见表 8-2。

8421BCD 代码 表 8-2

十进制数	8421BCD 码	十进制数	8421BCD 码
0	0000	6	0110
1	0001	7	0111
2	0010	8	1000
3	0011	9	1001
4	0100	10	0001 0000
5	0101	11	0001 0001

三、数制转换

由于数字电路只涉及两个数码,称为二进制运算,与日常生活中习惯使用的十进制运算有所不同。

1. 几个基本概念

1)数码

能表示物理量大小的数字符号。例如:日常生活中常用的十进制数使用的是0、1、2、3、4、5、6、7、8、9十个不同数码。

2)数制

计数制的简称,表示多位数码中每一位的构成方法,以及从低位到高位的进制规则。常用的计数制有十进制、二进制、八进制、十六进制等。

3)权

每种数制中,数码处于不同位置(即不同的数位),它所代表的数量的含义是不同的。各数位上数码表示的数量等于该数码与相应数位的权之乘积。权即与相应数位的数码相乘从而得该数码实际代表的数量的数。例如:十进制数123中:“1”表示1×10^2,“2”表示2×10^1,“3”表示3×10^0,由此可见,10^0、10^1、10^2分别为十进制数的个位、十位、百位的权。

2. 十进制、二进制、十六进制数的表示方法

1)十进制数

十进制数是日常生活中使用最广泛的计数制。组成十进制数的符号有0、1、2、3、4、5、6、7、8、9十个数码,按“逢十进一”“借一当十”的原则计数,10是它的基数。任一个十进制数都可以用加权系数展开式来表示,对于有n位整数十进制数用加权系数展开式表示,可写为:

$$(N)_{10}=a_{n-1}a_{n-2}\cdots a_1a_0=a_{n-1}\times10^{n-1}+a_{n-2}\times10^{n-2}+\cdots+a_1\times10^1+a_0\times10^0 \quad (8\text{-}1)$$

式中:$(N)_{10}$——下标10表示十进制数。

例如:$(185)_{10}=1\times10^2+8\times10^1+5\times10^0$,显然,十进制数各数位的权为10的幂。

2)二进制数

二进制数只有0和1两个数码,按“逢二进一”“借一当二”的原则计数,2是它的基数。二进制各数位的权为2的幂。

例如:$(1011\ 1001)_2=(1\times2^7+0\times2^6+1\times2^5+1\times2^4+1\times2^3+0\times2^2+0\times2^1+1\times2^0)_{10}=(185)_{10}$

3)十六进制数

十六进制数有0~9、A、B、C、D、E、F十六个数码,分别对应于十进制数的0~15。十六进制数按照“逢十六进一”“借一当十六”的原则计数,16是它的基数,各数位的权为16的幂。

例如:$(3EC)_{16}=(3\times16^2+14\times16^1+12\times16^0)_{10}=(1004)_{10}$

3. 数制转换

1)二进制数转换为十进制数

将二进制数按权位展开,然后各项相加,就得到相应的十进制数。

【例 8-1】 将二进制数 10011 转换成十进制数。

解：$(10011)_2=(1\times2^4+0\times2^3+0\times2^2+1\times2^1+1\times2^0)_{10}=(19)_{10}$

2）十进制数转换为二进制数

十进制整数转换为二进制采用“除 2 取余，逆序排列”法。用 2 去除十进制整数，可以得到一个商和余数；再用 2 去除商，又会得到一个商和余数。如此进行，直到商为零时为止，然后把先得到的余数作为二进制数的低位有效位，后得到的余数作为二进制数的高位有效位，依次排列起来。

【例 8-2】 将$(11)_{10}$转换为二进制数。

解：2⌊11

2⌊5 余1 ↑ 低位 权2^0

2⌊2 余1 权2^1

2⌊1 余0 权2^2

0 余1 高位 权2^3

所以，$(11)_{10}=(1011)_2$。

四、真值表

如图 8-2 所示的电路中，当开关闭合时白炽灯亮，开关断开时白炽灯灭。即对于开关的“闭合”与“断开”两种状态，对应电灯也存在“亮”和“灭”两种状态，类似这样的电路称为二值电路。

在图 8-2 中，开关只有“开”和“关”两种状态，没有中间状态，将开关的状态记为 A，称为逻辑变量。逻辑变量表示的是开关状态的变量，并非开关本身。

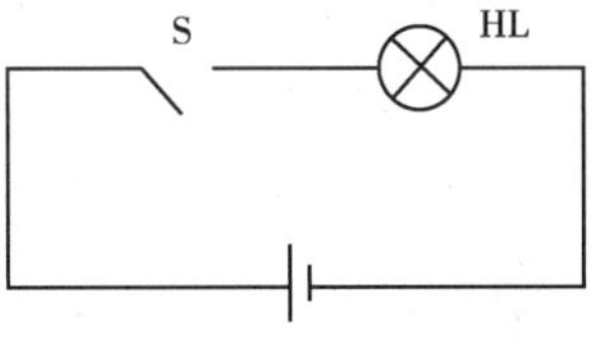

图 8-2 电路图

表 8-3 中用字母 A 作为表示开关的状态的变量，即逻辑变量，开关处于断开状态时，$A=0$；开关闭合时 $A=1$。逻辑变量 A 的值 0、1 称为真值。同样将白炽灯的状态用变量 L 表示，设定白炽灯灭时 $L=0$，灯亮时 $L=1$，可得到表 8-4，将表 8-4 称为真值表。

电路的状态 表 8-3

开关状态 A	电灯状态 L	开关状态 A	电灯状态 L
断开	灭	闭合	亮

真值表 表 8-4

A	L	A	L
0	0	1	1

数字电路的两个基本工作信号用 0 和 1 表示，对应的电路有两种不同的工作状态，即低电平和高电平（或低电位和高电位）。为了简便地描述这种关系，规定用 1 表示高电平，用 0 表示低电平，称为正逻辑。若用 0 表示高电平，用 1 表示低电平，则称为负逻辑。

任务实施

本子任务没有技能实施,学习过程中,重要的是数制和码制的认知,数制之间的转换。

任务小结

(1)连续变化的信号,如发动机的进气压力传感器,输出的信号是随着进气压力变化而连续变化的信号,这类信号被称为模拟信号。

(2)电压"高""低"间隔变化的脉冲式信号,如光电式曲轴位置传感器,输出的信号是遮光盘不断通过光电耦合器而产生的"有"或"无"(透光或遮光)的规律变化的脉冲信号,这类信号被称为数字信号。

(3)数制是计数的方式,常用有十进制、二进制、十六进制。

(4)二进制数按照一定的规律组合在一起,表示一定的信息,这样的一组二进制数称为二进制码,常用的有 8421BCD 码。

(5)数制之间可以按一定方法转换。

拓展阅读

中国汽车的发展——新能源汽车的发展势头

数据显示,2023 年,我国新能源汽车产销量分别达到 958.7 万辆和 949.5 万辆,同比分别增长 35.8% 和 37.9%;我国新能源汽车产销量占全球新能源汽车产销量的比例超过 60%,连续 9 年位居世界第一位;新能源汽车出口 120.3 万辆、同比增长 77.2%,均创历史新高。

习题

一、判断题

1. 二进制计数中各位的基是 2,不同数位的权是 2 的幂。 (　　)

2. 8421BCD 码、2421BCD 码和余 3 码都属于有权码。 (　　)

3. 二进制中各数位上数码表示的数量等于该数码与相应数位权的乘积。权即与相应数位的数码相乘从而得该数码实际代表的数量的数。 (　　)

4. 十六进制数按照"逢十六进一""借一当十六"的原则计数,16 是它的基数,各数位的权为 16 的幂。 (　　)

5. 十六进制数有 1 ~9、A、B、C、D、E、F 十六个数码,分别对应于十进制数的 1 ~16。 (　　)

二、单选题

1. 信号是连续变化的信号,如发动机的进气压力传感器,输出的信号是随着进气压力变化而连续变化的信号,这类信号被称(　　)。

A. 模拟信号　　B. 数字信号　　C. 输入信号　　D. 输出信号

2. 信号是电压"高""低"间隔变化的脉冲式信号,如光电式曲轴位置传感器,输出的信号是遮光盘不断通过光电耦合器而产生的"有"或"无"(透光或遮光)的规律变化的脉冲信号,这类信号被称(　　)。

A. 模拟信号　　B. 数字信号　　C. 输入信号　　D. 输出信号

3. 一个 n 位的二进制数的最高权值是(　　)。

A. 10^n　　B. 10^{n-1}　　C. 2^n　　D. 2^{n-1}

4. 二进制数的权值为(　　)。

A. 16 的幂　　B. 10 的幂　　C. 2 的幂　　D. 8 的幂

5. 将二进制数 11001.01 转换为十进制数是(　　)。

A. 25.02　　B. 25.25　　C. 25.10　　D. 25.04

三、多选题

1. 数字电路的发展与模拟电路一样经历了(　　)等时代。

A. 电子管　　B. 导体　　C. 半导体分立器件　　D. 集成电路

2. 数制是计数制的简称,表示多位数码中每一位的构成方法,以及从低位到高位的进制规则。常用的计数制有(　　)等。

A. 十进制　　B. 二进制　　C. 八进制　　D. 十六进制

学习任务 2　与、或、非基本逻辑门电路控制与分析

任务描述

数字电路也称为逻辑电路,门电路是数字电路中最基本的逻辑元件。逻辑电路中实现最基本逻辑关系的电路称为逻辑门电路,简称门电路。最基本的门电路有与门、或门、非门、与非门和或非门。本学习任务主要通过实例讲解,理论与实操相结合,对基本逻辑门电路进行学习。

建议学时:2 学时。

知识准备

三种基本逻辑门电路

一、"与"门电路

只有决定事物结果的全部条件同时具备时,结果才发生。这种因果关系称为逻辑与,或者称为逻辑相乘,表示的逻辑关系是 $Y=AB$。如图 8-3a)所示,当开关 A 与 B 均闭合时,灯 Y 才亮。用真值表表示如图 8-3b)所示。体现的逻辑关系是"全 1 为 1,有 0 为 0"。实现逻辑与关系的门电路称为与门,与门的符号如图 8-4 所示。

常见的与门电路有四 2 输入与门 74LS08 和 CD4081。引脚如图 8-5 所示。

二、"或"门电路

在决定事物结果的诸条件中只要有任何一个条件满足,结果就会发生。这种因果关系称为逻辑或,或者称为逻辑相加,表示的逻辑关系是 $Y=A+B$。如图 8-6a)所示,当开关 A 与

B 只要有一个闭合,灯 Y 就亮。用真值表表示如图 8-6b)所示,体现的逻辑关系是“有 1 为 1,全 0 为 0”。

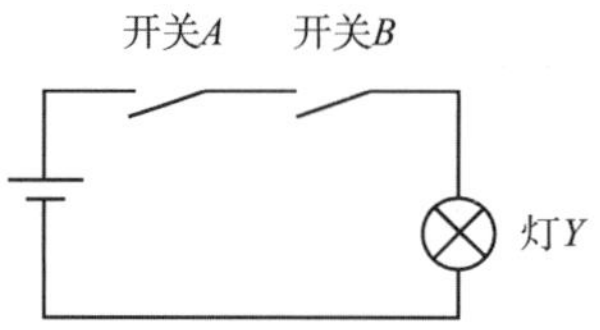

a)与逻辑关系

开关A、B:断开—0　闭合—1
灯　　Y:亮—1　灭—0

A	B	Y
0	0	0
0	1	1
1	0	1
1	1	1

b)与逻辑真值表

图 8-3　逻辑与

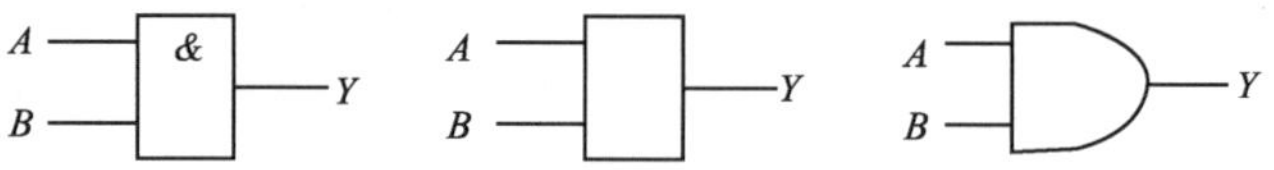

a)国际符号　b)曾用符号　c)美加符号

图 8-4　与门的符号

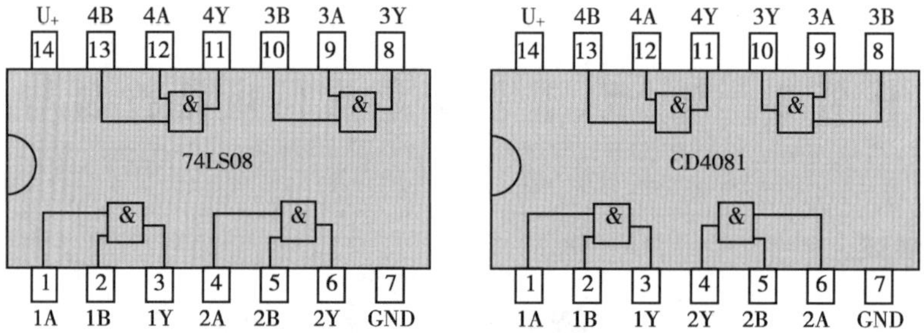

图 8-5　常用与门集成电路引脚图

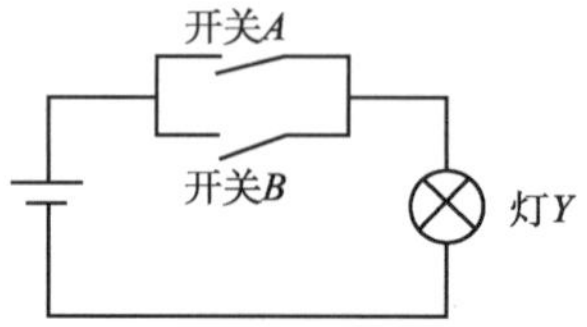

a)或逻辑关系

开关A、B:断开—0　闭合—1
灯　　Y:亮—1　灭—0

A	B	Y
0	0	0
0	1	0
1	0	0
1	1	1

b)或逻辑真值表

图 8-6　逻辑或

实现逻辑或关系的门电路称为或门,或门的符号如图 8-7 所示。

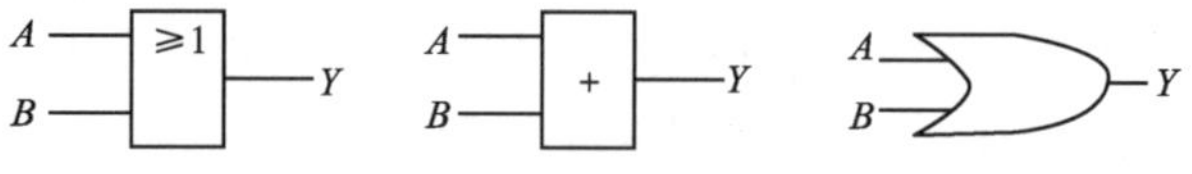

a)国际符号　b)曾用符号　c)美加符号

图 8-7　或门的符号

三、“非”门电路

只要条件具备了,结果便不会发生;而条件不具备时,结果一定发生。这种逻辑关系称为逻辑非,又叫逻辑求反。表示的逻辑关系是 $Y=\overline{A}$。如图 8-8a)所示,当开关 A 闭合,灯 Y 就不亮。用真值表表示如图 8-8b)所示。体现的逻辑关系是“是 0 则 1,是 1 则 0”。实现逻辑非关系的门电路称为非门,非门的符号如图 8-9 所示。

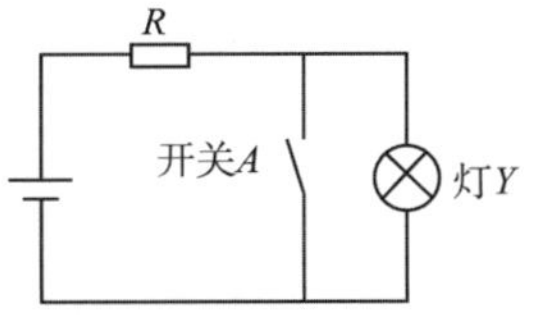

a)非逻辑关系

开关A：断开—0　闭合—1
灯　Y：亮—1　　灭—0

A	Y
0	0
1	1

b)非逻辑真值表

图 8-8　逻辑非

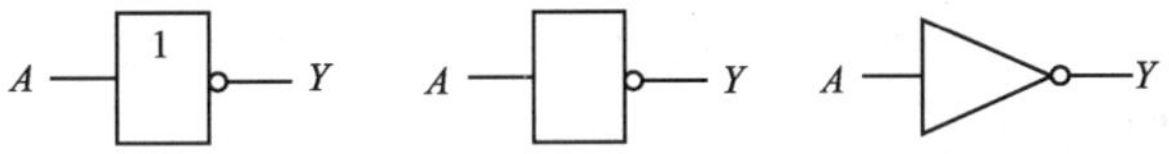

a)国际符号　　b)曾用符号　　c)美加符号

图 8-9　非门的符号

常用的非门电路有六反相器 74LS04 和 CD4069。引脚如图 8-10 所示。

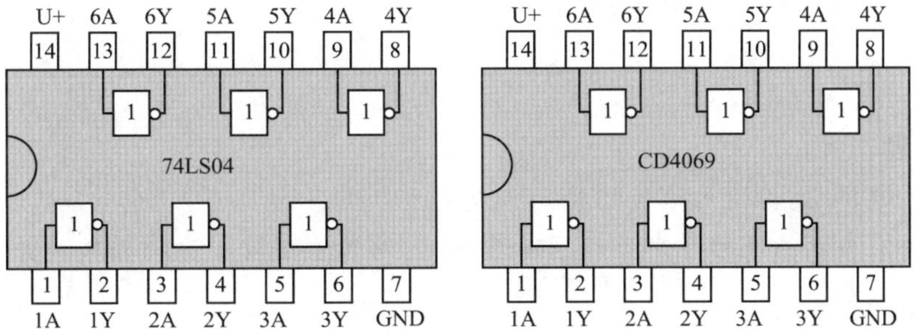

图 8-10　常用非门集成电路引脚图

任务实施

一、任务准备

1. 组织方式

(1)场地设施:每小组对应一套继电器实验设施、一张实训工作台。

(2)检测工具:万用表、线束、锂离子蓄电池一块,与门特性实训板、或门特性实训板、非门特性实训板。

(3)学生组织:教师指导,按各实例知识讲解及实训进行自评、互评。

(4)检查实训任务:真实、完整、有效。

2. 注意事项

(1)遵守场地安全规定,注意用电安全。

(2)插拔电气元件时一定要断电操作。

(3)正确使用万用表。

(4)在接线、拆线时,严禁用力拉扯线束。

二、操作步骤

根据学习工作页,结合实训指导书,按下列步骤完成实施。

(1)检测与门电路。

(2)检测或门电路。

(3)检测非门电路。

任务小结

(1)只有决定事物结果的全部条件同时具备时,结果才发生。这种因果关系称为逻辑与。

(2)在决定事物结果的诸条件中只要有任何一个条件满足,结果就会发生。这种因果关系称为逻辑或。

(3)只要条件具备了,结果便不会发生;而条件不具备时,结果一定发生。这种逻辑关系称为逻辑非。

(4)用万用表检测与门、或门、非门。

习题

一、判断题

1. 所有的逻辑门,其输入端子均为两个或两个以上。 (　　)

2. 只有决定事物结果的全部条件同时具备时,结果才发生。这种因果关系称为逻辑与,或者称为逻辑相乘。 (　　)

3. 逻辑门电路是数字逻辑电路中的最基本单元。 (　　)

4. 在决定事物结果的诸条件中只要有任何一个条件满足,结果就会发。这种因果关系称为逻辑或,或者称为逻辑相加。 (　　)

5. 或逻辑体现的逻辑关系是“全 1 为 1,有 0 为 0”。 (　　)

二、单选题

1. 一只四输入端与非门,使其输出为 0 的输入变量取值组合有(　　)。

A. 0 种　　B. 1 种　　C. 2 种　　D. 3 种

2. 一只二输入端或非门,使其输出为 0 的输入变量取值组合有(　　)。

A. 0 种　　B. 1 种　　C. 2 种　　D. 3 种

3. 常见的(　　)电路有四 2 输入与门 74LS08 和 CD4081。

A. 非门　　B. 或门　　C. 与门　　D. 异或门

4. 常用的(　　)电路有六反相器 74LS04 和 CD4069。

A. 非门　　B. 或门　　C. 与门　　D. 异或门

5. 与逻辑门电路可以由(　　)集成而成。

A. 电容　　B. 电阻　　C. 三极管　　D. 二极管

三、多选题

1. 由二极管集成的基本逻辑门电路有(　　)。

A. 非门　　B. 或门　　C. 与门　　D. 异或门

2. 基本逻辑门电路包含(　　)。

A. 与逻辑电路　　B. 或逻辑电路　　C. 非逻辑门电路　　D. 集成门逻辑电路

学习任务3　复合逻辑门电路与组合逻辑电路控制与分析

任务描述

组合逻辑电路是指任意时刻的输出信号仅取决于该时刻的输入信号,而与信号作用前电路原来的状态无关的电路。本学习任务主要通过实例讲解,理论与实操相结合,对译码器的组成及功能进行学习。

建议学时:2 学时。

知识准备

一、"与非"门电路

与非门表示逻辑关系是 $Y=\overline{AB}$,相当于在与门的基础上加了一个非门,与非门的符号如图 8-11 所示,真值表见表 8-4。常用的与非门集成电路有四 2 输入与非门 74LS00 和 CD4011,如图 8-12 所示。

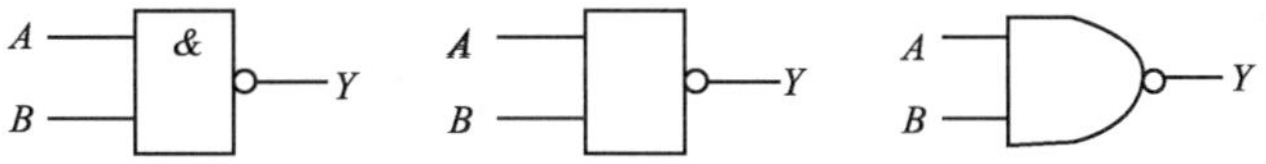

a)国际符号　　b)曾用符号　　c)美加符号

图 8-11　与非门的符号

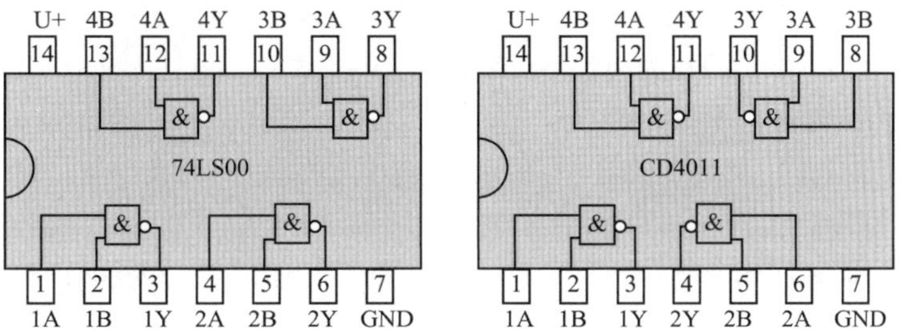

图 8-12　常用与非门集成电路引脚图

二、"或非"门电路

或非门表示逻辑关系是 $Y=\overline{A}+\overline{B}$,相当于在或门的基础上加了一个非门,或非门的符号如图 8-13 所示，真值表见表 8-5。常用的或非门集成电路有四 2 输入或非门 74LS02 和 CD4001，如图 8-14 所示。

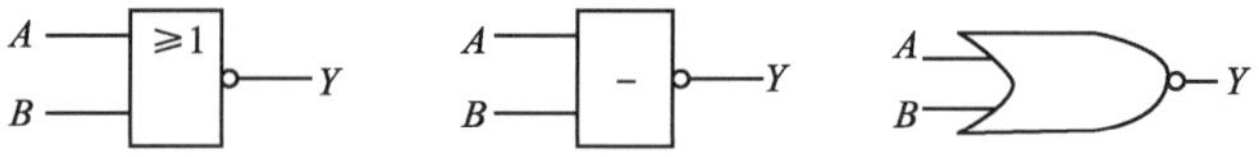

a)国际符号　　b)曾用符号　　c)美加符号

图 8-13　或非门的符号

与非门和或非门的真值表　　表 8-5

输入		与非门	或非门
A	B	$Y=\overline{AB}$	$Y=A+B$
0	0	1	1
0	1	1	0
1	0	1	0
1	1	0	0
体现的逻辑关系	有 0 为 1 全 1 为 0		有 1 为 0 全 0 为 1

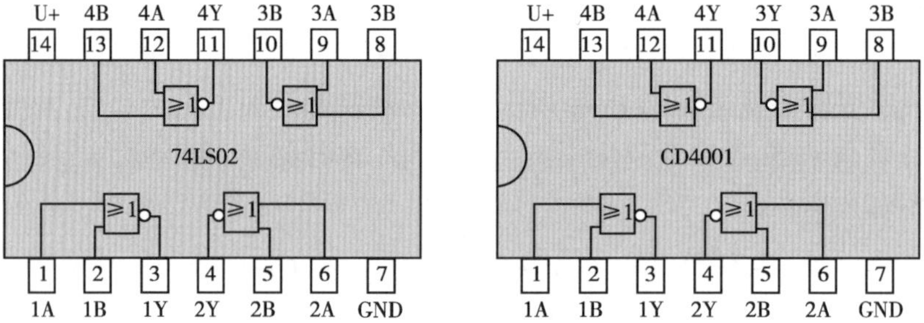

图 8-14　常用或非门集成电路引脚图

提示：门电路的输入可以两个以上，逻辑关系与两输入同理分析。

操作规范：常用的数字集成电路主要有两大类型：TTL 型 74 系列和 CMOS 型 4000 系列。两个系列的电源电压不同，TTL 为 +5 V，CMOS 为 3 ~ 30 V。而且 CMOS 电路因电源电压不同，输出的高低电平的值是不同的。

三、半加器

半加：实现两个一位二进制数相加，不考虑来自低位的进位。半加器的逻辑真值表见表 8-6。

半加器的逻辑真值表　　表 8-6

A	B	S	C	A	B	S	C
0	0	0	0	1	0	1	0
0	1	1	0	1	1	0	1

逻辑表达式：

$$S = A\overline{B} + \overline{A}B = A \oplus B \quad (8\text{-}2)$$

$$C = AB \quad (8\text{-}3)$$

四、全加器

全加：实现两个一位二进制数相加，且考虑来自低位的进位。

全加器的逻辑真值表见表 8-7。

全加器的逻辑真值表 表 8-7

A_i	B_i	C_{i-1}	S_i	C_i	A_i	B_i	C_{i-1}	S_i	C_i
0	0	0	0	0	1	0	0	1	0
0	0	1	1	0	1	0	1	0	1
0	1	0	1	0	1	1	0	0	1
0	1	1	0	1	1	1	1	1	1

逻辑表达式：

$$S_i = A_i \oplus B_i \oplus C_{i-1} \quad (8\text{-}4)$$

$$C_i = A_iB_i + C_{i-1}(A_i \oplus B_i) \quad (8\text{-}5)$$

五、译码器的概念

译码器是一类多输入多输出组合逻辑电路器件，其可以分为：变量译码和显示译码两类。变量译码器一般是一种较少输入变为较多输出的器件，常见的有 n 线 -2^n 线译码和 8421BCD 码译码两类；显示译码器用来将二进制数转换成对应的七段码，一般其可分为驱动 LED 和驱动 LCD 两类。

六、数码显示器

数码显示器是用来显示数字、文字和符号的器件。我国字形管标准为 7 段字形，即由分布在同一平面上的 7 段发光笔画来组成字形。按发光物资的不同分为：半导体数码管、荧光数码管和液晶数字显示器等。其中应用最广泛的是半导体数码管。

1. 半导体数码管

半导体数码管是用发光二极管（简称 LED）组成字段来显示数字的，因此又称为 LED 数码管。它由发光二极管布置成“日”字形状制成，是一种广泛使用的显示器。

利用 7 个 LED 的不同发光组合，便可显示出 0、1、2、…、9 十个不同的数字。半导体数码管的外形和显示的数字图形如图 8-15 所示。

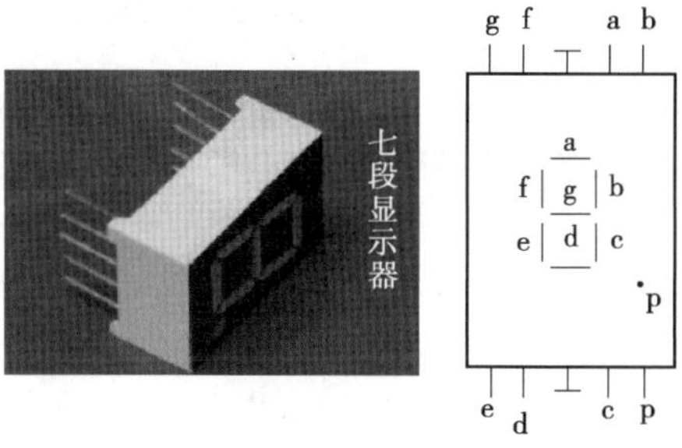

a)实物图 b)LED引脚图

图 8-15 半导体数码管实物及引脚图

半导体数码管内部发光二极管的连接有两种形

式,若7个LED的阳极连接在一起作为1个引出端,称为共阳数码管;若7个LED的阴极连接在一起作为1个引出端,称为共阴数码管,如图8-16所示。共阳数码管在应用时,应将阳极引出端接高电位,当LED的阴极为低电位时,LED发光,当LED的阴极为高电位时,LED不发光;共阴数码管中LED的阴极引出端接低电位,当某个LED的阳极接高电位时,对应的LED发光,而阳极接低电位的LED不发光。

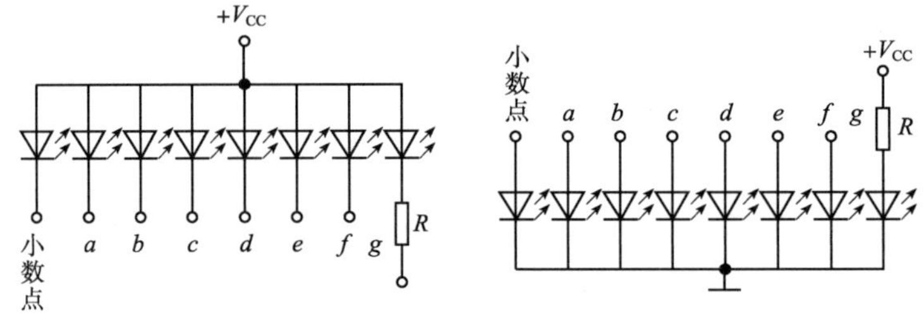

a)共阳极LED结构示意图　　b)共阴极LED结构示意图

图8-16　七段发光二极管接法

半导体数码管的优点是工作电压低、使用寿命长、体积小、颜色丰富等,缺点是功耗较大。

2. 数码显示译码器

数码显示译码器的原理如图8-17所示,输入的是8421BCD码,输出的是相应a、b、c、d、e、f、g端的高、低电平。

若数码显示译码器驱动的是共阴数码管,如图8-18所示,则数码显示译码器的真值见表8-8。

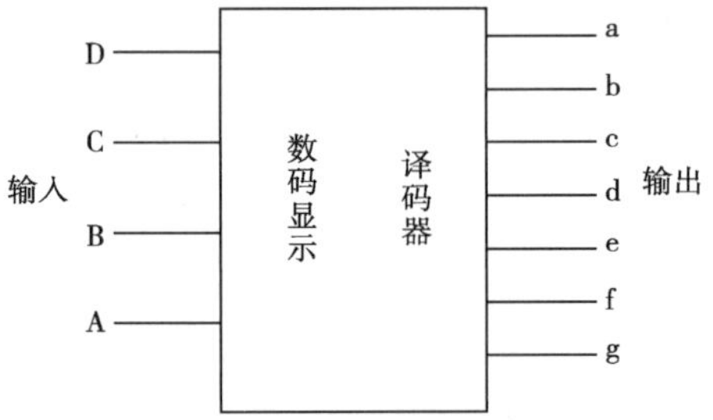

图8-17　数码显示译码器的原理

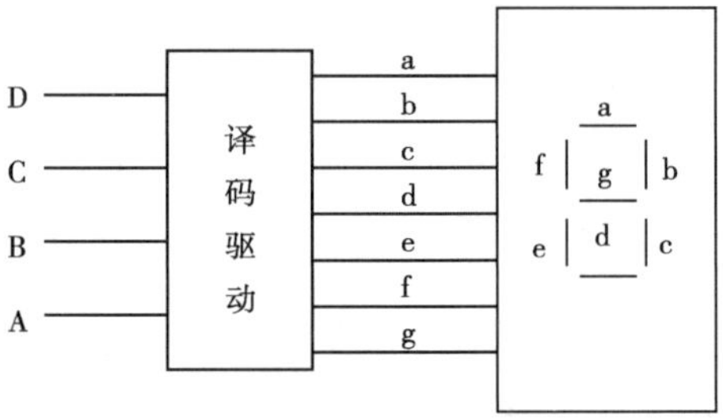

图8-18　译码、显示原理电路

数码管显示译码器真值表　　表8-8

十进制数	D	C	B	A	a	b	c	d	e	f	g
0	0	0	0	0	1	1	1	1	1	1	0
1	0	0	0	1	0	1	1	0	0	0	0
2	0	0	1	0	1	1	0	1	1	0	1
3	0	0	1	1	1	1	1	1	0	0	1
4	0	1	0	0	0	1	1	0	0	1	1

续上表

十进制数	D	C	B	A	a	b	c	d	e	f	g
5	0	1	0	1	1	0	1	1	0	1	1
6	0	1	1	0	1	0	1	1	1	1	1
7	0	1	1	1	1	1	1	0	0	0	0
8	1	0	0	0	1	1	1	1	1	1	1
9	1	0	0	1	1	1	1	1	0	1	1

例如,输入的 8421BCD 码是 0110,译码器的输出端 a、c、d、e、f、g 端是高电平,b 端是低电平,共阴数码管便显示出 6 字来。

任务实施

一、任务准备

1. 组织方式

(1)场地设施:每小组对应一套继电器实验设施、一张实训工作台。

(2)检测工具:万用表、线束、锂离子蓄电池一块,与非门特性实训板、或非门特性实训板、3-8 译码器特性实训板。

(3)学生组织:教师指导,按各实例知识讲解及实训进行自评、互评。

(4)检查实训任务:真实、完整、有效。

2. 注意事项

(1)遵守场地安全规定,注意用电安全。

(2)插拔电气元件时一定要断电操作。

(3)正确使用万用表。

(4)在接线、拆线时,严禁用力拉扯线束。

二、操作步骤

根据学习工作页,结合实训指导书,按下列步骤完成实施。

(1)检测与非门电路。

(2)检测或非门电路。

(3)检测译码器电路。

任务小结

(1)与非门表示逻辑关系是 $Y = AB$,相当于在与门的基础上加了一个非门。

(2)或非门表示逻辑关系是 $Y = A + B$,相当于在或门的基础上加了一个非门。

(3)译码器是一类多输入多输出组合逻辑电路器件。

(4)数码显示器是用来显示数字、文字和符号的器件。

习题

一、判断题

1. 只有最简的输入、输出关系,才能获得结构最简的逻辑电路。 (　　)

2. 组合逻辑电路中的每一个门实际上都是一个存储单元。 (　　)

3. 组合电路是不含有记忆功能的器件。 (　　)

4. 组合逻辑电路是指任意时刻的输出信号仅取决于该时刻的输入信号,而与信号作用前电路原来状态无关的电路。 (　　)

5. 与非门表示逻辑关系是 $Y = AB$,相当于在与门的基础上加了一个非门。 (　　)

二、单选题

1. 下图所示的逻辑门是(　　)。

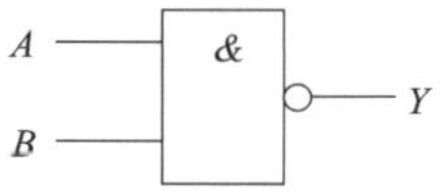

A. 非门　　B. 或非门　　C. 与非门　　D. 异或门

2. 下列何种输入情况下,“与非”运算的结果是逻辑0。(　　)

A. 全部输入是0　　B. 任一输入是0

C. 仅一输入是0　　D. 全部输入是1

3. 下列何种输入情况下,“或非”运算的结果是逻辑0。(　　)

A. 全部输入是1　　B. 任一输入是1

C. 仅一输入是1　　D. 全部输入是1

4. 半导体数码管内部发光二极管的连接有两种形式,若7个LED的阳极连接在一起作为1个引出端,称为(　　);若7个LED的阴极连接在一起作为1个引出端,称为(　　),共阳数码管在应用时,应将阳极引出端接(　　)。

A. 共阴数码管,共阳数码管,低电位

B. 共阳数码管,共阴数码管,低电位

C. 共阳数码管,共阴数码管,高电位

D. 共阴数码管,共阳数码管,高电位

5. 共阴数码管中LED的阴极引出端接(　　),当某个LED的阳极接高电位时,对应的LED发光,而阳极接低电位的LED不发光。

A. 高电位　　B. 低电位　　C. 正电位　　D. 负电位

三、多选题

1. 数字电路按照是否有记忆功能通常可分为(　　)。

A. 时序逻辑电路　　B. 组合逻辑电路　　C. 逻辑门电路　　D. 集成门电路

2. 译码器是一类多输入多输出组合逻辑电路器件,其可以分为(　　)。

A. 模拟译码器　　B. 组合译码器　　C. 变量译码　　D. 显示译码两类

学习任务4　触发器电路控制与分析

任务描述

时序逻辑电路一般都是触发器组成的，汽车轿车上任意打开与关闭的电动车车顶（顶窗）就是采用触发器来控制的。本学习任务主要通过实例讲解，理论与实操相结合，对触发器的工作原理及应用进行学习。

建议学时：2学时。

知识准备

一、触发器的概念

数字电路中除了门电路之外，还有触发器电路。触发器起到信息的接收、存储、传输的作用。触发器按其稳定工作状态可分为双稳态触发器、单稳态触发器、无稳态触发器（多谐振荡器）等；按其功能可分为RS触发器、JK触发器和D触发器等。在汽车电路中应用较多的主要有RS触发器、D触发器等。

二、RS触发器

1. 基本RS触发器

基本RS触发器由两个“与非”门G_1、G_2交叉连接组成，如图8-19a）所示。Q和$\overline{Q}$是它的两个逻辑互补的输出端。这种触发器有两个稳定状态：一个是$Q=0$、$\overline{Q}=1$，称为0态（复位状态）；另一个是$Q=1$、$\overline{Q}=0$，称为1态（置位状态）。相应的输入端分别称为复位端（置0端）R和置位（置1端）S。图8-19b）所示为基本RS触发器的符号。

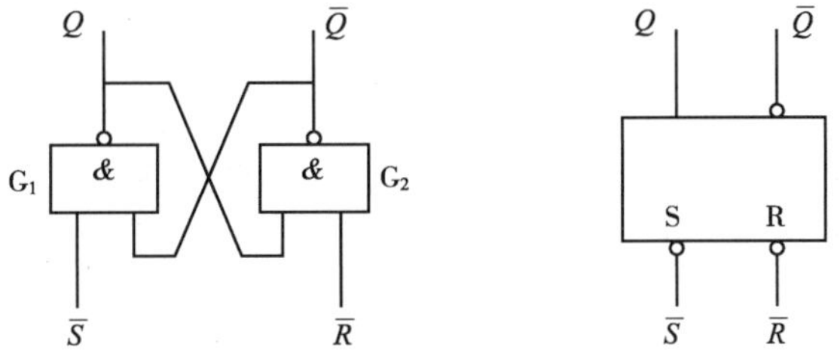

a)电路结构　　b)符号

图8-19　基本RS触发器

反映触发器输出与输入之间关系的表称为特性表，是一种特殊的真值表。在表中体现了触发器的输出状态（Q^{n+1}）与触发器原状态（Q^n）以及两个输入R、S之间的关系。表8-9是基本RS触发器的特性表。

基本 RS 触发器的特性表 表 8-9

R	S	Q^{n+1}	注
0	0	Q^n	保持
0	1	1	置 1
1	0	C	置 0
1	1	不允许出现	不使用

基本 RS 触发器的主要优点是:结构简单,具有置 0、置 1 和保持功能。存在的问题主要是:RS 直接控制触发器的输出,即只要 RS 信号存在,触发器输出状态就会随之变化,导致电路抗干扰能力下降;R、S 不能同时为 1。

2. 同步 RS 触发器

为了提高基本 RS 触发器的抗干扰能力,设计制作了一种工作状态不仅受输入端(R、S)控制,而且还受时钟脉冲(CP)控制的同步触发器,简称同步触发器。图 8-20 所示为同步触发器的逻辑电路和符号。

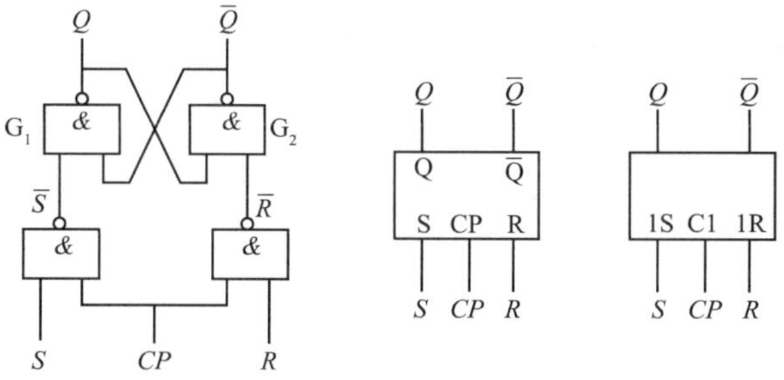

a)电路结构 b)曾用符号 c)国际符号

图 8-20 同步 RS 触发器

时钟脉冲(CP)是等周期、等幅的脉冲串,由外部电路产生,用来控制同步触发器的工作。当脉冲为高电平即 $CP=1$ 期间,触发器接收输入信号,开始工作;当脉冲为低电平即 $CP=0$ 期间,触发器不工作。同步 RS 触发器的特性表见表 8-10。

同步 RS 触发器的特性表 表 8-10

CP	R	S	Q^{n+1}	注
0	X	X	X	禁止工作
1	0	0	Q^n	保持
1	0	1	1	置 1
1	1	0	0	置 0
1	1	1	不允许出现	不使用

同步触发器的特点是:时钟电平控制,只有 $CP=1$ 期间工作,抗干扰能力有所增强;R、S 之间还是不能同时为 1。

3. RS 型时钟触发器

在 CP 时钟脉冲作用下，输入信号 R、S 取值不同时，凡具有置 0、置 1 和保持功能的电路，都称为 RS 型时钟触发器。它的特性表与基本 RS 触发器相同。

三、JK 触发器

在 CP 时钟脉冲作用下，两个输入信号 J、K 取值不同时，具有保持、置 0、置 1 功能的电路，都称为 JK 型时钟触发器。图 8-21 所示为 JK 触发器的符号和特性表。

四、D 触发器

在 CP 时钟脉冲作用下，单一输入信号 D 在不同取值时，凡具有置 0、置 1 功能的电路，都称为 D 型时钟触发器。图 8-22 所示为 D 触发器的符号和特性表。

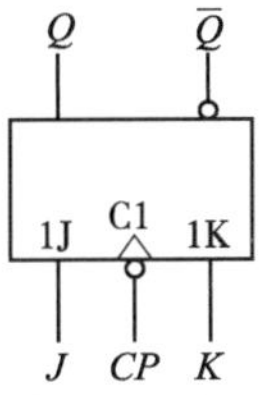

a)符号

特性表

J K	Q^{n+1}	功能
0 0	Q^n	保持
0 1	0	置0
1 0	1	置1
1 1	$\overline{Q}^n$	翻转

b)特性表

图 8-21 JK 触发器

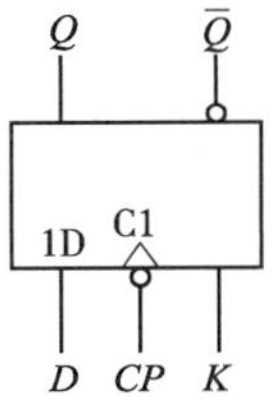

a)符号

特性表

D	Q^{n+1}	功能
0	0	置0
1	1	置1

b)特性表

图 8-22 D 触发器

任务实施

一、任务准备

1. 组织方式

(1)场地设施：每小组对应一套继电器实验设施、一张实训工作台。

(2)检测工具：万用表、线束、锂离子蓄电池一块，JK 触发器特性实训板、D 触发器特性实训板。

(3)学生组织：教师指导，按各实例知识讲解及实训进行自评、互评。

(4)检查实训任务：真实、完整、有效。

2. 注意事项

(1)遵守场地安全规定，注意用电安全。

(2)插拔电气元件时一定要断电操作。

(3)正确使用万用表。

(4)在接线、拆线时，严禁用力拉扯线束。

二、操作步骤

根据学习工作页，结合实训指导书，按下列步骤完成实施。

(1)检测 JK 触发器电路。

(2)检测 D 触发器电路。

任务小结

(1)触发器起到信息的接收、存储、传输的作用。

(2)基本 RS 触发器由两个“与非”门 G_1、G_2交叉连接组成。

(3)同步触发器是工作状态不仅受输入端(R、S)控制,而且还受时钟脉冲(CP)控制的同步触发器。

(4)在 CP 时钟脉冲作用下,两个输入信号 J、K 取值不同时,具有保持、置 0、置 1、功能的电路,都称为 JK 型时钟触发器。

(5)在 CP 时钟脉冲作用下,单一输入信号 D 在不同取值时,凡具有置 0、置 1 功能的电路,都称为 D 型时钟触发器。

拓展阅读

智能汽车的发展——华为问界

华为技术有限公司(以下简称“华为”)成立于 1987 年,在短短几十年的时间里,华为凭借着不懈的努力和创新精神,不仅成了全球领先的通信设备制造商,还成功进军了智能手机、云计算等多个领域。随着数字化趋势的不断加深,华为将进一步深化其在数字化转型领域的技术研究和市场拓展。它将继续优化现有产品和服务,同时推出更多的数字化解决方案,帮助客户实现数字化转型。人工智能是未来的一个热门领域,也是华为重点发展的方向之一。华为将继续加大在人工智能领域的研发投入,推出更多的人工智能技术和产品,以满足不断增长的市场需求,目前已将智能应用到汽车,生产了华为问界汽车。

习题

一、判断题

1. 触发器起到信息的接收、存储、传输的作用。例如汽车上打开与关闭的电动车顶(顶窗)就是采用触发器来控制的。 (　　)

2. 对边沿 JK 触发器,在 CP 为高电平期间,当 $J=K=1$ 时,状态会翻转一次。 (　　)

3. 在汽车电路中应用较多的主要有 RS 触发器、D 触发器等。 (　　)

4. RS 触发器的约束条件 $RS=0$ 表示不允许出现 $R=S=1$ 的输入。 (　　)

5. 同步触发器存在空翻现象,而边沿触发器和主从触发器克服了空翻。 (　　)

二、单选题

1. 对于 JK 触发器,若 $J=K$,则可完成(　　)触发器的逻辑功能。

A. RS　　B. D　　C. T　　D. JK

2. 欲使 D 触发器按 $Q^{n+1}=(Q^n)^-$ 工作,应使输入 $D=$(　　)。

A. 0　　B. 1　　C. Q　　D. Q^-

3. 欲使 JK 触发器按 $Q^{n+1}=Q^n$ 工作,可使 JK 触发器的输入端不正确的是(　　)。

A. $J=Q, K=Q^-$　　B. $J=Q^-, K=Q$　　C. $J=0, K=Q^-$　　D. $J=K=0$

4. 下列触发器中,没有约束条件的是(　　)。

A. 基本 RS 触发器　　B. 同步 RS 触发器　　C. 主从 RS 触发器　　D. 边沿式 D 触发器

5. 边沿式 D 触发器是一种(　　)稳态电路。

A. 单　　B. 双　　C. 多　　D. 五

三、多选题

1. 触发器按其稳定工作状态可分为(　　)等。

A. 双稳态触发器　　B. 单稳态触发器　　C. 无稳态触发器　　D. 多谐振荡器

2. 触发器按其功能可分为(　　)等。

A. 编码触发器　　B. RS 触发器　　C. JK 触发器　　D. D 触发器

学习任务5　微处理器控制与分析

任务描述

现代轿车的控制以电脑(汽车单片机)为主要控制器,在汽车电控系统故障诊断中,需了解汽车微机控系统的组成及功能,本任务学习微处理器及单片机的基础,分析基本芯片电路的简单控制。

建议学时:2 学时。

知识准备

一、微处理器基础

1. 二进制计数器

二进制计数器将十进制转换成二进制并计数,图 8-23 所示为三位二进制计数器。

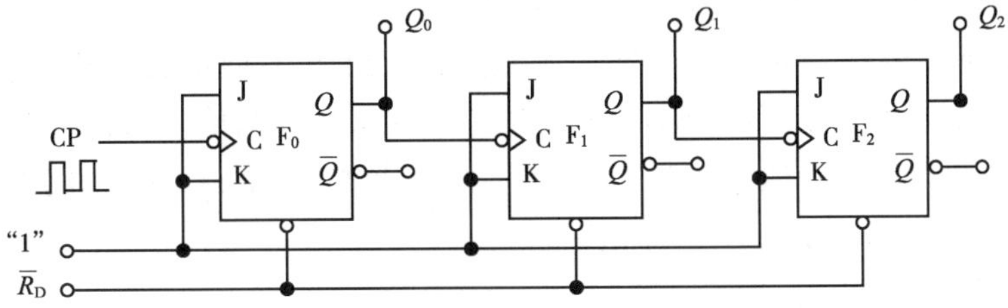

图 8-23　三位二进制计数器

1)驱动方程

$$J_1=K_1=1 \tag{8-6}$$

$$J_2=K_2=1 \tag{8-7}$$

$$J_3 = K_3 = 1 \tag{8-8}$$

2)次态方程

$$Q_0^{n+1} = J_0\ \overline{Q_0^n} + \overline{K}_0 Q_0^n \tag{8-9}$$

$$Q_1^{n+1} = J_1\ \overline{Q_1^n} + \overline{K}_1 Q_1^n \tag{8-10}$$

$$Q_2^{n+1} = J_2\ \overline{Q_2^n} + \overline{K}_2 Q_2^n \tag{8-11}$$

3)时钟方程

$$\mathrm{CP}_0 = \mathrm{CP}, \mathrm{CP}_1 = Q_0^n, \mathrm{CP}_2 = Q_1^n \tag{8-12}$$

4)把驱动方程代入次态方程

把驱动方程代入次态方程可得:

$$Q_0^{n+1} = \overline{Q_0^n} \tag{8-13}$$

$$Q_1^{n+1} = \overline{Q_1^n} \tag{8-14}$$

$$Q_2^{n+1} = \overline{Q_2^n} \tag{8-15}$$

计数器计数前都要清零,让三位触发器均处于“0”态时开始计数。由所得次态方程可知,各位触发器每来一次计数脉冲状态都要翻转一次,其工作情况可用图 8-24 所示时序波形图来描述。

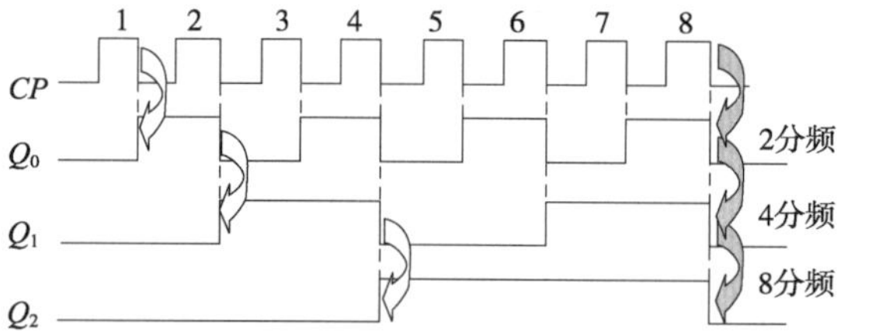

CP	Q_2	Q_1	Q_0
0	0	0	0
1	0	0	1
2	0	1	0
3	0	1	1
4	1	0	0
5	1	0	1
6	1	1	0
7	1	1	1
8	0	0	0

图 8-24　二进制计数器工作情况

2. 集成二 - 十进制集成计数器

计数器在控制、分频、测量等电路中应用非常广泛,所以具有计数功能的集成电路种类较多。常用的集成芯片有 74LS161、74LS90、74LS197、74LS160、74LS92 等。我们以 74LS90 为例,介绍集成计数器芯片电路的功能及正确的使用方法。

汽车里程表的工作原理是霍尔轮速传感器(CS3120 开关型集成电路)将车轮转速信号转变成脉冲电信号。此信号幅值较小,经过比较器使其变成幅值较大的脉冲信号。该脉冲信号由施密特触发器整形后送给计数器计数。计数器输出的 8421BCD 码经译码器译码后驱动 LED 数码管显示器显示出车速计量结果。

(1)连接电路,如图 8-25 所示。

(2)将方波脉冲信号发生器产生的时钟脉冲信号加入 74LS90 计数芯片的 $\mathrm{CP_A}$脚。

(3)观察四个 LED3—LED0 灯的点亮情况,写出四位二进制代码。

如图 8-24 所示,集成计数器 74LS290 共有 14 个管脚。管脚 14 作为 CP 输入端时,输出端由高到低的排列顺序为(10、8、9、11 脚)$Q_3 \rightarrow Q_0$,构成一个 8421BCD 码二 - 十进制计数器;管脚 2 和 3 是直接清零端(搭铁);管脚 6 和 7 是直接置 1 端(搭铁);管脚 4 和 13 是空脚(不接);管脚 5 是电源端;管脚 10 是“地”端。

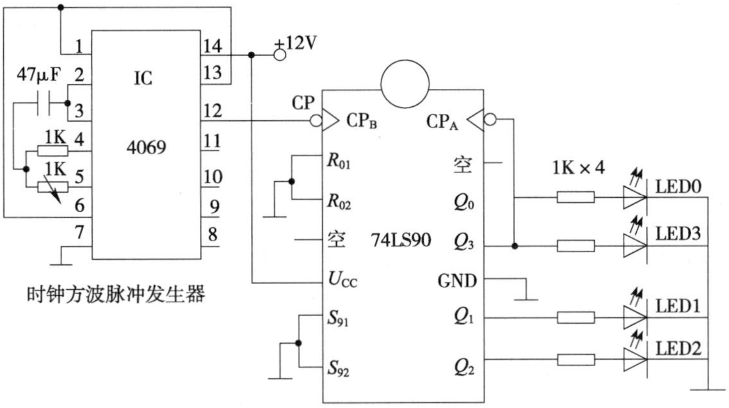

图 8-25 集成计数器芯片电路

(4)操作提示。

①14 脚作为 CP 时钟脉冲输入端,12 脚 Q_A作为输出端,可构成一个一位二进制计数器。

②1 脚作为 CP 时钟脉冲输入端,Q_D、Q_C、Q_B作为输出端,有效状态为 000、001、010、011、100,可构成一个五进制计数器。

③14 脚作为 CP 输入端时,输出端由高到低的排列顺序为 $Q_D \to Q_A$,构成一个 8421BCD 码二 - 十进制计数器。

3. 存储器

(1)随机存储器 RAM 又称主存,是与 CPU 直接交换数据的内部存储器,可以随时读写(刷新时除外),而且速度很快,通常作为操作系统或其他正在运行中的程序的临时数据存储介质。随机存储器 RAM 由地址译码器、读写控制器、I/O 控制器、片选控制及存储矩阵组成,如图 8-26 所示。

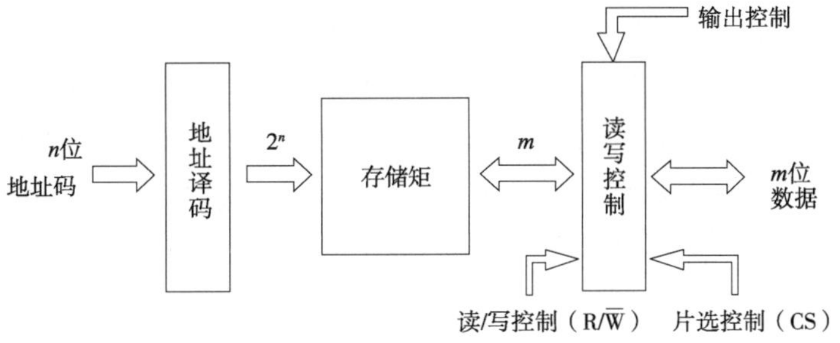

存储器的
类型与区别

图 8-26 随机存储器 RAM

(2)只读存储器 ROM 的所存数据,如图 8-27 所示,一般是装入整机前事先写好的,整机工作过程中只能读出,而不像随机存储器那样能快速地、方便地加以改写。ROM 所存数据稳定,断电后所存数据也不会改变;其结构较简单,读出较方便,因而常用于存储各种固定程序和数据。

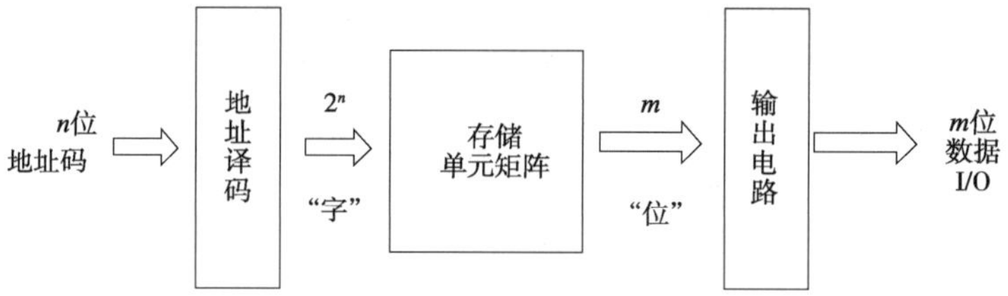

图 8-27　只读存储器 ROM

4. 微处理器

微处理器,是指用一片或少数几片大规模集成电路组成的中央处理器。与传统的中央处理器相比,微处理器具有体积小、质量轻和容易模块化等优点。能完成取指令、执行指令,以及与外界存储器和逻辑部件交换信息等操作,是微型计算机的运算控制部分。它可与存储器和外围电路芯片组成微型计算机。如图 8-28 所示,微处理器由 CPU(运算器、控制器、寄存器)、存储器、总线组成。

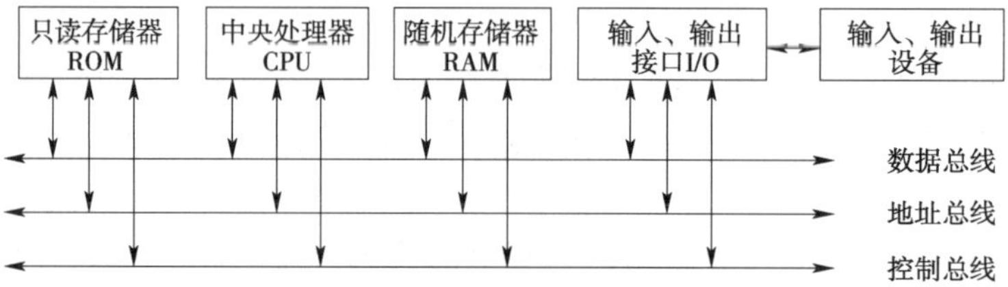

图 8-28　微处理器

二、单片机基础

1. 微型计算机基础

人类在对客观世界的"数量"认识上,从记数、计数到计算,经历了漫长的历史阶段,即从手工计算阶段、机械计算阶段,一直发展到现今的电子计算机计算阶段。

电子计算机的发展常以电子器件为标志划分为四个阶段。第一代计算机(1945—1958年),以电子管作为逻辑元件,主要用于科学和工程计算,运算速度每秒几千次至几万次。第二代计算机(1958—1964 年),以晶体管作为逻辑元件,用磁芯做主存储器,体积缩小、功耗降低,提高了速度和可靠性,每秒运算可达几十万次。第三代计算机(1964—1971 年),以集成电路作为基础器件,体积、功耗、价格等进一步降低,用半导体存储代替了磁芯存储器,运算速度每秒可达几十万次到几百万次。在软件方面,操作系统日臻完善。计算机设计思想已逐步走向标准化、模块化和系列化,应用范围更加广泛。第四代计算机(1971 年至今),采用大规模集成电路和超大规模集成电路,用集成度更高的半导体芯片做主存储器,运算速度可达每秒百万次至亿次。计算机网络的研究进展迅速,系统软件的发展不仅实现了计算机运行的自动化,而且正在向智能化方向迈进。各种应用软件层出不穷,极大地方便了用户。电子计算机高速发展到今天,通常可分为巨型机、大型机、中型机、小型机和微型机五类。它们在系统结构和基本工作原理方面并无本质的区别,只是在体积、性能和应用领域方面有所不同。

微型计算机简称微机，是计算机的一个重要分类。微型计算机不但具有其他计算机快速、精确、程序控制等特点，最突出的是它还具有体积小、质量轻、功耗低、价格便宜等优点。个人计算机简称PC机，是微型计算机中应用最为广泛的一种，目前，它已经像普通家用电器一样深入到了家庭和社会生活的各个方面。图8-29所示是关于微型计算机系统组成的示意图。

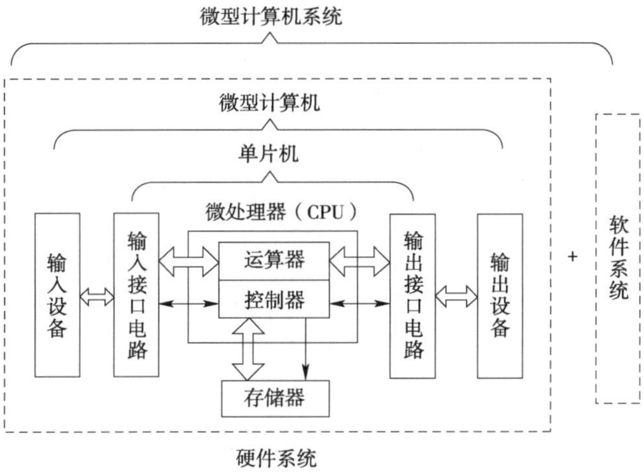

图8-29　微型计算机系统的组成

2. 微型计算机系统

这是指以微型计算机为核心，配上输入设备和输出设备、电源和软件等，构成能独立工作的完整计算机系统。软件系统是微机系统所使用的各种程序的总称。人们通过它对整机进行控制并与微机系统进行信息交换，使微机按照人的意图完成预定的任务。

3. 单片微型计算机

单片微型计算机简称单片机。单片机是将微处理器、存储器、I/O接口和中断系统集成在同一块芯片上，具有完整功能的微型计算机，这块芯片就是其硬件。在实际应用中，通常很难将单片机直接和被控对象进行电气连接，必须外加输入电路、输出电路和操作开关等，才能构成一个单片机应用系统。

尽管各类单片机很多，但无论是从世界范围或是从全国范围来看，使用最为广泛的应属Intel公司生产的MCS-51系列单片机。MCS-51系列又分为51和52两个子系列，并以芯片型号的最末位数字作为标志。其中，51子系列是基本型，而52子系列则属增强型。

单片机的功能

MCS-51单片机的典型芯片是8031、8051、8751。8051内部有4 KB ROM，8751内部有4KB EPROM，8031内部无ROM；除此之外，三者的内部结构及引脚完全相同。因此，以8051为例，说明本系列单片机的内部组成、信号引脚和指令系统。

4. MCS-51 单片机的基本组成

MCS-51单片机的基本组成如图8-30所示，从图中可看出，MCS-51单片机组成结构中包含CPU、片内存储器、4个并行I/O口、1个串行口、2个定时器/计数器、中断系统和时钟振荡器等功能部件。

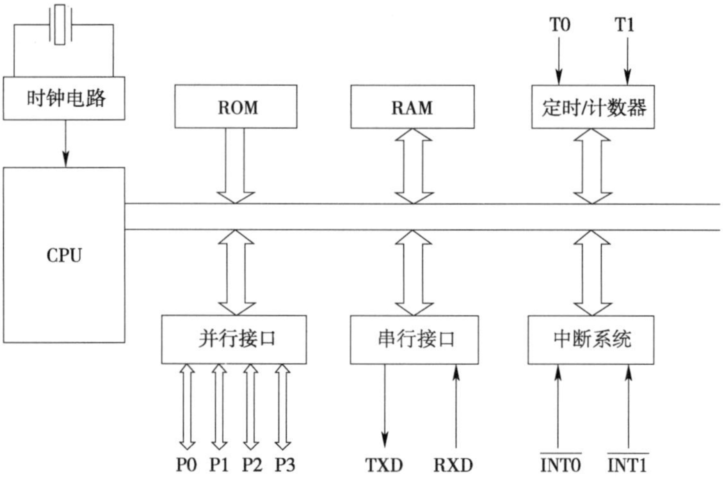

图 8-30　8051 单片机系统的组成

8051 单片机系统的组成

1)微处理器(CPU)

微处理器是单片机的核心,如前面的图 8-28 所示,其内含运算器和控制器。运算器是计算机的运算部件,用于实现算术运算和逻辑运算,计算机的数据运算和处理都在这里进行。控制器是计算机的指挥控制部件,它控制计算机各部分自动、协调地工作。

2)存储器

存储器是计算机的记忆部件,用于存放程序和数据。存储器又分为片内存储器和片外存储器。片外存储器是片内存储器的扩展。

$$1kB = 1024B, 1MB = 1024kB, 1GB = 1024MB$$

存储器可分为两类:随机存取存储器(RAM)和只读存储器(ROM)。

3)定时/计数器

8051 共有 2 个 16 位的定时/计数器,以实现定时或计数功能,并以其定时或计数结果对计算机进行控制。

4)并行 I/O 口

8051 共有 4 个 8 位的 I/O 口(P0、P1、P2、P3),以实现数据的并行输入/输出。

5)串行口

MCS-51 单片机有一个全双工的串行口,以实现单片机和其他设备之间的串行数据传送。该串行口功能较强,既可作为全双工异步通信收发器使用,也可作为同步移位器使用。

6)中断控制系统

MCS-51 单片机的中断功能较强,以满足控制应用的需要。

8051 共有 5 个中断源,即外中断两个、定时/计数中断两个、串行中断一个。全部中断分为高级和低级共两个优先级别。

7)时钟电路

MCS-51 芯片的内部有时钟电路,但石英晶体和微调电容需外接。时钟电路为单片机产生时钟脉冲序列。MCS-51 芯片允许的晶振频率一般为 6MHz 和 12MHz。

从上述内容可以看出，MCS-51 虽然是一个单片机芯片，但作为计算机应该具有的基本部件它都包括，因此，实际上它已是一个简单的微型计算机了。

8）内部总线

总线是用于传送信息的公共途径。总线可分为数据总线、地址总线、控制总线。单片机内的 CPU、存储器、I/O 接口等单元部件都是通过总线连接到一起的。采用总线结构可以减少信息传输线的根数，提高系统可靠性，增强系统灵活性。

9）MCS-51 单片机的信号引脚

MCS-51 是标准的 40 引脚双列直插式集成电路芯片，引脚排列如图 8-31 所示。由于工艺及标准化等原因，芯片的引脚数目是有限制的，为了增加引脚的功能，有些引脚具有第二功能，带括号的符号是第二功能符号。

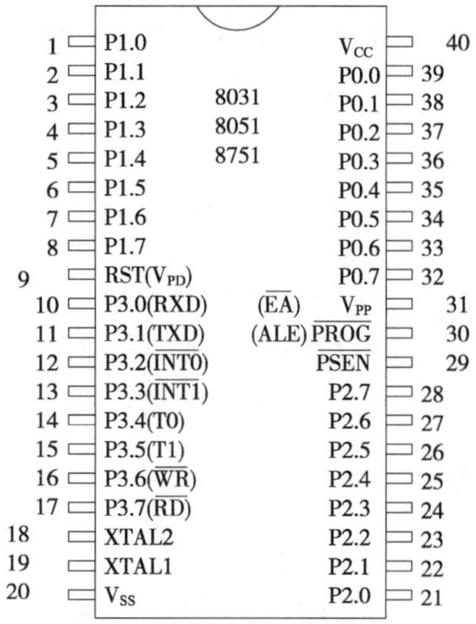

图 8-31　8051 单片机的信号引脚

5. 汽车单片机

以单片机为核心的汽车电子控制装置，各生产厂家所称名称有所不同，有称为微处理机控制装置——MCU，也有称为电子控制组件——ECM，较多的是称为汽车电子控制单元——ECU，简称电控单元。在汽车修理行业，习惯上称为汽车单片机或汽车电脑，其结构如图 8-32 所示。

单片机的工作原理

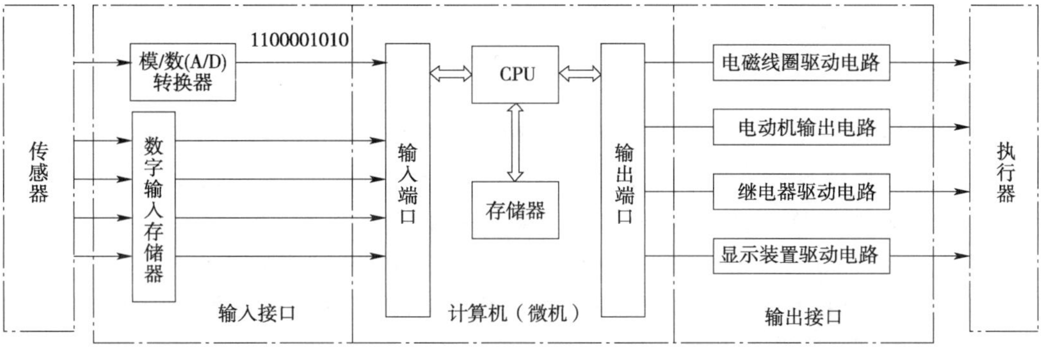

图 8-32　汽车单片机的结构

任务实施

一、任务准备

1. 组织方式

（1）场地设施：每小组对应一套继电器实验设施、一张实训工作台。

（2）检测工具：万用表、线束、锂离子蓄电池一块，ADC0809 芯片、负载积木板、温度传感器。

2. 注意事项

(1)遵守场地安全规定,注意用电安全。

(2)插拔电气元件时一定要断电操作。

(3)正确使用万用表。

(4)在接线、拆线时,严禁用力拉扯线束。

二、操作步骤

根据学习工作页,结合实训指导书,按下列步骤完成实施。

(1)检测微处理器电路。

(2)检测 MS-51 单片机电路。

任务小结

(1)二进制计数器将十进制转换成二进制并计数。

(2)计数器在控制、分频、测量等电路中应用非常广泛,所以具有计数功能的集成电路种类较多。常用的集成芯片有 74LS161、74LS90、74LS197、74LS160、74LS92 等。

(3)微处理器,是指用一片或少数几片大规模集成电路组成的中央处理器。

(4)单片微型计算机简称单片机。单片机是将微处理器、存储器、I/O 接口和中断系统集成在同一块芯片上,具有完整功能的微型计算机。

习题

一、判断题

1. 现代汽车的控制以电脑(汽车单片机)为主要控制器。 ( )

2. 二进制计数器将十进制转换成二进制并计数。 ( )

3. 汽车里程表的工作原理是霍尔轮速传感器将车轮转速信号转变成脉冲电信号,经过比较器使其变成幅值较大的脉冲信号,脉冲信号由整形后送给计数器计数,计数器输出经译码器译码后驱动 LED 数码管显示器显示出车速计量结果。 ( )

4. 随机存储器 RAM 又称主存,是与 CPU 直接交换数据的内部存储器。 ( )

5. ROM 所存数据稳定,断电后所存数据也不会改变;其结构较简单,读出较方便,因而常用于存储各种固定程序和数据。 ( )

二、单选题

1. 在汽车仪表的控制中,计数器输出的( )码经译码器译码后驱动 LED 数码管显示器显示出车速计量结果。

A. 二进制数　　B. 2421　　C. 8421BCD　　D. 5421

2. 霍尔传感器的信号幅值较小,经过比较器使其变成幅值较大的脉冲信号,该脉冲信号由施密特触发器整形后送给( )计数。

A. 寄存器　　B. 计数器　　C. 微处理器　　D. 放大器

3. 随机存储器( )又称主存,是与 CPU 直接交换数据的内部存储器,可以随时读写

(刷新时除外),而且速度很快,通常作为操作系统或其他正在运行中程序的临时数据存储介质。

A. 存储器　　B. ROM　　C. RAM　　D. 全加器

4. 只读存储器(　　)的所存数据,一般是装入整机前事先写好的,整机工作过程中只能读出,而不像随机存储器那样能快速、方便地加以改写。

A. 存储器　　B. ROM　　C. RAM　　D. 全加器

5. (　　)是指用一片或少数几片大规模集成电路组成的中央处理器。

A. 寄存器　　B. 计数器　　C. 微处理器　　D. 放大器

三、多选题

1. 计数器在(　　)等电路中应用非常广泛,所以具有计数功能的集成电路种类较多。

A. 整流　　B. 分频　　C. 控制　　D. 测量

2. 具有计数功能的集成电路,如74LS90,称为(　　)。

A. 计数器　　B. 集成计数器芯片　　C. 集成计数器　　D. 加法器

项目九　汽车传感器电路控制与检测

任务概述

一直以来，传感器技术被广泛地应用在日常信息、通信、汽车、医疗等外围精密设备上，其中又以汽车工业中的车用传感器产品最为突出。一般使用在车上的传感器是以行车计算机系统作为输入装置，它将汽车运行中各种工作状况信息，包括车速、车况、各种介质的温度、发动机运转等信息，转换成电信号输送给ECU。传感器是汽车电子控制系统关键。本任务以车用传感器为主介绍传感器的基本知识。

知识目标

(1)了解传感器的基本概念；
(2)了解光电转速传感器在汽车上的应用；
(3)了解智能网联汽车激光传感器的应用；
(4)了解热敏温度传感器在汽车上的应用。

技能目标

(1)会分析光电式转速传感器的原理并检测；
(2)会分析智能网联汽车激光传感器的原理并检测；
(3)会分析热敏温度传感器的原理并检测。

素养目标

(1)规范课堂6S管理，展示中国工匠良好形象；
(2)培养团队协作精神，能够协同配合、系统学习；
(3)养成独立思考问题的习惯；
(4)培养、敬业奉献、服务人民的精神；
(5)培养良好的工作态度，以科学的态度对待科学。

学习任务1　光电转速传感器电路控制与分析

任务描述

光电耦合器简称光耦，是一种典型的电→光→电转换器件，通常用作速度、频率传感器，在汽车上的应用也非常广泛。本学习任务主要通过实例讲解，理论与实操相结合，对光电式转速传感器原理、作用、应用进行学习。

建议学时：2 学时。

知识准备

一、光电耦合器的原理及应用

1. 光电耦合器

光电耦合器是以光为媒介传输电信号的一种电→光→电转换器件。它由发光源和受光器两部分组成。把发光源和受光器组装在同一密闭的壳体内，彼此间用透明绝缘体隔离。发光源的引脚为输入端，受光器的引脚为输出端，常见的发光源为发光二极管，受光器为光敏二极管、光敏三极管等。光电耦合器的种类较多，常见有光电二极管型、光电三极管型、光敏电阻型、光控晶闸管型、光电达林顿型、集成电路型等(外形有金属圆壳封装，塑封双列直插等)。图 9-1 所示是光敏元件电子积木板。

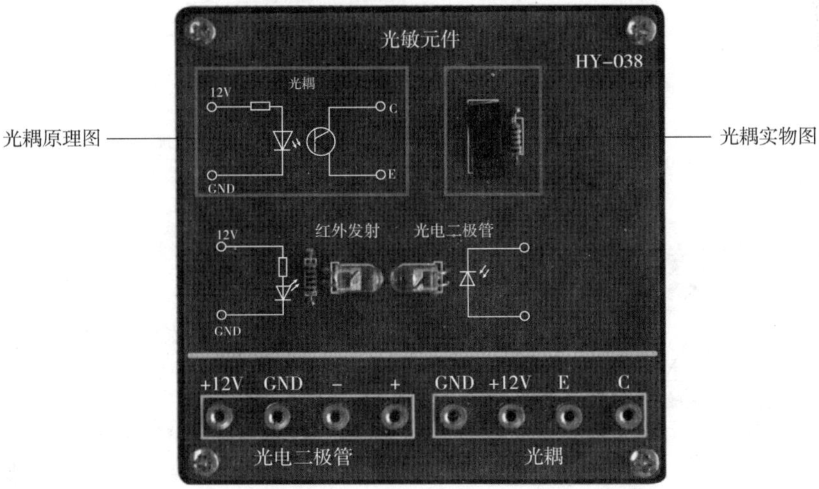

图 9-1　光敏元件电子积木板

2. 光电耦合器的原理及特点

光电耦合器又称光电隔离器或光耦合器，简称光耦。它是以光为媒介来传输电信号的器件,通常把发光器(红外线发光二极管 LED)与受光器(光敏半导体管)封装在同一管壳内。当输入端加电信号时发光器发出光线,受光器接受光线之后就产生光电流,从输出端流出,从而实现了"电→光→电"转换。

以光为媒介把输入端信号耦合到输出端的光电耦合器,由于它具有体积小、寿命长、无触点、抗干扰能力强、输出和输入之间绝缘、单向传输信号等优点,在数字电路上获得广泛的应用。

3. 光耦开关的应用电路

对于开关电路,往往要求控制电路和开关电路之间要有很好的电隔离,这对于一般的电子开关来说是很难做到的,但采用光电耦合器就很容易实现了。

图 9-2a)所示电路就是用光电耦合器组成的简单开关电路。当无脉冲信号输入时,三极管 BG 处于截止状态,发光二极管无电流流过不发光,则 a、b 两端电阻非常大,相当于开关"断开"。当输入端加有脉冲信号时,BG 导通,发光二极管发光,则 a、b 两端电阻变得很小,相当于开关"接通"。故称无信号时开关不通,为常开状态。

图 9-2b)所示电路则为"带闭"状态,因为无信号输入时,虽 BG 截止,但发光二极管有电流通过而发光,使 a、b 两端处于导通状态,相当于开关"接通"。当有信号输入时,BG 导通,由于 BG 的集电结压降在 0.3V 以下,远小于发光二极管的正向导通电压,所以发光二极管无电流流过不发光,则 a、b 两端电阻极大,相当于开关"断开",故称"常闭"式。在汽车传感器中光耦通常用来测量转速和频率。

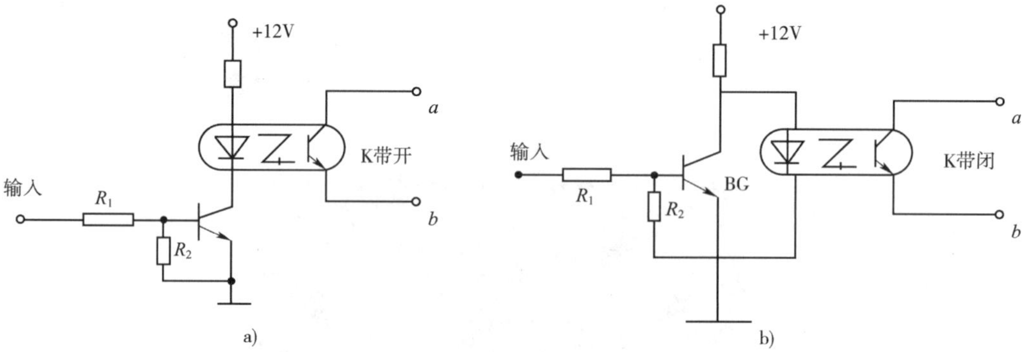

图 9-2　光电耦合器开关应用电路

二、光电式转速传感器结构与工作原理

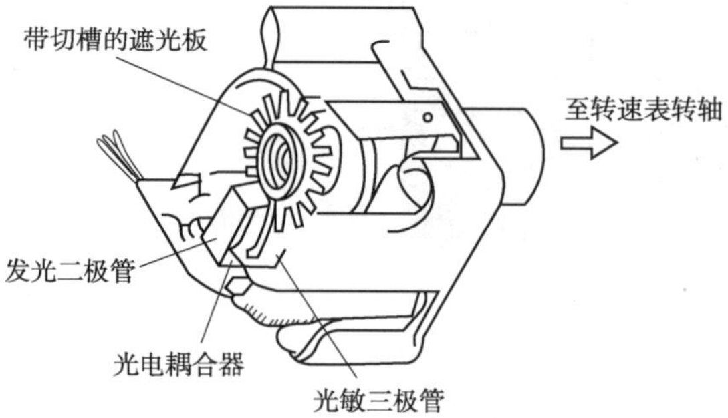

图 9-3　车速表的电路图

1. 光电式转速传感器结构

图 9-3 所示为光电式转速传感器。光电式转速传感器装在组合仪表内,由带切槽的转子和光电耦合器组成。带切槽的转子由转速表转轴驱动,当转子转动时,盘齿间断遮住发光二极管光源,使光敏三极管的输出电压发生变化。转轴转一圈,输出 20 个脉冲,经分频后变成 4 个脉冲,送给 ECU。

2. 光电式转速传感器工作原理

如图 9-4 所示,光源(发光二极管)经随车轮传动的光栅盘变为断续光,致使光断续器中的光敏三极管通断运行,经电路的放大整形后,输出与转速成比例的方波脉冲列。

光电式转速传感器结构

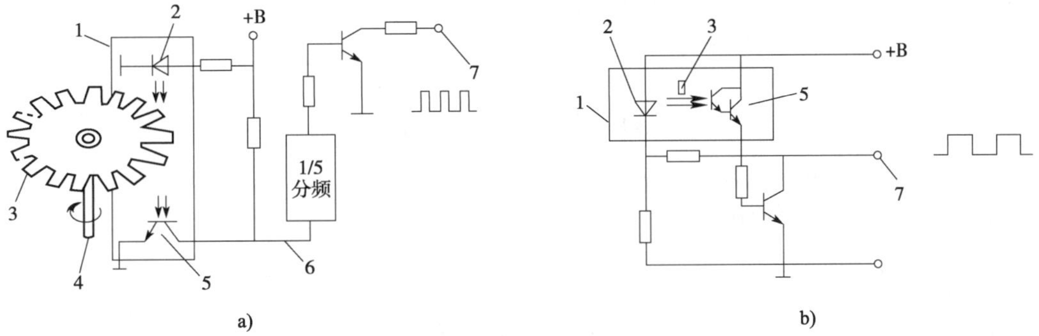

图 9-4　光电式转速传感器的工作原理

1-光电耦合器;2-发光二极管;3-槽的遮光板;4-遮光板转轴;5-光敏三极管;6-信号线;7-端子

三、光电式转速传感器在汽车上的应用

图 9-5 所示为车速表电路图,光电式转速传感器的作用是将输出与转速成比例的方波脉冲列经过信号处理后,在汽车车速表上显示出当前车速。

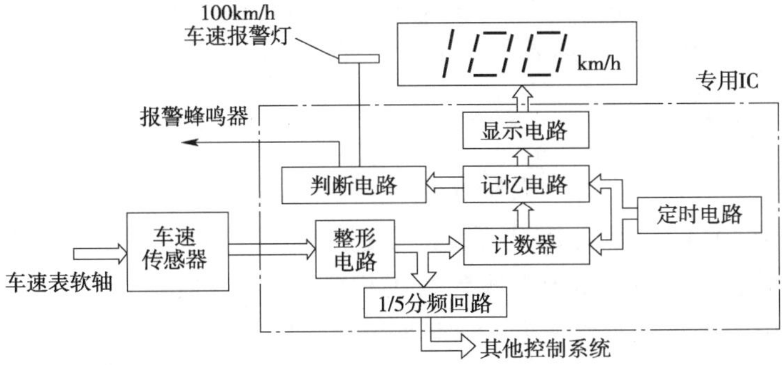

图 9-5　车速表的电路图

任务实施

一、任务准备

1. 组织方式

(1)场地设施:每小组对应一套电器实验设施、一张实训工作台。

(2)检测工具:万用表、线束、锂离子蓄电池一块,光敏元件电路板、光传感器电路板。

(3)学生组织:教师指导,按各实例知识讲解及实训进行自评、互评。

(4)检查实训任务:真实、完整、有效。

2. 注意事项

(1)遵守场地安全规定,注意用电安全。

(2)插拔电气元件时一定要断电操作。

(3)正确使用万用表。

(4)在接线、拆线时,严禁用力拉扯线束。

二、操作步骤

根据学习工作页,结合实训指导书,按下列步骤完成实施。

(1)检测光耦电路。

(2)检测光电式传感器电路。

任务小结

(1)光电耦合器是以光为媒介传输电信号的一种电→光→电转换器件。它由发光源和受光器两部分组成。把发光源和受光器组装在同一密闭的壳体内,彼此间用透明绝缘体隔离。发光源的引脚为输入端,受光器的引脚为输出端,常见的发光源为发光二极管,受光器为光敏二极管、光敏三极管等。

(2)光电耦合器又称光电隔离器或光耦合器,简称光耦。

(3)光耦可应用于光耦开关、光电式传感器。

(4)光电传感器用于车速表,光电式转速传感器的作用是将输出与转速成比例的方波脉冲列经过信号处理后,在汽车车速表上显示出当前车速。

拓展阅读

人物传记——任正非

任正非出生于1944年10月25日,其父母是乡村中学教师,中、小学就读于贵州边远山区的少数民族县城,1963年就读于重庆建筑工程学院,毕业后就业于建筑工程单位。1974年为建设从法国引进的辽阳化纤总厂,任正非应征入伍成为承担这项工程建设任务的基建工程兵,历任技术员、工程师、副所长(技术副团级)。在此期间,因其作出重大贡献,1978年出席过全国科学大会,1982年出席中共第十二次全国代表大会。1983年,随着国家整建制撤销基建工程兵,任正非复员转业至深圳南海石油后勤服务基地,1987年集资21000元人民币创立华为公司,1988年至今任华为公司总裁。任正非认为,一个国家强大的基础不仅在于铁路、公路、交通设施、城市建设、自来水供应等各种环境的硬设施,硬设施是没有灵魂的。灵魂在于文化、在于哲学、在于教育,一个国家有硬的基础设施,更要有软的土壤,没有这层软的土壤任何庄稼不能生长。

习题

一、判断题

1. 在车上使用的传感器是以行车计算机系统作为输入装置,它将汽车运行中各种工作

状况信息,包括车速、车况、各种介质的温度、发动机运转等,转换成电信号输送给控制模块。( )

2. 光电效应是光电耦合器的工作原理。( )

3. 光电耦合器简称光耦,是一种典型的光→电→光转换器件,通常用作速度、频率传感器,在汽车上的应用也非常广泛。( )

4. 光电耦合器是以光为媒介来传输电信号的器件,通常把发光器(红外线发光二极管LED)与受光器(光敏半导体管)封装在同一管壳内。当输入端加电信号时发光器发出光线,受光器接收光线之后就产生光电流,从输出端流出,从而实现了“电→光→电”转换。( )

5. 光源(发光二极管)经随车轮传动的光栅盘变为连续光,致使光断续器中的光敏三极管通断运行,经电路的放大整形后,输出与转速成比例的方波脉冲列。( )

二、单选题

1. 光耦合器中,发光源和受光器组装在同一密闭的壳体内,彼此间用( )隔离。

A. 耐腐蚀材料　　B. 半导体

C. 透明绝缘体　　D. 导体

2. 光耦合器中,常见的发光源为( )。

A. LED　　B. 光敏二极管

C. 光敏三极管　　D. 整流二极管

3. 开关采用光电耦合器就很容易实现( )。

A. 快速开、闭电路

B. 消除温度影响

C. 消除电磁感应

D. 控制电路和开关电路之间较好的电隔离

4. 光电式转速传感器,当转子转动时,盘齿间断遮住发光二极管光源,使光敏三极管的输出电压发生变化,转轴转( )圈,输出 20 个脉冲,经分频后变成 4 个脉冲,送给 ECU。

A. 1　　B. 2　　C. 3　　D. 4

5. ( )将汽车运行中各种工作状况信息,包括车速、车况、各种介质的温度、发动机运转等,转换成电信号,传给控制模块。

A. 采集器　　B. 传感器　　C. 电阻　　D. 电容

三、多选题

1. 光电耦合器是以光为媒介传输电信号的一种电→光→电转换器件,它由( )两部分组成。

A. 发热材料　　B. 发光源　　C. 导热材料　　D. 受光器

2. 在光耦合器中,常见的受光器为( )等。

A. LED　　B. 光敏二极管

C. 光敏三极管　　D. 场效应管

学习任务2　热敏温度传感器电路控制与分析

任务描述

温度传感器广泛应用于世界上各种车型的汽车电控系统中，是最主要的传感器之一。主要安装在进气管或空气流量计内，将温度转变为电压信号输入 ECU。本学习任务主要通过实例讲解，理论与实操相结合，对温度传感器原理、作用、应用进行介绍，并分析发动机冷却循环水温度监控。

建议学时:2 学时。

知识准备

在汽车电控系统中，电控单元需根据发动机冷却液温度、变速器油温、环境温度和汽车室内温度对发动机、变速器和空调进行控制。而温度信号的采集一般利用半导体的热敏特性。汽车电控系统需要采集的发动机温度、燃油温度、润滑油温度、自动变速器油温度、进气温度等，都是利用热敏电阻实现的。

一、热敏电阻的作用

热敏电阻是半导体材料掺入适当的金属氧化物，根据所要求的形状，在 1000℃以上的高温下烧结而成的，它是电阻式温度传感器的一种。在工作温度范围内，其电阻值随温度升高而增加的热敏电阻称为正温度系数(PTC)热敏电阻；其电阻值随温度升高而减少的热敏电阻称为负温度系数(NTC)热敏电阻。在临界温度时，其阻值发生跃变的称为临界温度热敏电阻(CTR)。一般来说，工作温度范围为 -20 ~ 130℃的热敏电阻可用于冷却液温度和进气温度的检测，工作温度范围为 600 ~ 1000℃的高温检测电阻，用于排气温度的检测。图 9-6 所示为热敏电阻电子积木板。

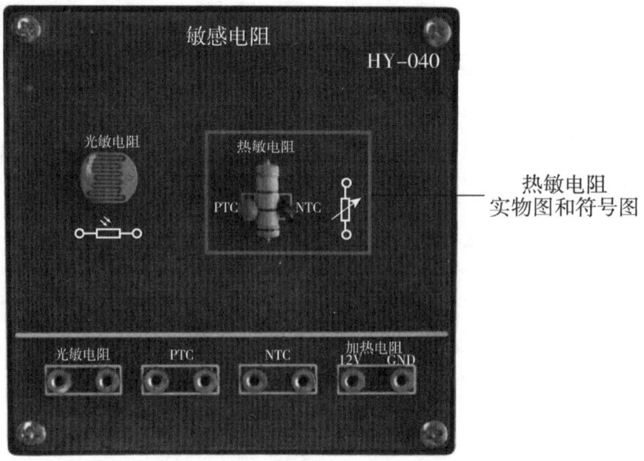

图 9-6　热敏电阻电子积木板

二、热敏电阻的特点

(1)灵敏度较高,其电阻温度系数要比金属大 10 ~ 100 倍,能检测出 6 ~ 10℃ 的温度变化。

(2)工作温度范围宽,常温器件适用于 −55 ~ 315℃,高温器件适用温度高于 315℃(目前最高可达到 2000℃),低温器件适用于 −273 ~ −55℃。

(3)体积小,能够测量其他温度计无法测量的空隙、腔体及生物体内血管的温度。

(4)使用方便,电阻值可在 0.1 ~ 100kΩ 之间任意选择。

(5)易加工成复杂的形状,可大批量生产。

(6)稳定性好、过载能力强。

常见温度传感器类型

三、温度传感器的概述与分类

1. 汽车上的温度传感器

应用在汽车上的温度传感器有冷却液温度传感器、进气温度传感器、排气温度传感器、油温度传感器、蒸发器出口温度传感器和车内(外)温度传感器等。其作用是检测气体、液体的温度,并把检测结果转换成电信号输入 ECU。汽车上的冷却液、进气管、蒸发器出口、车内外等处的温度检测普遍采用 NTC 热敏电阻。

2. 温度传感器的类型

温度传感器的类型

按照结构原理分类,温度传感器有热电耦式、线绕电阻式、热敏电阻式等。其特点是:

(1)线绕电阻式温度传感器精度高,但响应特性差。

(2)热敏电阻式温度传感器灵敏度高,响应特性较好,但线性差,适应温度较低。

(3)热电偶温度传感器精度高,测量温度范围宽,但需要配合放大器和冷端处理器使用。

四、热敏电阻式温度传感器在汽车上的应用

热敏电阻式冷却液温度传感器一般安装在发动机缸体、缸盖的水套或节温器壳内并伸入水套中,与冷却液接触,用来检测发动机的冷却液温度。冷却液温度传感器内部是一个半导体热敏电阻。

热敏电阻式冷却液温度传感器的外观与结构如图 9-7a)所示。这种传感器是利用热敏电阻阻值随温度的变化而变化这一特性来检测温度的。传感器的温度特性如图 9-7b)所示。当温度较低时,传感器的阻值很大;反之,当温度升高时,其阻值减小。在汽车上装有很多热敏电阻式温度传感器,常用于检测冷却液、机油的温度,其中用得最多的是温度表以及电喷发动机的冷却液温度传感器。

冷却液温度传感器工作原理

热敏电阻式进气温度传感器与热敏电阻式冷却液温度传感器结构和特性极其相似,检测方式也基本一样。

a)实物图

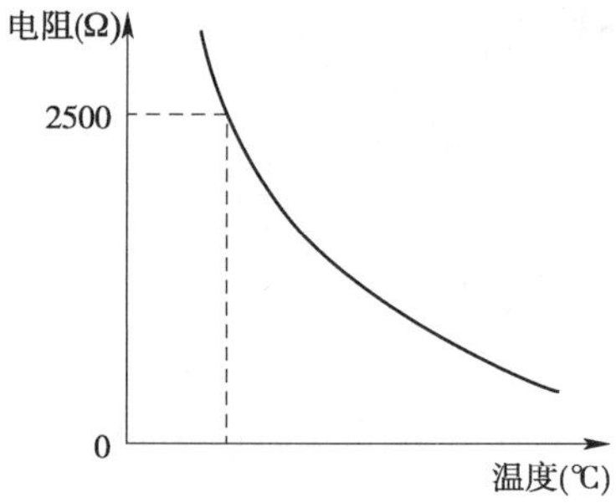

b)特性曲线

图 9-7　热敏电阻式冷却液温度传感器的外观与特性曲线

五、热敏电阻式进气温度传感器的应用于检测

1. 进气温度传感器的结构

进气温度传感器的结构如图 9-8 所示。进气温度传感器的外观如图 9-9 所示。

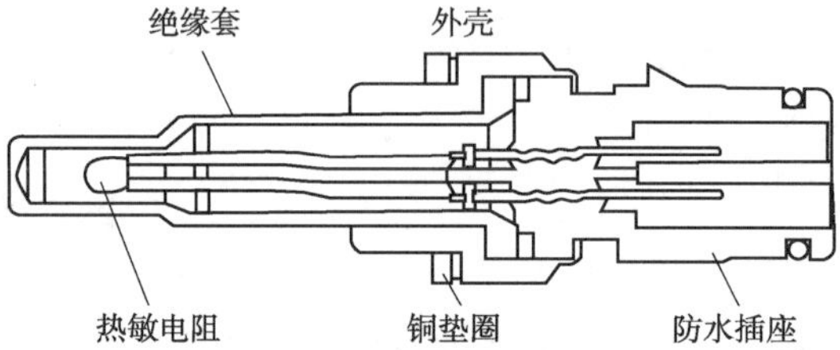

图 9-8　进气温度传感器的结构

图 9-9　进气温度传感器的外观

2. 进气温度传感器的作用

该传感器在电控燃油喷射系统中测量进气温度,并输入 ECU,用以修正体积型空气流量传感器由于大气温度变化带来的进气质量检测的误差。

3. 进气温度传感器的安装

进气温度传感器的安装位置有三种情况:

(1)在 D 型 EFI 系统中,安装在空气滤清器之后的进气管上。

(2)在 L 型 EFI 系统中,安装在空气流量计内。

(3)将进气温度传感器安装在进气压力传感器内,如桑塔纳 2000 型轿车。

安装位置结构如图 9-10 所示,安装位置外观如图 9-11 所示。

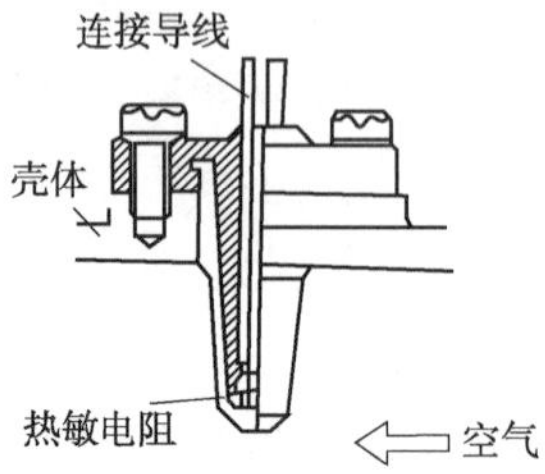

图 9-10　安装位置结构图

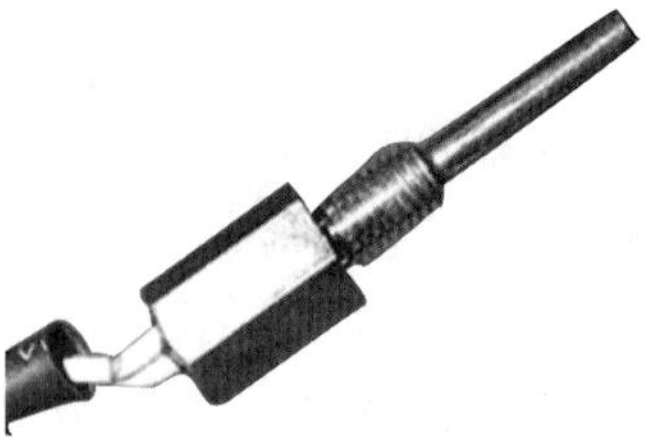

图 9-11　安装位置外观图

4. 进气温度传感器的应用及检测

如图 9-12 所示，当信号 THA 的电压高时，即热敏电阻值大，ECU 可判断进气温度低，空气密度大，单位体积的空气质量大，同样的进气体积流量，则进气质量流量大，应适量增加喷油量；反之，适量减少喷油量。

当进气温度传感器出现故障时，会使混合气过浓或过稀，使发动机工作不稳，这时应检查进气温度传感器。

(1)开路的检测：测量电阻，应随温度变化并与规定值相符。

(2)在路的检测：测量电源电压；测量信号电压。

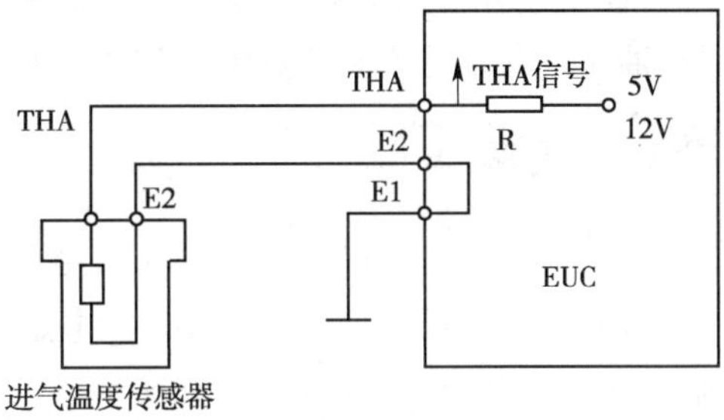

图 9-12　进气温度传感器原理图

任务实施

一、任务准备

1. 组织方式

(1)场地设施：每小组对应一套电器实验设施、一张实训工作台。

(2)检测工具：万用表、线束、锂离子蓄电池一块，敏感电阻板、NTC 温度传感器特性实训板、汽车冷却液温度传感器特性实训板。

(3)学生组织：教师指导，按各实例知识讲解及实训进行自评、互评。

(4)检查实训任务：真实、完整、有效。

2. 注意事项

(1)遵守场地安全规定，注意用电安全。

(2)插拔电气元件时一定要断电操作。

(3)正确使用万用表。

(4)在接线、拆线时，严禁用力拉扯线束。

二、操作步骤

根据学习工作页，结合实训指导书，按下列步骤完成实施。

(1)检测热敏电阻的特性。

(2)检测 NTC 温度传感器特性。

任务小结

(1)热敏电阻是半导体材料掺入适当的金属氧化物，根据所要求的形状，在 1000℃以上的高温下烧结而成的，它是电阻式温度传感器的一种。

(2)热敏电阻有正温度系数和负温度系数两种。

(3)热敏电阻式进气温度传感器与热敏电阻式冷却液温度传感器结构和特性极其相似，检测方式也基本一样。

(4)应用在汽车上的温度传感器有冷却液温度传感器、进气温度传感器、排气温度传感器、油温度传感器、蒸发器出口温度传感器和车内(外)温度传感器等。

拓展阅读

中国第一辆国产汽车

1929年5月，张学良将奉天迫击炮厂改为辽宁迫击炮厂，附设民用品工业制造处，并开始着手制造汽车。当时张学良斥资74万元作为研发资金，终于在1931年5月31日，中国第一辆自主生产的汽车——民生牌75型6缸水冷载货汽车诞生，其国产化率高达70%。

习题

一、判断题

1. 温度传感器广泛应用于世界上各种车型的汽车电控系统中，是最主要的传感器之一。 (　　)

2. 热敏电阻的灵敏度较高，其电阻温度系数要是金属1/100～1/10，能检测出6～10℃的温度变化。 (　　)

3. 线绕电阻式温度传感器精度高，但响应特性差。 (　　)

4. 热敏电阻式温度传感器灵敏度高，响应特性较好，但线性差，适应温度较低。 (　　)

5. 热电偶温度传感器精度高，测量温度范围宽，但需要配合放大器和冷端处理器使用。 (　　)

二、单选题

1. 热敏电阻是半导体材料掺入适当的金属氧化物，根据所要求的形状，在(　　)以上的高温下烧结而成的。

A. 100℃　　B. 10000℃　　C. 1000℃　　D. 500℃

2. 在工作温度范围内，其电阻值随温度升高而增加的热敏电阻称为(　　)。

A. 负温度系数(NTC)热敏电阻　　B. 正温度系数(PTC)热敏电阻

C. 临界温度热敏电阻(CTR)　　D. 高温电阻

3. 在工作温度范围内，其电阻值随温度升高而减少的热敏电阻称为(　　)。

A. 负温度系数(NTC)热敏电阻　　B. 正温度系数(PTC)热敏电阻

C. 临界温度热敏电阻(CTR)　　D. 高温电阻

4. 在临界温度时，其阻值发生跃变的称为(　　)

A. 负温度系数(NTC)热敏电阻　　B. 正温度系数(PTC)热敏电阻

C. 临界温度热敏电阻(CTR)　　D. 高温电阻

5. 热敏电阻式冷却液温度传感器一般安装在发动机缸体、缸盖的水套或节温器壳内并伸入水套中，与冷却液接触，用来检测发动机的(　　)。

A. 机油温度　　B. 进气温度　　C. 节气门温度　　D. 冷却液温度

三、多选题

1. 对于热敏电阻,以下哪些说法是正确的。(　　)

A. 体积小,能够测量其他温度计无法测量的空隙、腔体及生物体内血管的温度

B. 使用方便,电阻值可在0.1~100kΩ之间任意选择

C. 易加工成复杂的形状,可大批量生产

D. 稳定性好、过载能力强

2. 应用在汽车上的温度传感器有冷却液温度传感器、进气温度传感器、(　　)等。

A. 排气温度传感器　　B. 油温度传感器

C. 蒸发器出口温度传感器　　D. 车内(外)温度传感器

学习任务3　智能网联汽车激光传感器控制与分析

任务描述

智能网联汽车通过搭载各类传感器,智能驾驶辅助系统可以实现车道保持、自适应巡航、自动泊车等功能。本学习任务通过理论与实操相结合,理解学习光学传感器、雷达、超声波传感器原理、作用和应用。

建议学时:2学时。

一、智能驾驶辅助系统

智能网联汽车传感器在智能驾驶辅助系统中的应用是其作用最为直观和重要的体现。通过搭载各类传感器,智能驾驶辅助系统可以实现车道保持、自适应巡航、自动泊车等功能。传感器感知能力的提高可以使得这些辅助系统更为智能、更为安全。例如在自适应巡航系统中,系统利用低功率雷达或红外线光束得到前车的确切位置,如果发现前车减速或监测到新目标,系统就会发送执行信号给发动机或制动系统来降低车速,从而使车辆和前车保持一个安全的行驶距离。当前方道路障碍清除后又会加速恢复到设定的车速,雷达系统会自动监测下一个目标。

二、环境感知

在复杂多变的交通环境中,智能网联汽车需要对周围环境进行实时感知,以便进行及时的决策和应对。通过搭载光学传感器、雷达、超声波传感器等,汽车可以获取道路状况、障碍物位置、行人动态等信息,为驾驶员和自动驾驶系统提供全面的环境感知。检测系统主要实现光电检测,即利用光电传感器对智能网联汽车前方路况进行实时监测。因为要对路况进行实时监测所以对传感器的要求高,传感器要做到不受外界温度光线等的干扰,同时传感器发射信号频率要满足智能网联汽车避开障碍物的要求,同时在避开障碍物之后能准确返回到原路线。

三、交通流管理

智能网联汽车的传感器感知能力还可以应用于交通流管理领域。通过车辆之间的信息交互和感知,可以实现交通流的优化调度,减缓拥堵情况的发生,提高道路通行效率,这对于城市交通管理和规划具有重要的意义。智能网联汽车采用模块化设计,系统可分为:微控制器、避障模块、驱动模块、电源模块、小车模块。

项目十　汽车执行器电路控制与检测

任务概述

执行器是自动化技术工具中接收控制信息并对受控对象施加控制作用的装置。在汽车上，ECU 接收到传感器的信号后，控制各个系统的执行器，常见的执行器有点火系统、喷油器、电磁阀、节气门等，本学习任务重点学习汽车 ECU 的基础知识、分析占空比控制电路的信号、音乐 IC 驱动电磁式喇叭。从本任务开始，我们开始接触汽车执行控制器相关任务。

知识目标

(1)会分析 ECU 的控制原理及占空比信号；

(2)会连接并分析音乐 IC 驱动电磁式喇叭。

技能目标

(1)分析信号如何控制；

(2)懂得 ECU 的基本知识；

(3)会连接并分析音乐 IC 驱动电磁式喇叭。

素养目标

(1)规范课堂 6S 管理，展示中国工匠良好形象；

(2)培养团队协作精神，能够协同配合、系统学习；

(3)养成独立思考问题的习惯；

(4)培养敬业奉献、服务人民的意识。

学习任务 1　汽车 ECU 基础学习

任务描述

ECU 就是汽车的大脑，通过对占空比控制电路的信号分析导出任务，了解 ECU 的作用以及工作原理。

建议学时:4 学时。

知识准备

一、ECU 的概念

电子控制单元(Electronic Control Unit,ECU),又称“行车电脑”“车载电脑”等。ECU 原来指发动机控制单元,特指电喷发动机的电子控制系统,但是随着汽车电子技术的迅速发展,ECU 的定义也发生了变化,变成电子控制单元,泛指汽车上所有电子控制系统,可以是转向 ECU、也可以是调速 ECU、空调 ECU 等。ECU 是一种单片机元件,从用途上讲,则是汽车专用微机控制器。

二、ECU 的基本结构与功能

1. ECU 的基本结构

简单地说,ECU 由微机和外围电路组成。而微机就是在一块芯片上集成了微处理器(CPU)、存储器和输入/输出接口的单元。ECU 的主要部分是微机,而核心部件是 CPU。输入电路接受传感器和其他装置输入的信号,对信号进行过滤处理和放大,然后转换成一定伏特的输入电平。从传感器送到 ECU 输入电路的信号既有模拟信号也有数字信号,输入电路中的模/数转换器可以将模拟信号转换为数字信号,然后传递给微机。微机将上述已经预处理过的信号进行运算处理,并将处理数据送至输出电路。输出电路将数字信息的功率放大,有些还要还原为模拟信号,使其驱动被控的调节伺服元件工作。例如继电器和开关等。因此,ECU 实际上是一个“电子控制单元”(Electronic Control Unit),它是由输入处理电路、微处理器(单片机)、输出处理电路、系统通信电路及电源电路组成的,结构如图 10-1、图 10-2 所示。

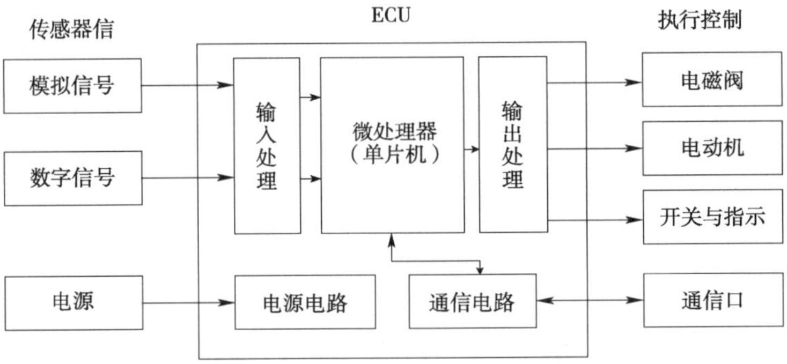

ECU 的基本组成

图 10-1　ECU 的基本组成

2. ECU 的功能

汽车上的大部分电子控制系统中的 ECU 电路结构大同小异,其控制功能的变化主要依赖于软件及输入、输出模块的功能变化,随控制系统所要完成的任务不同而不同,而 ECU 的基本结构体系包括输入处理电路、微处理器、输出处理电路、电源电路。

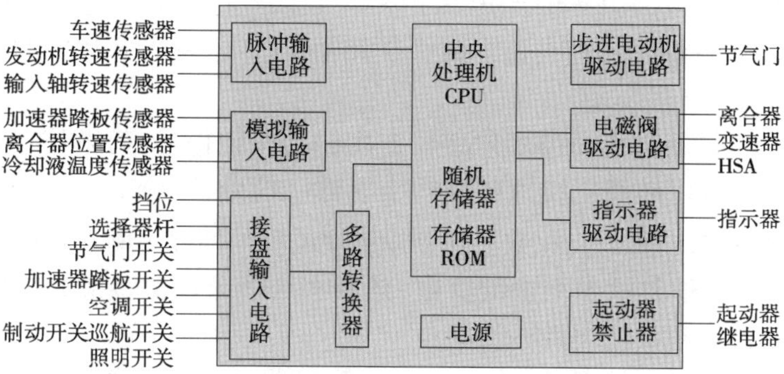

图 10-2 ECU 结构导图

在输入处理电路中，ECU 的输入信号主要有三种形式，即模拟信号、数字信号包括开关信号、脉冲信号。模拟信号通过 A/D 转换为数字信号提供给微处理器。控制系统要求模数信号转换具有较高的分辨率和精度(>10 位)。为了保证测控系统的实时性，间隔一般要求小于 4ms。数字信号需要通过电平转换，得到计算机接收的信号。对超过电源电压、电压在正负之间变化、带有较高的振荡或噪声、带有波动电压等输入信号，输入电路也对其进行转换处理。

而微处理器首先完成传感器信号的 A/D 转换、周期脉冲信号测量和其他有关汽车行驶状态信号的输入处理，然后计算并控制所需的输出值，按要求适时地向执行机构发送控制信号。过去微处理器多数是 8 位和 16 位的，也有少数采用 32 位的。现在多用 16 位和 32 位机。

在输出电路中，微处理器输出的信号往往用作控制电磁阀、指示灯、步进电动机等执行件。微处理器输出信号功率小，使用 +5V 的电压，汽车上执行机构的电源大多数是蓄电池，需要将微处理器的控制信号通过输出处理电路处理后再驱动执行机构。

电源电路中，传统车的 ECU 一般带有电池和内置电源电路，以保证微处理器及其接口电路工作在 +5V 的电压下。即使在发动机起动工况等使汽车蓄电池电压有较大波动时，也能提供 +5V 的稳定电压，从而保证系统的正常工作，而电动汽车一般由蓄电池供电，在软件方面，ECU 的控制程序有以下几个方面：计算、控制、监测与诊断管理、监控。执行如图 10-3 所示的控制模式。

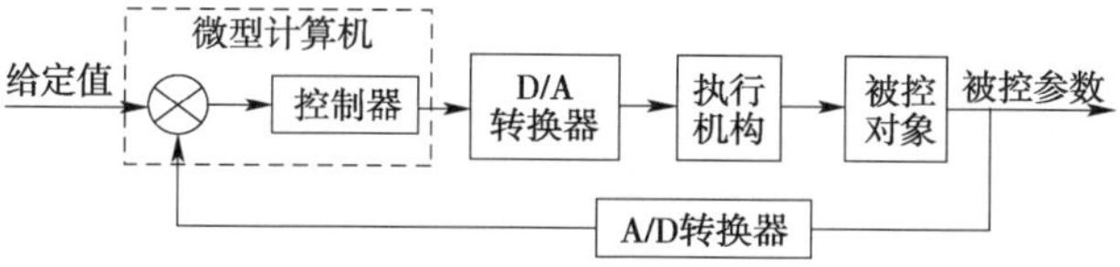

图 10-3 ECU 控制模块

三、ECU 的工作过程

(1)信号过滤和放大。输入电路接收传感器和其他装置的输入信号，并对信号进行过滤和放大。输入信号放大的目的是使信号增加到 ECU 可以识别的程度，某些传感器，例如氧传感器,产生一个小于1V的低电压信号,只能产生极小的电流,这样的信号送入ECU内的微处理器之前必须放大,这个放大作用由ECU中输入芯片中的放大电路来完成。

ECU的工作原理

(2)模数(A/D)转换。由于很多传感器产生的是模拟信号,而微处理器处理的是数字信号,所以必须把模拟信号转换为数字信号,这项工作由ECU输入芯片中的模数转换器完成。模数转换器以固定的时间间隔不断对传感器的模拟输入信号进行扫描,并对模拟信号赋予固定的数值,然后将这个固定值转换成二进制码。在一些ECU中,输入处理芯片和微处理器制成一体。

(3)微处理器将已经预处理过的信号进行运算,并将处理后的数据送至输出电路。输出电路将数字信号放大,有些还要还原为模拟信号,以驱动执行元件工作。随着汽车电子化和自动化程度的提高,ECU将越来越多,这样必将导致车身线束日益复杂。为了实现多个ECU之间的信息快速传递、简化电路以及降低成本,ECU之间要采用通信网络技术连成一个网络系统。例如变速器需要与发动机协调配合,根据车速、发动机转速以及动力负荷等因素自动进行换挡,因此变速器ECU需要得到节气门位置传感器、车速传感器、温度传感器以及发动机转速传感器等信号,这就要实现变速器ECU与发动机ECU之间的信息传递,这个工作通常是由CAN总线来完成的。

任务实施

一、任务准备

1. 组织方式

(1)场地设施:每小组对应一套继电器实验设施、一张实训工作台。

(2)检测工具:万用表、线束、锂离子蓄电池一块,A/D转换器电路板。

(3)学生组织:教师指导,按各实例知识讲解及实训进行自评、互评。

(4)检查实训任务:真实、完整、有效。

2. 注意事项

(1)遵守场地安全规定,注意用电安全。

(2)插拔电气元件时一定要断电操作。

(3)正确使用万用表。

(4)在接线、拆线时,严禁用力拉扯线束。

(5)操作规范:使用过程中禁止乱接线路,容易引起积木烧掉。

二、操作步骤

根据学习工作页,结合实训指导书,按下列步骤完成实施。

(1)检测A/D转换器电路信号。

(2)观察示波器电压波形。

任务小结

(1)ECU(Electronic Control Unit)电子控制单元,又称“行车电脑”“车载电脑”等。

(2)ECU 由微机和外围电路组成。

(3)ECU 实际上是一个“电子控制单元”(Electronic Control Unit),它是由输入处理电路、微处理器(单片机)、输出处理电路、系统通信电路及电源电路组成的。

(4)ECU 的控制功能的变化主要依赖于软件及输入、输出模块的功能变化,随控制系统所要完成的任务不同而不同,而 ECU 的基本结构体系包括输入处理电路、微处理器、输出处理电路、电源电路。

习题

一、判断题

1. ECU 就是汽车的“大脑”。 ( )
2. 传感器送到 ECU 输入电路的信号只有模拟信号。 ( )
3. ECU 是一种单片机原件。 ( )
4. 输入电路中的模/数转换器可以将模拟信号转换为数字信号。 ( )
5. 微处理器输出的信号往往用作控制电磁阀。 ( )

二、单选题

1. 传感器送到 ECU 输入电路的信号既有模拟信号也有( )。
   A. 分析信号 B. 数字信号
   C. 输入信号 D. 输出信号
2. 微处理器输出信号功率小,使用( )的电压。
   A. 5V B. 10V C. 12V D. 24V
3. 电子控制单元(Electronic Control Unit,ECU),又称( )。
   A. 传感器 B. 电脑
   C. 行车记录仪 D. 行车电脑
4. ECU 是一种( )原件,从用途上讲则是汽车专用微机控制器。
   A. 传感器 B. 执行器 C. 单片机 D. 机械
5. 在输入处理电路中,ECU 的输入信号主要有三种形式:模拟信号、数字信号(包括开关信号)、( )。
   A. 联系信号 B. 脉冲信号 C. 间断信号 D. 其他信号

三、多选题

1. 下列哪些是车辆上通用的执行元件。( )
   A. 电机 B. 喇叭 C. 前照灯 D. 传感器
2. ECU 主要是由( )组成。
   A. 输入处理电路 B. 微处理器(单片机)
   C. 输出处理电路 D. 系统通信电路及电源电路

学习任务2　占空比电路控制与检测

任务描述

占空比在汽车电子控制中是比较常用的控制方式,如电磁阀控制,电动机转速控制,理解占空比调制和控制原理对电路设计和维修都有很大的帮助。本学习任务主要通过实例讲解,理论与实操相结合,对占空比的定义和控制特点进行学习。

建议学时:4 学时。

知识准备

一、占空比

汽车上的电子执行器,如各个自控制电磁阀、冷却风扇、电动机等,都需要进行功率控制,这时需要控制电路输出一种信号,即占空比信号,驱动功率管控制执行器的工作状态。所以,我们有必要知道什么是占空比控制信号。

数字信号只有两种状态,就是"0"和"1"。所谓"占空比",也是一种数字信号,是在一串理想的脉冲周期序列中,正脉冲的持续时间与脉冲总周期的比值,如图 10-4 所示。例如:脉冲宽度 1μs,信号周期 4μs 的脉冲序列占空比为 0.25,在成语中有句话:三天打鱼,两天晒网,如果以 5 天为一个周期,"打鱼"的占空比则为 0.6。

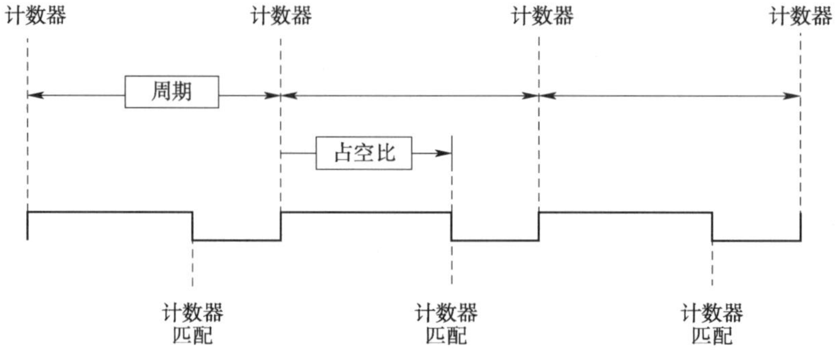

图 10-4　占空比波形

二、占空比的特点

占空比的特点

在汽车电子电路中,通常要求控制的负载功率要变化,即要改变加在负载两端的电压和流经负载的电流,以满足不同的工况。要实现这种控制方式有两种方法,即用改变电路电阻(在电路中串联电阻)或控制占空比的方法来实现。

我们根据欧姆定律可知,在电路中串联电阻可以改变负载的电压和电流,从而改变了负载的功率,但此时电阻会产生分压,流过的电流肯定会有很大的功率损耗,早期汽车空调鼓风机的控制方式就是采用这种串联电阻的方式。

通过控制占空比可在无功率损失的情况下对电流进行控制。占空比信号类似转向灯的控制信号，转向灯每次点亮约0.5s，然后熄灭约0.5s，这称作一个周期。转向灯控制信号和占空比信号的不同在于：

(1)信号频率，即电压切换的速率。占空比信号的频率比转向灯控制信号的频率高很多。

(2)电流通、断时间的比例。占空比信号的通、断(高、底)时间可变。

占空比电路模型如图10-5所示，占空比信号由电子电路快速控制电流而产生，分正极端控制与负极端控制，两者只是控制波形相反。在实际应用中多采用负极端控制方式。

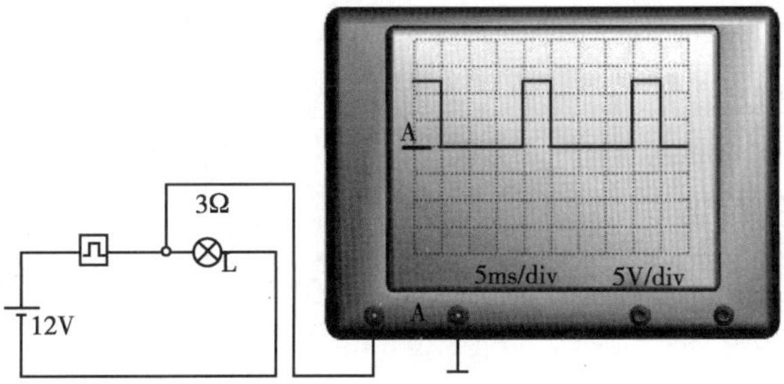

图10-5 占空比控制模型

如果在一个周期为10ms的占空比信号内，通电时间为4ms，断点时间为6ms，那么该信号的占空比就是40%。如果要增加灯泡的亮度可以将通电时间调整为8ms，断点时间调整为2ms。此时灯泡的功率将是其全功率的80%。

三、占空比在汽车上的应用

现代汽车的控制精度越来越高，特别是在电控系统中，以前所采用的一些普通的开关式的执行器件已经不能满足现代汽车的控制要求了，比如EGR系统、怠速控制系统、燃油蒸发控制系统等。准确地说，占空比控制应该称为电控脉宽调制技术，它是通过电子控制装置对加在工作执行元件上一定频率的电压信号进行脉冲宽度的调制，以实现对所控制的执行元件工作状态精确、连续的控制。

四、占空比电路的分析

1. 平动电磁阀式怠速控制执行机构

平动电磁阀式怠速控制执行机构如图10-6所示。

平动电磁阀式怠速执行器由电磁线圈、阀轴和阀等组成。当ECU加大PWM信号的脉宽(占空比)时，电磁力加大，阀轴上移而阀门开度加大，从而导致旁通空气量的加大与怠速的提高；当PWM信号脉宽减小时，旁通空气量减小而怠速下降。图10-6中波纹管的作用是为了消除阀门上下两侧压差对开启位置的影响，便于ECU计算决定PWM信号，同时也减小了阀上的作用力。

2. 比例电磁铁驱动的EGR阀

比例电磁铁EGR阀应用于EGR流量较小的小排量发动机(例如：汽油机)中，它通过脉宽调制(PWM)的电压进行控制。比例电磁铁 EGR 阀的结构包括壳体、衔铁、线圈、位移传感器等。ECU 向比例电磁铁的线圈输入脉宽调制(PWM)的电压,线圈然后产生磁场力吸动衔铁,从而打开 EGR 阀门,废气通过 EGR 阀门流向进气管。EGR 阀门的流量(开度)通过位移传感器反馈到 ECU。因为比例电磁铁的发热导致线圈中的电流发生变化,使得 EGR 阀门的开度发生变化,所以应该利用位移传感器的反馈信号对 EGR 阀门进行闭环控制,提高控制精度。

比例电磁铁驱动的
EGR 阀工作原理测试

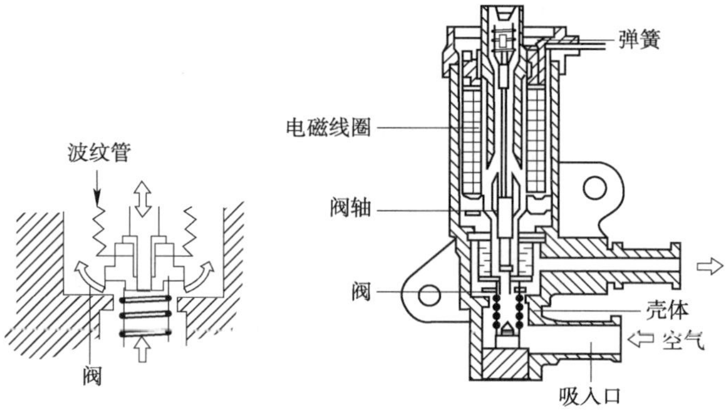

图 10-6　平动电磁阀式怠速控制执行机构

任务实施

一、任务准备

1. 组织方式

(1)场地设施:每小组对应一套继电器实验设施、一张实训工作台。

(2)检测工具:万用表、线束、锂离子蓄电池一块,占空比可调信号板。

(3)学生组织:教师指导,按各实例知识讲解及实训进行自评、互评。

(4)检查实训任务:真实、完整、有效。

2. 注意事项

(1)遵守场地安全规定,注意用电安全。

(2)插拔电气元件时一定要断电操作。

(3)正确使用万用表。

(4)在接线、拆线时,严禁用力拉扯线束。

(5)操作规范:使用过程中禁止乱接线路,容易引起积木烧掉。

二、操作步骤

根据学习工作页,结合实训指导书,按下列步骤完成实施。

(1)如图 10-7 所示,连接好占空比检测电路。

(2)观察示波器检测波形。

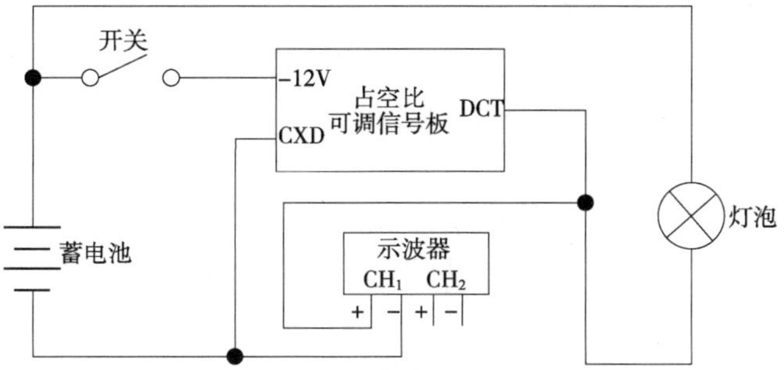

图 10-7 占空比检测电路

任务小结

(1)在汽车电子执行器如各自控制电磁阀、冷却风扇、电动机等都需要进行功率控制,这时需要控制电路输出一种信号,称为占空比信号。

(2)占空比信号的通、断(高、底)时间可变。

(3)占空比控制应该称为电控脉宽调制技术,它是通过电子控制装置对加在工作执行元件上一定频率的电压信号进行脉冲宽度的调制,以实现对所控制的执行元件工作状态精确、连续的控制。

(4)比例电磁铁 EGR 阀应用于 EGR 流量较小的小排量发动机(例如:汽油机)中,它通过脉宽调制(PWM)的电压进行控制。比例电磁铁 EGR 阀的结构包括壳体、衔铁、线圈、位移传感器等。

习题

一、判断题

1. 占空比信号的通、断(高、低)时间可变。 ( )

2. 占空比信号的频率比转向灯控制信号的频率高很多。 ( )

3. 占空比信号由电子电路快速控制电流而产生,分正极端控制与负极端控制,只是控制波形相同。 ( )

4. 如果在一个周期为 10ms 的占空比信号内,通电时间为 4ms,断电时间为 6ms,那么该信号的占空比就是 40%。 ( )

5. 电磁阀(valve)由两个基本功能单元组成:电磁线圈和开关。 ( )

二、单选题

1. 电磁阀是用来控制流体的自动化基础元件,属于( )。

A. 传感器　　B. 控制模块　　C. 执行器　　D. 线路

2. 占空比控制应该称为电控脉宽调制技术,它是通过电子控制装置对加在工作执行元件上一定频率的( )进行脉冲宽度的调制。

A. 数字信号　　B. 电压信号

C. 传感信号　　D. 模拟信号

3. 占空比信号由电子电路快速(　　)而产生。

A. 控制电流　　B. 控制电压　　C. 控制信号　　D. 控制电阻

4. 下列设备中属于电路组成中中间环节的是(　　)。

A. 电灯　　B. 导线　　C. 白炽灯　　D. 执行器

5. 防拖车监控使用的水平传感器的类型是(　　)。

A. 电容传感器　　B. 电阻传感器　　C. 压电传感器　　D. 光电传感器

三、多选题

1. 平动电磁阀式怠速执行器由(　　)等组成。

A. 电磁线圈　　B. 阀轴　　C. 阀　　D. 轴

2. 电磁阀(valve)由两个基本功能单元组成:(　　)。

A. 电磁线圈　　B. 磁芯　　C. 磁铁　　D. 线路

学习任务3　车辆灯光点亮异常故障诊断与排除

任务描述

车辆灯光点亮异常是在汽车故障检测中非常常见的一种现象,现选择迈腾B8作为例子,通过实际的例子来了解排除故障的基本思路和方法。

建议学时:4学时。

知识准备

一、车辆灯光的基础知识

汽车的照明与灯光信号装置电路是由前照灯、雾灯、示廓灯、转向灯、制动灯、倒车灯、车内照明灯及有关控制继电器和开关组成的电路。通常有氙气前照灯和LED前照灯。

氙气前照灯是卤素前照灯的升级版,它的优点是亮度更高、能耗更低、寿命更长,缺点是点亮会有延迟、色温较高、在雨雪和大雾天气中可能会有折射现象、穿透力会有影响。氙气灯通过在水晶石英玻璃管道内填充多种化学气体(如氙气等惰性气体),之后通过增压器将车载12V电源瞬间增至23000V,在高电压下氙气会被电离产生光源。1992年,海拉与博世分别发布了其旗下的首款氙气技术前照灯,1992年发布的宝马7系(底盘代号E32)是世界上第一款采用氙气前照灯的车型。

LED的优点在于节能、成本低、寿命长、响应速度快、元件体积小,易于布置和造型设计等。首先将LED应用到车上的是奥迪。2004年,奥迪将LED日间行车灯应用在了A8 W12上,这是全球首款使用LED日间行车灯的车型。2007年,雷克萨斯LS600hL首次采用了LED前照灯。之后各个厂商都开始了对LED灯的运用,运用最广泛的就是LED示廓灯。之后,光带式的LED日行灯取代了以往颗粒感的设计,外观上十分整齐漂亮。奥迪A8L上装备的矩阵式LED前照灯能够实现单个LED灯光的动态管理，它可根据传感器反馈的数据自动调整LED矩阵中的光源，避免灯光直射车辆和行人。

二、故障排故基本思路

第一步，核实客户抱怨，获取抱怨信息，确认故障现象，建立故障诊断的切入点和关键点，确认车辆配置信息，记录警告灯和相关仪表显示信息，进行车辆功能检查，记录功能异常，咨询客户，确认故障性质和发生条件，重现和确认故障。

第二步，确认故障所属系统或组件，分析产生故障的可能原因，记录系统故障信息，根据故障现象和检测结果，确认故障所属系统，查询维修手册和电路图，理解相关系统的工作原理，根据工作原理结合现象列出相关可能故障原因。

第三步，制订检测计划，获取可以评估的检测结果，缩小范围并定位故障，针对可能的故障原因，制定具体的检测方法和操作步骤，利用控制单元功能，选取便捷可靠的检测方法和测量点，获取可以评估的检测结果，根据可疑结果分析查找故障点。

第四步，确认产生故障的根本原因，制定合理的维修方案，更换零件后进行必要的调整，进行专业维修，恢复车辆功能。

第五步，核实维修结果，确认故障已排除，故障现象不再出现，清除故障码，进行必要的路试，进行车辆检测，进行完工检查，回访结果反馈。

任务实施

一、任务准备

1. 组织方式

(1)场地设施：迈腾B8车辆。

(2)检测工具：万用表、线束。

(3)学生组织：教师指导，按各实例知识讲解及实训进行自评、互评。

(4)检查实训任务：真实、完整、有效。

2. 注意事项

(1)遵守场地安全规定，注意用电安全。

(2)插拔电气元件时一定要断电操作。

(3)正确使用万用表。

(4)在接线、拆线时，严禁用力拉扯线束。

(5)操作规范：注意各项检测条件。

二、操作步骤

车辆灯光点亮异常故障诊断与故障排除操作步骤如下。

(1)描述与客户抱怨相关的检查结果。

①点火开关 OFF,右侧灯点亮;操作超车灯左侧亮,右侧不亮。

②点火开关 ON,仪表显示“故障:车辆照明”。

E1 在 0 挡时,右侧灯正常,左侧前照灯异常点亮。

E1 在 1 挡时,左侧灯不亮,右侧灯点亮,前、后雾灯无法打开。

E1 在 2 挡时,右侧灯正常,前照灯不亮,左侧前照灯点亮;前、后雾灯无法打开。

(2)绘制控制原理图(图 10-8)。

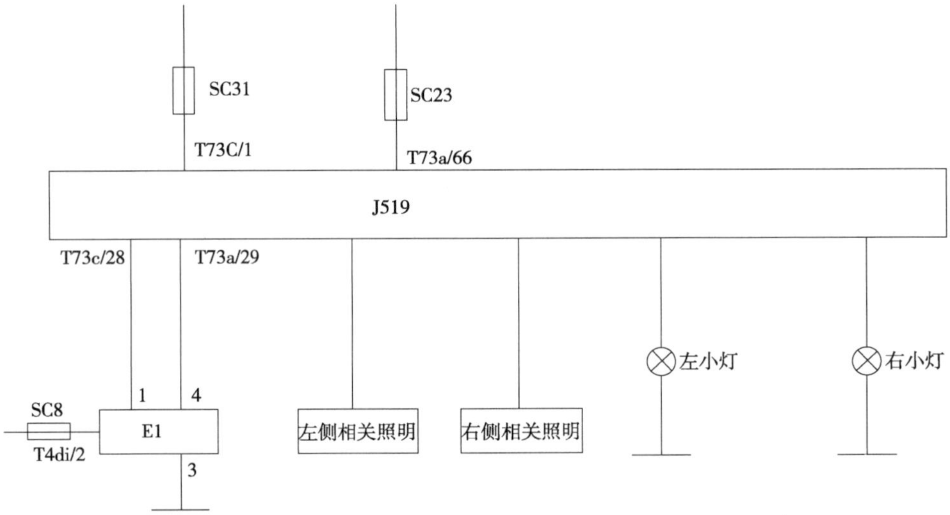

图 10-8　车身控制单元供电原理图

(3)根据上述故障现象,判断可能故障原因。

①因为灯光故障存在于左右侧,故障可能原因为 J519 部分功能与 J519 自身故障。

②又根据熔断器设置特点和灯管开关冗余线与 LIN 工作特点,推断为灯光开关或 J519 控制异常。

(4)读取故障码,填写对该故障诊断有用的信息。

09(J519)→U10300 本地数据总线电气故障。

B149B01 右侧 LED 电源模块电气故障。

B140D13 右侧端子 30 供电电压断路。

(5)根据上述分析及测试结果,进一步明确故障范围,确定测试突破点(进一步读取 J519 内、控制单元内左侧端子 30 供电电压数据组)。

(6)基于以上诊断结论,选择测量点,实施测量,确定故障所在点。

测试对象:端子 30 数据组。

测试条件:ON 挡。

使用设备:诊断仪。

测试参数:左侧端子 30 电压,右侧端子电压,端子 30 电压。

标准描述:+B,+B,+B。

测试结果:12V,5V,12V。

测试结论:正常,异常,正常。

(7)分析测试结果,并做进一步诊断。

右侧端子数据组异常。

(8)根据以上分析,确定下一步测量点为 J519 的右侧 30 端子电压。

(9)基于以上诊断结论,选择测量点,实施测量,确定故障所在点。

测试对象:J519 的端子右侧端子 30 电压。

测试条件:ON 挡。

使用设备:万用表。

测试参数:T73a/66 对地电位。

标准描述:+B。

测试结果:0V。

测试结论:异常。

(10)分析测试结果,并做进一步诊断。

进一步检测 SC23 熔断器。

(11)根据以上分析,确定下一步测量点为(检测 SC23 熔断器)。

(12)基于以上诊断结论,选择测量点,实施测量,确定故障所在点。

测试对象:SC23 熔断器输入输出电压。

测试条件:ON 挡。

使用设备:万用表。

测试参数:输入端,输出端。

标准描述:+B,+B。

测试结果:12V,0V。

测试结论:无异常,异常。

(13)分析测试结果,并做进一步诊断。

熔断器 SC23 两端存在明显的 12V 压降,判断 SC23 存在断路。修复 SC23 熔断器后,确认右侧端子 30 电恢复。

(进行新一轮诊断)

任务小结

(1)汽车的照明与灯光信号装置电路是由前照灯、雾灯、示廓灯、转向灯、制动灯、倒车灯、车内照明灯及有关控制继电器和开关组成的电路。

(2)通常有氙气前照灯和 LED 前照灯。

(3)对照明信号灯光系统进行故障检测。

习题

一、判断题

1. 只有最简的输入、输出关系,才能获得结构最简的逻辑电路。汽车照明灯根据安装位

置和用途不同,一般可分为:外部照明装置、内部照明装置。 (　　)

2. 为了确保夜间行车的安全,前照灯应保证车前有明亮而均匀的照明,使驾驶员能够辨明车前200m(或更远)内道路上的任何障碍物。 (　　)

3. 汽车前照灯一般由光源(灯泡)、反光镜、配光镜(散光镜)三部分组成。 (　　)

4. 目前汽车前照灯所用的灯泡有普通灯泡(白炽灯泡)和卤素灯泡,两种灯泡的灯丝均采用熔点高、发光强的钨制成。 (　　)

5. 白炽灯泡发光效率一般为8~12 lm/W,卤素灯泡发光效率可达18~20lm/W,比白炽灯泡高20%以上。 (　　)

二、单选题

1. 为了确保夜间行车的安全,前照灯应保证车前有明亮而均匀的照明,使驾驶员能够辨明车前(　　)(或更远)内道路上的任何障碍物。

A. 50m　　B. 100m　　C. 150m　　D. 200m

2. 前照灯开关的LIN主控单元是(　　)。

A. 舒适系统中央控制单元非门　　B. 车载电网控制单元

C. 转向柱电子装置控制单元　　D. 前照灯照明距离调节控制单元

3. (　　)是一种根据对向车辆灯光的亮度自动变远光为近光或变近光为远光的自动控制装置。它的优点是实现了自动控制,不需要驾驶员操纵,其次是它的体积小,性能稳定可靠,且灵敏度高

A. 汽车前照灯　　B. 汽车大灯

C. 汽车前照灯自动变光器　　D. 自动前照灯

4. 昏暗自动发光控制系统的功用是:在行驶中,当车前的自然光强度降低到一定程度时,自动将前照灯的电路接通,以确保行车安全,同时还有(　　)的作用。

A. 自动发光　　B. 延时关灯　　C. 提前关灯　　D. 减少光照强度

5. 按照安装方式的不同,前照灯可分为:外装式前照灯和(　　)

A. 内装式前照灯　　B. 顶装式前照灯　　C. 前装式前照灯　　D. 其他

三、多选题

1. 汽车照明灯根据安装位置和用途不同,一般可分为:(　　)。

A. 外部照明装置　　B. 内部照明装置　　C. 前照灯装置　　D. 其他照明装置

2. 汽车前照灯一般由(　　)部分组成。

A. 光源(灯泡)　　B. 反光镜　　C. 配光镜(散光镜)　　D. 灯罩

参考文献

[1] 曹建林. 电工电子技术[M]. 北京:高等教育出版社,2019.

[2] 冯津. 汽车电工电子基础[M]. 2 版. 北京:人民交通出版社股份有限公司,2018.

[3] 比亚迪精诚英才培育项目课程讲师手册[R]. 2020.

[4] 曹云刚. 汽车电气系统检测与维修[M]. 重庆:重庆大学出版社,2019.

[5] 坚葆林. 电工电子技术与技能[M]. 3 版. 北京:机械工业出版社,2019.

[6] 侯立芬. 汽车电工电子技术[M]. 北京:机械工业出版社,2019.

[7] 陈昌建. 汽车电工电子技术[M]. 4 版. 大连:大连理工大学出版社,2021.

[8] 崔胜民. 智能网联汽车技术[M]. 北京:机械工业出版社,2021.

[9] 吴荣辉. 新能源汽车高压安全与防护[M]. 北京:机械工业出版社,2021.

[10] 智慧职教 MOOC[EB/OL]. http://icve. com. cn.